ANGLAIS

Le guide *de conversation* du routard

en collaboration avec

LAROUSSE

HACHETTE

Remerciements

Pour les dictionnaires bilingues Larousse
Direction éditoriale : Claude Nimmo

Édition : Giovanni Picci, Marc Chabrier

Rédaction : Martin Back, Marie Chochon, Rozenn Étienne, Nicole Rein-Nikolaev, Garret White
Avec
Dominique Chevalier, Fabrice Jahan de Lestang

Les textes de *L'anglais dans tous ses états* sont dus à la plume de Cécile Slebir et Matthieu Devaux

Lecture-correction : Chantal Pagès

Conception graphique : Jean-Charles Dart

Composition : Ingénierie Graphisme Services, Angoulême

Couverture : Marie Sourd - AAAAA Atelier

Pour le Guide du routard
Directeur de collection : Philippe Gloaguen

Pour Hachette Tourisme
Direction éditoriale : Hélène Firquet

Edité par Hachette Livre
(58 rue Jean Bleuzen, CS70007, 92178 Vanves Cedex, France)
Imprimé par JOUVE 2 (Quai n° 2, 733, rue Saint-Léonard, BP3, 53101 Mayenne Cedex, France)
Achevé d'imprimer le 9 novembre 2018
Collection n° 18 - Édition n° 01
11/7233/7
978-2-01-706788-7
Dépôt légal : novembre 2018

Amis lecteurs,

C'est décidé, vous partez en voyage en Angleterre, en Irlande, en Écosse, au pays de Galles, à Londres... mais comment converser avec les habitants ? Comment trouver le mot ou la phrase qui sauve ? Comme il est extrêmement difficile de maîtriser la langue de Shakespeare jusque dans les moindres détails, nous avons tout fait pour vous faciliter la vie : nous avons créé l'outil indispensable pour que vous trouviez tout de suite la formule correspondant à la situation du moment. Allant à l'essentiel, ce guide vous aidera à comprendre et à vous faire comprendre pour ne rien rater !

Le guide de conversation du routard sera le compagnon idéal le temps de votre voyage. Pour trouver rapidement un mot précis, servez-vous-en comme d'un lexique. À partir de chaque mot, nous avons sélectionné une série de phrases-clés qui vous aideront dans toutes les situations, même les plus désespérées !

La partie français-anglais, intitulée « les phrases du routard », contient les expressions dont vous aurez besoin pour vous débrouiller dans le pays. Nous avons passé au crible toutes les situations vécues au cours d'un voyage. Les phrases utiles ont été minutieusement choisies... Et parce que vous n'avez sans doute pas la même oreille que Purcell, vous trouverez à la suite de chaque phrase une transcription phonétique très simple qui vous permettra de vous faire comprendre facilement.

La partie anglais-français, « l'anglais du routard », regroupe l'essentiel des mots ou phrases-types que vous pourrez lire ou entendre lors de votre séjour. Menus de restaurant, panneaux routiers, enseignes et inscriptions diverses... l'immersion est totale !

Et parce qu'un routard est toujours un routard, nous avons parsemé ce guide de bons plans, de tuyaux, d'infos et d'astuces en tout genre qui vous aideront à mieux voyager.

Have a good trip and take care.

Sommaire

Abréviations utilisées dans ce guide

abr	*abréviation*	excl	*exclamation*
adj	*adjectif*	f	*féminin*
adv	*adverbe*	m	*masculin*
art	*article*	pl	*pluriel*
conj	*conjonction*	pron	*pronom*

Prononciation

Enfin, la transcription phonétique est à votre portée :

il suffit de la lire comme si c'était du français en respectant ces quelques règles.

Surtout, n'oubliez pas d'accentuer beaucoup les voyelles et syllabes en caractères gras. Sinon, votre interlocuteur vous regardera avec des yeux ronds, car l'accent tonique est indispensable pour se faire comprendre en anglais.

Partez du principe que **tout** se prononce dans cette transcription phonétique : pour « ***rendez-vous*** » *date*, retranscrit [d**è**ït], prononcez bien le [t] final.

Comme vous le remarquerez sans doute, la langue anglaise est très chantante et possède des sons longs et brefs. Certains mots se distinguent à l'oral uniquement par la longueur de son de la voyelle... Ainsi, le verbe *to leave* « laisser » se prononce [tou **li**v], alors que le verbe *to live* « habiter » a un son beaucoup plus court : [tou liv]. Vous verrez donc des mots accentués bien qu'ils n'aient qu'une seule syllabe, comme *tea* [**ti**].

Dans un mot comme *available* [euv**èï**lebôl], il y a deux sons presque identiques : [eu] et [e], qui est un peu moins appuyé.

Quant à certains mots retranscrits tantôt avec un e final, tantôt sans, tout dépend de la place du mot dans la phrase : la place change, donc l'intonation change, donc la prononciation est modifiée ! Exemple : dans *I'd like* [aïde laïk], l'intonation porte sur *like* ; le son est plus long que dans *like* de *just like me* [djeust laïk mi]. *Where* [ouère] en début de phrase est retranscrit avec un [e] final, car dans les phrases interrogatives, c'est le pronom interrogatif (quand il y en a un) qui est accentué.

Par exemple, dans *London ticket* [**lonn**donn ti**k**ètt], le double « n » et le double « t » indiquent que *London* ne se dit jamais [long dont] ni *ticket* [tic-haie]... mais bien [**lonn**donn] et [ti**k**ètt] comme « étiquette », sans le « é » !

Monnaies

La monnaie britannique		*British currency*
pièces		***coins***
un penny	1p	*one penny*
deux pence	2p	*two pence* [**pè**nnss]
cinq pence	5p	*five pence*
dix pence	10p	*ten pence*
vingt pence	20p	*twenty pence*
cinquante pence	50p	*fifty pence*
une livre	1£	*one pound* [**pa**onnd]
billets		***banknotes***
cinq livres	5£	*five pounds* [**pa**ondz]
dix livres	10£	*ten pounds*
vingt livres	20£	*twenty pounds*
cinquante livres	50£	*fifty pounds*

La monnaie américaine		*American currency*
pièces		***coins***
un cent	1c	*one cent* [**sé**nnt]
cinq cents	5c	*five cents* ou *a nickel*
dix cents	10c	*ten cents* ou *a dime*
vingt-cinq cents	25c	*twenty-five cents* ou *a quarter*
billets		***banknotes***
un dollar	1$	*one dollar* [**dô**ller]
cinq dollars	5$	*five dollars* [**dô**llerz]
dix dollars	10$	*ten dollars*
vingt dollars	20$	*twenty dollars*
cinquante dollars	50$	*fifty dollars*
cent dollars	100$	*one hundred dollars*

L'euro		*Euro*	
pièces		***coins***	
un centime	0,01 €	*one cent*	[**sé**nnt]
deux centimes	0,02 €	*two cents*	[**sé**nnts]
cinq centimes	0,05 €	*five cents*	
dix centimes	0,10 €	*ten cents*	
vingt centimes	0,20 €	*twenty cents*	
cinquante centimes	0,50 €	*fifty cents*	
un euro	1,00 €	*one euro*	[**you**ro]
deux euros	2,00 €	*two euros*	[**you**rowz]
billets		***banknotes***	
cinq euros	5 €	*five euros*	[**you**ro]
dix euros	10 €	*ten euros*	
vingt euros	20 €	*twenty euros*	[**you**rowz]
cinquante euros	50 €	*fifty euros*	
cent euros	100 €	*one hundred euros*	
deux cents euros	200 €	*two hundred euros*	
cinq cents euros	500 €	*five hundred euros*	

Poids		Weight	
milligramme	mg	*milligram*	
gramme	g	*gram*	[grâmm]
hectogramme	hg	*hectogram*	
livre	500 g	*pound*	[paonnd]
kilo(gramme)	kg	*kilogram(me)*	
quintal	q (100 kg)	*quintal*	
tonne	t	*ton*	[teun]
once	1 oz	*ounce*	[aontss]
livre	1 lb	*pound*	

UK 11.99 oz = 0,373 kg

Longueur		Length
millimètre	mm	*millimetre*
centimètre	cm	*centimetre*
mètre	m	*metre* [miteu]
kilomètre	km	*kilometre*

pouce	2,54 cm	=	1 in	*inch*
pied	0,304 m	=	1 ft	*foot*
yard	0,9144 m	=	1 yd	*yard*
mile	1,609 km	=	1 mi	*mile*

Nombres cardinaux	Cardinal numbers	
0	*zero*	[zieurow]
1	*one*	[ouane]
2	*two*	[tou]
3	*three*	[THri]
4	*four*	[fôr]
5	*five*	[faïv]
6	*six*	[sikss]
7	*seven*	[sèveun]
8	*eight*	[èït]
9	*nine*	[naïnn]
10	*ten*	[tèn]
11	*eleven*	[ilèveun]
12	*twelve*	[touèlv]
13	*thirteen*	[THeurtinn]
14	*fourteen*	[fôrtinn]
15	*fifteen*	[fiftinn]
16	*sixteen*	[sixtinn]
17	*seventeen*	[sèveuntinn]
18	*eighteen*	[èïtinn]
19	*nineteen*	[naïnntinn]
20	*twenty*	[touènnti]
50	*fifty*	[fifty]
100	*one hundred*	[ouane Heundreud]
1 000	*one thousand*	
1,000	[ouane Thaozeund]	

Nombres ordinaux	Ordinal numbers		
1er	1st	*first*	[feurst]
2ème	2nd	*second*	[sèkeund]
3ème	3rd	*third*	[THeurd]
4ème	4th	*fourth*	[fôrTH]
5ème	5th	*fifth*	[fifTH]
6ème	6th	*sixth*	[sixTH]
7ème	7th	*seventh*	[sèveunTH]
8ème	8th	*eighth*	[èïtTH]
9ème	9th	*ninth*	[naïnTH]
10ème	10th	*tenth*	[tènnTH]
11ème	11th	*eleventh*	[ilèveunTH]
12ème	12th	*twelfth*	[touèlfTH]
13ème	13th	*thirteenth*	[THeurtinnTH]
14ème	14th	*fourteenth*	[fôrtinnTH]

Tailles et pointures

Vêtements pour femmes

Tailles françaises	Tailles britanniques		
36	8	*eight*	[èït]
38	10	*ten*	[tèn]
40	12	*tvelwe*	[touèlv]
42	14	*fourteen*	[fôrtinn]
44	16	*sixteen*	[sixtinn]
46	18	*eighteen*	[èïtinn]
48	20	*twenty*	[touènnti]

Vêtements pour hommes

Tailles françaises	Tailles britanniques		
40	30	*thirty*	[THeurti]
42	32	*thirty-two*	[THeurti-**tou**]
44	34	*thirty-four*	[THeurti-**fôr**]
46	36	*thirty-six*	[Theuri-**sikss**]
48	38	*thirty-eight*	[THeurti-**èït**]
50	40	*fourty*	[fôrti]
52	42	*fourty-two*	[fôrti-**tou**]
54	44	*fourty-four*	[fôrti-**fôr**]

Chemises d'homme (tour de cou)

Tailles françaises	Tailles britanniques		
36	14	*fourteen*	[fôrtinn]
38	15	*fifteen*	[fiftinn]
41	16	*sixteen*	[sixtinn]
43	17	*seventeen*	[sèveuntinn]

Chaussures

Pointures françaises	Pointures britanniques		
37	4	*four*	[fôr]
38	5	*five*	[faïv]
39	6	*six*	[sikss]
40	7	*seven*	[sèveun]
41	7 1/2	*seven and-a-half*	[sèveun-ènde-e-Haff]
42	8	*eight*	[èït]
43	9	*nine*	[naïnn]
44	10	*ten*	[tènn]
45	10 1/2	*ten-and-a-half*	[tènn-ènde-e-Haff]
46	11	*eleven*	[ileuven]

Le mieux c'est encore d'essayer...

Les phrases du routard

Guide français-anglais

A

à *(lieu)* in [inn] ; *(déplacement)* to [tou] ; *(temps)* at [att] ▸ j'habite à Lille I live in Lille [aï liv inn lil]
▸ comment puis-je aller à... ? how can I get to...? [Hao kèn aï guètt tou... ?]
▸ à jeudi ! see you on Thursday! [si you onn THeursdèï!]
▸ à plus ! see you! [si you!]
▸ c'est à moi ! it's mine [itss maïne]

abeille bee [bi]

abîmer to damage [tou damidj] ▸ ma valise a été abîmée pendant le voyage my suitcase was damaged in transit [maï sioutkèïss ouaz damidjd inn trènnzitt]

abonnement (TRANSP) travelcard [traveul kârd] ▸ un abonnement mensuel a one-month travelcard [e ouannemonnTH traveul kârd]

abord (d') first [feurst]

abordable *(prix)* affordable [efordebôl]

abricot apricot [èïprikeut]

accélérateur accelerator [eksèlerèïteu]

accepter to accept [tou euksèpt] ▸ est-ce que vous acceptez les cartes de crédit internationales ? do you accept international credit cards? [dou you eukssèpt innteunacheunôl krèdite kârdz?]

accès access [euksèss] ▸ y a-t-il un accès pour les personnes handicapées ? is there disabled access? [iz Zèr dissèïbeuld euksèss?]

accessible accessible [euksèssibeul] ▸ est-ce accessible en voiture ? can you get there by car? [kèn you guètt Zèr baï câr?]

accident accident [akssideunnt] ▸ accident de voiture car crash [kâr krach]
▸ il y a eu un accident there's been an accident [Zèrz binn eun akssideunnt]

accompagner to accompany [tou eukommpeuni] ▸ pourriez-vous m'accompagner jusqu'à... ? could you come with me to...? [koudd you kom ouiZ mi tou...?]
▸ merci de nous avoir accompagnés thanks for coming with me [THannks fe kominng ouiZ mi]

accord (d') OK! [owkèï!] ▸ je suis d'accord avec toi I agree with you [aï eugri ouiZ you]

accueil *(bienvenue)* welcome [ouèlkeum] ; *(bureau)* reception [rissèpcheun] ▸ merci beaucoup pour votre accueil thanks a lot for your hospitality [THènnks e lott fôr yôr Hosspitaleuti]

acheter to buy [tou baï] ▸ où est-ce que je peux acheter... ? where can I buy...? [ouère kèn aï baï...?]
▸ où peut-on acheter à manger à cette heure-ci ? where can we get something to eat at this time? [ouère kèn oui guètt somTHinng tou itt att Zis taïm?]

acompte deposit [dipozitt] ▸ faut-il verser un acompte ? do I have to put down a deposit? [dou aï Hav tou pout daonn e dipozitt?]

acteur actor [akteu]

activité activity [aktiveti] ▸ avez-vous des activités pour les enfants ? do you have activities for children? [do you Hav aktivetiz fôr tchildreun?]

actrice actress [aktrès]

acupuncture acupuncture [akioupeunktcheu]

adaptateur *(pour prise de courant)* adaptor [eudapteu]

addition *(note)* bill [bil] ▸ l'addition, s'il vous plaît ! the bill, please! [Ze bil, pliz!]

adorer to adore [tou eudôr] ▸ j'adore le cinéma I love films [aï lov filmz]

adresse address [eudrèss] ▸ adresse électronique e-mail address [imèïl eudrèss]
▸ est-ce que vous pouvez m'écrire l'adresse ? could you write down the address for me? [koudd you raïte daonn Zi eudrèss feu mi?]

adulte adult [eudeult] ▸ deux adultes, un étudiant, s'il vous plaît two adults and one student, please [tou eudeultss ènde ouane stioudeunnt, pliz]

être d'accord / ne pas être d'accord — INFO

▸ absolument ! absolutely! [absoloutli!]
▸ bon, d'accord go on, then [gow-onn, Zènn]
▸ je ne suis pas convaincu I'm not at all convinced [aïme nott attôl konnvinnsst]
▸ je ne suis pas d'accord I disagree [aï disseugri]

aérobic aerobics [èeurowbiks]

aéroport airport [èrpôrt] ▶ combien de temps faut-il pour aller à l'aéroport ? how long does it take to get to the airport? [Hao longue daz itt tèïke tou guètt tou Zi èrpôrt?]
▶ y a-t-il une navette pour l'aéroport ? is there an airport shuttle? [iz Zèr eun èrpôrt cheuteul?]

affaires *(activité commerciale)* business [biznèss] ; *(objets)* belongings [bilongguinngs] ▶ je suis en voyage d'affaires I'm on a business trip [aïme onn e biznèss trip]
▶ j'ai besoin de laver quelques affaires I need to wash some clothes [aï nid teu woch som kloz]

affiche poster [powster]

affreux horrible [Horibôl] ▶ il a fait un temps affreux the weather was awfull [Ze wèZeu woz ôfoul]

africain African [afrikeun]

Africain African [afrikeun]

Afrique Africa [afrikeu]

âge age [èïdj] ▶ quel âge as-tu ? how old are you? [Hao owld âr you?]

âgé old [owld] ▶ personnes âgées senior citizens [sinieu sitizeuns]

agence agency [èïdjeuntssi] ▶ agence immobilière estate agency [estèït éïdjeuntssi]
▶ agence de location de voitures car rental agency [kâr rènntôl éïdjeuntssi]
▶ agence de voyages travel agency [traveul éïdjeuntssi]

agent agent [èïdjeunt] ▶ agent de police policeman [peulismeun]

agité rough [roff] ▶ la mer est-elle agitée aujourd'hui ? is the sea rough today? [iz Ze si roff toudèï?]

à l'aéroport **INFO**

▶ où se trouve la porte 2F? where is gate 2F? [ouère iz guèït tou èf?]
▶ où dois-je enregistrer mes bagages ? where is the check-in desk? [ouère iz Ze tchèkinng dèsk?]
▶ je voudrais une place côté couloir I'd like an aisle seat [aïde laïke eun eïl sit]
▶ je voudrais une place côté hublot I'd like a window seat [aïde laïke e ouinndow sit]
▶ où dois-je aller récupérer mes bagages ? where is the baggage reclaim? [ouère iz Ze baguidj riklèïm]

agneau *(viande)* **lamb** [lamm]

agréable **pleasant** [plèzeunnt] ▸ c'est vraiment un endroit très agréable, non ? it's really lovely here, isn't it? [itssrili lovli Hir, izeunnt itt?]

agresser **to attack** [tou eutak] ▸ j'ai été agressé I've been attacked [aïv binn eutakt]

aide **help** [Hèlp] ▸ à l'aide ! help! [Hèlp!]
▸ je vous remercie de votre aide thank you for your help [THènkiou fo yôr Hèlp]

ZOOM

aimer

En anglais, il existe plusieurs façons d'aimer. Pour dire qu'on aime faire quelque chose, on utilise I like, I enjoy ou encore I'm fond of, suivis d'un verbe + ing. Exemple : I like watching the Royle Family on TV (« j'aime bien regarder 'Famille Royle' à la télé »). To enjoy ne s'applique pas aux personnes. Ainsi on dit I like / I'm fond of Marilyn Manson (« j'aime bien Marilyn Manson »), mais I enjoy Marilyn Manson's company (« j'aime bien être avec Marilyn Manson »).

aider **to help** [tou Hèlp] ▸ pourriez-vous m'aider ? could you help me? [koudd you Hèlp mi?]
▸ je peux vous aider ? can I help you? [kèn aï Hèlp you?]

aiguille **needle** [nideul]

ail **garlic** [gârlik]

aile **wing** [ouinng]

ailleurs **somewhere else** [somouèr èlss]

aimer *(apprécier)* **to like** [tou laïk] ; *(affection, amour)* **to love** [tou lov]
▸ j'aime beaucoup voyager I enjoy travelling [aï inndjoï traveulinng]
▸ j'aime beaucoup le théâtre anglais I love British theatre [aï lov britich THièteu]
▸ j'aimerais bien... I'd like... [aïde laïke...]
▸ je t'aime I love you [aï lov you]

air *(vent)* **air** [èr] ; *(apparence)* **look** [louk] ▸ en plein air in the open air [inn Zi owpeun èr]
▸ j'ai besoin de prendre l'air I need to get some fresh air [aï nid te guètt som frèch èr]

aimer — INFO

▸ j'aime beaucoup ce pays I love this country [aï lov Ziss keunntri]
▸ j'aime bien ton frère I like your brother [aï laïke yôr broZeu]
▸ je la trouve très sympathique I think she's very nice [aï THinnk chiz vèri naïss]

▸ y a-t-il l'air conditionné ? do you have air-conditioning? [dou you Hav èr keundicheuninng?]

▸ tu n'as pas l'air bien you don't look well [you donnt louk ouèl]

aire d'autoroute **rest area** [rèst èrieu]

aire de jeux **play area** [plèï èrieu]

aise (à l') **comfortable** [komftebôl] ▸ je suis à l'aise I feel comfortable [aï fil komftebôl]

▸ mettez-vous à l'aise make yourself comfortable [mèïk yôrssèlf komftebô]

▸ je suis mal à l'aise I feel uncomfortable [aï fil eunkomftebôl]

alcool **alcohol** [alcoHoll] ▸ je ne bois pas d'alcool I don't drink alcohol [aï donnt drinnk alcoHoll]

▸ vous avez des boissons sans alcool ? do you have anything without alcohol? [do you Hav èniTHinng ouiZaott alcoHoll?]

algues **seaweed** [siwid]

alimentation **food** [foud] ▸ où se trouve le rayon alimentation ? where's the food section? [ouèrz Ze foudd sèkcheun?]

Allemagne **Germany** [djeurmeuni]

allemand *adj* **German** [djeurmeunn] ■ *m (langue)* **German** [djeurmeunn]

Allemand **German** [djeurmeunn] ▸ les Allemands the Germans [Ze djeurmeunns]

aller *(se déplacer)* **to go** [tou gow] ; *(santé, moral)* **to be** [tou bi] ▸ tu t'en vas ? are you leaving? [âr you livinng?]

▸ je voudrais aller à... I'd like to go to... [aïde laïke te gow tou...]

▸ ce train va bien à Glasgow ? is this the right train for Glasgow? [iz Zis Ze raïte trèïne for glâssgow?]

▸ je m'en vais demain I'm leaving tomorrow [aïme livinng toumorow]

▸ comment allez-vous ? how are you? [Hao âr you?]

▸ je vais bien I'm fine [aïme faïne]

▸ allez ! come on! [kom onn!]

---

ne pas aimer **INFO**

▸ je déteste le foot I hate football [aï Hèït foutbôl]

▸ je ne peux pas le supporter I can't stand him [aï kante stannd Him]

▸ je ne l'aime pas trop I don't really like him/her [aï donnt rili laïk Him/Heur]

▸ je ne suis pas très branché rando I'm not really into walking [aïme nott rili inntou wôkinng]

---

allergique allergic [euleurdjik] ▸ je suis allergique à... I'm allergic to... [aïme euleurdjik tou]

allô ! hello! [Hèlow]

allumer *(lumière, radio)* to turn on [tou teurn onn] ▸ où est-ce qu'on allume la lumière ? where do I switch this light on? [ouère dou aï souitch Ziss laïte onn?]

allumettes matches [matchiz]

amandes almonds [ameundz]

ambassade embassy [èmbeussi] ▸ je cherche l'ambassade de France I'm looking for the French embassy [aïme loukinng fôr Ze frènnch èmbeussi]

ambiance atmosphere [atmeusfir] ▸ il y avait une super bonne ambiance there was a great atmosphere [Zèr woz e grèït atmeusfir]

ambulance ambulance [ambiouleunss] ▸ appelez une ambulance ! call an ambulance! [kôl eun ambiouleunss!]

améliorer to improve [tou immprouv] ▸ j'espère améliorer mon anglais pendant mon séjour I'm hoping to improve my English while I'm here [aïme Howpinng tou immprouv maï innglich ouaïl aïme Hir]

amende fine [faïne] ▸ l'amende est de combien ? how much is the fine? [Hao meutch iz Ze faïne?]

amer bitter [biteu]

américain American [emèrikeun]

Américain American [emèrikeun] ▸ les Américains the Americans [Zi emèrikeuns]

Amérique America [emèrikeu]

ami friend [frènnd] ; *(petit ami, petite amie)* boyfriend [boïfrènnd], girlfriend [gueurlfrènnd] ▸ êtes-vous des amis de Tricia ? are you friends of Tricia? [âr you frènndz ov tricheu?]
▸ je suis venu avec mon amie I've come with my girlfriend [aïv kom ouiZ maï gueurlfrènnd]

amitié friendship [frènndchip] ▸ mes amitiés à vos parents ! regards to your parents! [rigârdz tou yôr pèreunntss!]

amour love [lov]

amoureux lover [loveu] ▸ je suis amoureux (de)... I'm in love (with)... [aïme inn lov ouiZ...]

ampoule *(de lampe)* bulb [beulb] ; *(cloque)* blister [blisteu] ▸ l'ampoule est cassée the bulb is broken [Ze beulb is browken]
▸ je me suis fait une ampoule I got a blister [aï gott e blisteu]

amusant funny [feuni]
amuser (s') to enjoy oneself [tou inndjoï ouannssèlf] ▸ on s'est bien amusés we had a good time [oui Hadd e goudd taïme]
an year [yeur] ▸ j'ai ... ans I'm ... [aïme ...]
▸ le Nouvel An the New Year [Ze niou yeur]
ananas pineapple [païnapôl]
ancien *(du passé)* ancient [èintcheunt] ; *(vieux)* old [owld] ▸ c'est un immeuble ancien ? is it an old building? [iz it eun owld bildinng?]
anesthésie anaesthetic [anesTHètik]
angine pharyngitis [farinndjaïtiss] ▸ j'ai une angine I have a sore throat [aï Hav e ssôr THrôt]
anglais *adj (langue)* English [innglich] ▸ désolé, je ne parle pas anglais sorry, I don't speak English [sori aï donnt spik innglich]
Anglais English person [innglich peursseun] ▸ les Anglais the English [Zi innglich]
Angleterre England [inngleund]
anguille eel [il]
animal animal [animôl] ▸ les animaux domestiques sont-ils admis ? are pets allowed? [âr pètss eulaod?]
animé lively [laïvli] ▸ c'est très animé le soir it's very busy at night [itss vèri bizi att naïte]
année year [yeur] ▸ bonne année ! happy New Year! [Hapi niou yeur!]
▸ cette année this year [Zis yeur]
▸ l'année dernière last year [lâst yeur]
▸ l'année prochaine next year [nèxt yeur]
anniversaire birthday [beurTHdèï] ▸ c'est mon anniversaire it's my birthday [its maï beurTHdèï]
▸ joyeux anniversaire ! happy birthday! [Hapi beurTHdèï!]
annonce *f (dans un journal)* advertisement [adveutizmeunt] ▸ j'ai vu votre annonce sur Internet I saw your ad on the Web [aï sow yôr ad onn ze ouèb]
annuaire phonebook [fown bouk] ▸ j'ai besoin de consulter un annuaire I need to use a phonebook [aï nid tou youz e fown bouk]
annuler to cancel [tou kannsseul] ▸ est-il possible d'annuler la réservation ? is it possible to cancel a booking? [iz itt possibeul tou kannsseul e boukinng?]
antalgique painkiller [pèïnkileu]
antibiotique antibiotic [ènntibaïotik] ▸ je suis sous antibiotiques I'm on antibiotics [aïme onn ènntibaïotiks]
antihistaminique antihistamine [ènntihisstemine]

antiquité *(objet)* **antique** [ènntik] ▸ quel est le meilleur endroit pour trouver des antiquités ? where would be the best place to find antiques? [ouère woudd bi Ze best plèïss tou faïnde ènntikss?]
antiseptique **antiseptic** [ènntisèptik]
antivol *(pour deux-roues)* **anti-theft device** [ènnti THèft divaïss]
août **August** [ogueusst]
apéritif **aperitif** [eupèreutif] ▸ on prend un apéritif ? shall we have an aperitif? [cheul oui Hav en eupèreutif?]
appareil *(photo)* **camera** [cameureu] ; *(auditif)* **hearing aid** [Hirinng èïd] ; *(dentaire)* **brace** [brèïs] ▸ appareil photo numérique digital camera [didjiteul kameureu] ▸ mon appareil dentaire est cassé my brace is broken [maï brèïs iz browkeun]
appartement **flat** [flatt] ▸ est-il possible de louer un appartement ? can I rent a flat? [kèn aï rènnt e flatt?]
appeler **to call** [tou kôl] ▸ appelez un médecin ! call a doctor! [kôl e docteu!]
▸ appelle-moi plus tard call me later [kôl mi lèïteu]
▸ je t'appelle demain I'll call you tomorrow [aïl kôl you toumorow]
▸ je dois appeler chez moi I need to phone home [aï nid te fown Howm]
appeler (s') *(avoir pour nom)* **to be called** [tou bi kôld] ; *(se téléphoner)* **to talk on the phone** [tou tôk onn ze fown] ▸ comment s'appelle ce plat ? what's this dish called? [ouatss zis dich kôld?]
▸ comment tu t'appelles ? what's your name? [ouatss yôr nèïm?]
▸ comment vous appelez-vous ? what's your name? [ouatss yôr nèïm?]
▸ je m'appelle... my name is... [maï nèïm iz...]
▸ on s'appelle demain let's talk on the phone tomorrow [lèts tôk onn ze fown toumorow]
appendicite **appendicitis** [eupènndisaïtiss]
appétit **appetite** [apeutaïte] ▸ bon appétit ! enjoy your meal! [ènnjoï yôr mil!]
apporter **to bring** [tou brinng] ▸ pourriez-vous nous apporter... ? can you bring us...? [kèn you bring euss...?]
apprendre *(étudier)* **to learn** [tou leurn] ; *(enseigner)* **to teach** [tou titch]
▸ j'ai appris quelques mots avec un bouquin I learned a few words from a book [aï leurnd e fiou weurdz from e bouk]
▸ je peux t'apprendre le français I can teach you French [aï kèn titch you frènnch]
appuyer sur **to press** [tou prèss] ▸ sur quel bouton faut-il appuyer ? which button do you have to press? [ouitch beuteun dou you Hav to prèss?]
après **after** [afteu], **afterwards** [afteuweudz] ▸ le café Internet est-il avant ou après le bar ? is the Internet café before or after the bar? [iz Zi innteunèt kafèï bifôr ôr afteur Ze bâr?]

▸ rejoins-nous après join us afterwards [djoïnn euss **afteu**weudz]

après-demain the day after tomorrow [Ze dèï **afteur** tou**mo**row] ▸ après-demain matin the day after tomorrow, in the morning [ze dèï **afteur** tou**mo**row, inn ze **môr**ninng]

après-midi afternoon [**afteu**noun] ▸ dans l'après-midi in the afternoon [inn Zi **afteu**noun]

aquagym aquaerobics [akou-eu-èeu**row**biks]

arabe *adj* Arab [**è**reub] ■ *m (langue)* Arabic [**è**reubik]

Arabe Arab [**è**reub] ▸ les Arabes the Arabs [Zi **è**reubs]

araignée spider [**spaï**deu]

arbitre referee [rèfeu**ri**] ▸ qui veut faire l'arbitre ? who wants to be referee? [Hou wants tou bi rèfeu**ri**?]

arbre tree [tri] ▸ est-ce qu'il y a des arbres dans le camping ? are there any trees on the campsite? [âr Zèr èni triz onn ze **kamm**psaït?]

architecte architect [**â**kitekt]

architecture architecture [**â**kitektcheu]

argent *(monnaie)* money [**meu**ni] ; *(métal)* silver [**sil**veu] ▸ argent liquide cash [kach]

▸ je n'ai pas beaucoup d'argent I don't have much money [aï donnt Hav meutch **meu**ni]

▸ je n'ai plus d'argent liquide I have run out of cash [aï Hav reunn **aott** of kach]

▸ c'est en argent ? is it silver? [iz it **sil**veu?]

arnaque rip-off [**rip**off]

aromathérapie aromatherapy [ereume**Thè**repi]

arranger *(convenir)* to suit [tou **sout**] ▸ quand cela t'arrange-t-il ? when's a good time for you? [ouènnss e goudd taïme for you?]

arrêt *(station)* stop [stop] ▸ c'est bien l'arrêt pour... ? is this the right stop for...? [iz Ziss Ze **raïte** stop for...?]

▸ où se trouve l'arrêt de bus le plus proche ? where's the nearest bus stop? [ouèrz Ze nireusst beuss stop?]

▸ c'est à combien d'arrêts d'ici ? how many stops is it from here? [**Hao** mèni stops iz it from Hir?]

arrêter (s') to stop [tou stop] ▸ où s'arrête la navette en ville ? where does the shuttle bus stop in town? [ouèr doz Ze **cheu**teul beuss stop inn **taonn**?]

▸ arrêtez-vous ici ! stop here! [stop Hir!]

arrivée arrival [eu**raï**veul] ▸ l'arrivée est prévue à quelle heure ? what time are we due to arrive? [ouate taïm âr oui diou tou eu**raïv**?]

arriver *(à destination)* **to arrive** [tou euraïv] ; *(se produire)* **to happen** [tou Happeun] ▸ je suis arrivé avant-hier I arrived the day before yesterday [aï euraïvd Ze dèï bifôr yèsteudèï]
▸ à quelle heure le train arrive-t-il à Newcastle ? what time does the train get in to Newcastle? [ouate taïme doz Ze trèïn guètt inn tou nioukasseul?]
▸ je n'y arrive pas I can't do it [aï kante dou it]
▸ je n'arrive pas à prononcer ce mot I can't pronounce this word [aï kante pronaonnss Ziss weurd]

art **art** [ârtt] ▸ t'intéresses-tu à l'art ? are you interested in art? [âr you inntreustid inn ârtt?]

artichaut **artichoke** [ârtitchowk]

artisanat **crafts** [krafts]

artiste **artist** [âtist]

arts martiaux **martial arts** [macheul ârtts] ▸ tu pratiques des arts martiaux ? do you do any martial arts? [do you do èni macheul ârtts?]

ascenseur **lift** [lift] ▸ quelqu'un est coincé dans l'ascenseur someone is stuck in the lift [somouane iz steuk inn Ze lift]

asiatique **Asian** [èïjeun]

Asiatique **Asian** [èïjeun]

Asie **Asia** [èïjeu]

asperges **asparagus** [espâregeuss]

aspirine **aspirin** [assprinn]

asseoir (s') **to sit down** [tou sit daonn] ▸ est-ce que je peux m'asseoir à votre table ? may I sit at your table? [mèï aï sit att yôr tèïbeul?]

assez *(suffisamment)* **enough** [inoff] ▸ je n'ai pas assez d'argent I don't have enough money [aï donnt Hav inoff meuni]

assiette **plate** [plèït]

assurance *(contrat)* **insurance** [innchoureunss] ▸ assurance tous risques comprehensive insurance [kommpriHènnsiv innchoureunss]
▸ faut-il une assurance spéciale ? do I need special insurance? [dou aï nid spècheul innchoureunss?]
▸ quels risques l'assurance couvre-t-elle ? what does the insurance cover? [ouate doz Zi innchoureunss koveur?]

assurer *(maison, voiture)* **to insure** [tou innchour] ▸ est-ce que la voiture est assurée tous risques ? is the car covered by comprehensive insurance? [iz Ze kâr koveud baï kommpriHènnsiv innchoureunss?]

asthme **asthma** [assmeu] ▸ j'ai de l'asthme I have asthma [aï Hav assmeu]

athée atheist [èïTHiist]

athlétisme athletics *(singulier)* [âTHlètikss]

Atlantique (l') the Atlantic [(Zi) eutlèntik]

atmosphère atmosphere [atmeusfir]

attendre to wait (for) [tou ouèït (fôr)] ; *(espérer)* to expect [tou ixpèkt] ▸ tu attends le bus ? are you waiting for the bus? [âr you ouèïtinng fôr Ze beuss?]
▸ je vous attends à 8 h à... I'll be expecting you at eight o'clock at... [aïl bi ixpèktinng you att èïte e klok att...]
▸ ne m'attendez pas pour dîner start dinner without me [stârt dineu ouiZaott mi]
▸ tu m'attends ? will you wait for me? [ouil you ouèït fôr mi?]
▸ je t'attends ici I'll wait for you here [aïl ouèït fôr you Hir]
▸ j'attends un bébé I'm expecting a baby [aïme ikspèktinng e bèïbi]

attention ! watch out! [wotch aott]

atterrir to land [tou lannd]

attraper *(prendre)* to pick up [tou pikeup] ; *(maladie)* to catch [tou katch]
▸ je n'arrive pas à attraper ma valise I can't reach my suitcase [aï kante ritch maï soutkèïss]
▸ j'ai attrapé froid I've caught a cold [aïv kôt e kôld]

auberge de jeunesse youth hostel [youTH Hosteul] ▸ je voudrais la liste des auberges de jeunesse de la région I'd like a list of youth hostels in the area [aïde laïke e list ov youTH Hosteulss in Zi èrieu]

aubergine aubergine [owbejin]

aujourd'hui today [toudèï] ▸ on est le combien aujourd'hui ? what's today's date? [ouatss toudèïz dèïte?]

aussi *(également)* also [olssô], too [tou] ; *(à ce point)* so [sow] ▸ moi aussi ! me too! [mi tou]
▸ bonnes vacances – merci, vous aussi ! have a good holiday! — thanks, you too! [Hav e goudd Holidèï — THannks, you tou!]
▸ je n'ai jamais rien vu d'aussi beau I've never seen anything so beautiful [aïv nèveu sinn èniTHinng so bioutifoul]

Australie Australia [ostrèïlieu]

Australien Australian [ostrèïlieun]

autant *(comparaison)* as much as [az meutch az] ; *(quantité)* as many as [az mèni az] ▸ l'aller simple coûte presque autant que l'aller et retour a single costs almost as much as a return [e sinngueul kosts olmôst az meutch az e riteurn]

▸ est-ce qu'il y a autant de monde que la dernière fois ? are there as many people as last time? [âr Zèr az mèni pipôl az lâst taïm?]

authentique genuine [djèniouinn]

automatique automatic [oteumatik]

automne autumn [ôteum] ▸ en automne in the autumn [inn Zi ôteum]

autoriser to allow [tou eulao] ▸ combien de bagages sont autorisés ? how much luggage are you allowed? [Hao meutch leuguidj âr you eulaod?]
▸ c'est autorisé de fumer ici ? are you allowed to smoke here? [âr you eulaod tou smowk Hir?]

autoroute motorway [moteuouèï] ▸ autoroute à péage toll motorway [toll moteuouèï]
▸ quelle est la vitesse limite sur les autoroutes ? what is the speed limit on the motorways? [ouate iz Ze spid limit onn Ze moteuouèïz?]
▸ est-il possible d'y aller par l'autoroute ? can you get there on the motorway? [kèn you guètt Zèr onn Ze moteuouèï]
▸ l'autoroute est-elle payante ? is there a toll on the motorway? [iz Zèr e towl onn Ze moteuouè?ï]

auto-stop hitchhiking [HitchHaïkinng] ▸ on e.st venus en stop we hitched here [oui Hitcht Hir]
▸ on peut faire du stop ici? can we hitchhike here? [kèn oui HitchHaïk Hir?]

autre other [oZeu] ▸ un autre café, s'il vous plaît another coffee, please [eunoZeu kofi, pliz]
▸ allez-y, je vais attendre les autres go ahead; I'm going to wait for the others [gow euHèd ; aïme gowinng tou wèït fô Zi oZeuz]
▸ il n'y a rien d'autre à manger? isn't there anything else to eat? [iznt Zèr èniTHinng èlss tou it?]

Autriche Austria [ostrieu]

autrichien Austrian [ostrieun]

Autrichien Austrian [ostrieun] ▸ les Autrichiens the Austrians [Zi ostrieuns]

avaler to swallow [tou soualow] ▸ je ne peux rien avaler I can't swallow [aï kante soualow]
▸ le distributeur automatique dehors a avalé ma carte de crédit the cash machine outside swallowed my credit card [Ze kach meuchine aottsaïde soualowd maï krèditt kârd]

avance advance [eudvannss] ▸ faut-il réserver à l'avance ? do you have to book in advance? [dou you Hav tou bouk inn eudvannss?]
▸ dois-je payer d'avance ? do I have to pay in advance? [dou you Hav tou pèï inn eudvannss?]

avant *adv & prép (temps, lieu)* **before** [bifôr] ▸ avant de… before… [bifôr…]
▸ il faut que je mange avant I must eat first [aï meust it feurst]
▸ il faut tourner avant le feu ? do I have to turn before the traffic lights? [dou aï Hav tou teurn bifôr Ze trafik laïtss?]

avant-hier **the day before yesterday** [Ze dèï bifôr yèsteudèï]

avec **with** [ouiZ] ▸ je voudrais un steak avec des frites I'd like a steak and chips [aïde laïke e stèk ènde tchipss]
▸ je suis avec mon copain I'm with my boyfriend [aïme ouiZ maï boïfrènnd]

avenue **avenue** [aveniou]

aveugle **blind** [blaïnnd]

avion **plane** [plèïne] ▸ je suis venu en avion I came by plane [aï kèïme baï plèïne]
▸ à quelle heure est l'avion ? what time is the flight? [ouate taïme iz Ze flaïte?]
▸ l'avion a eu deux heures de retard the flight was two hours late [Ze flaït woz tou aweuz lèït]

aviron *(SPORT)* **rowing** [rowinng]

avis **opinion** [opinionn] ▸ à mon avis in my opinion [inn maï opinionn]
▸ j'ai changé d'avis I've changed my mind [aïv tchèïnndjd maï maïnd]

avocat *(homme de loi)* **lawyer** [lôyeur] ; *(fruit)* **avocado** [aveukèïdo] ▸ je voudrais voir un avocat I'd like to see a lawyer [aïde laïke tou si e lôyeur]

avoir *(posséder)* **to have (got)** [tou Hav (gott)] ▸ avez-vous… ? do you have…? [dou you Hav …?]
▸ est-ce que vous les avez en rouge ? do you have it in red? [dou you Hav it inn rèd?]
▸ qu'est-ce que tu as, ça ne va pas ? what's the matter? [ouats Ze mateu?]

avril **April** [èïpreul]

B

baby-sitter **babysitter** [bèïbi siteu] ▸ nous aurions besoin d'une baby-sitter we need a babysitter [oui nid e bèïbi siteu]

bagages **luggage** [leuguidj] ▸ un bagage à main a piece of hand luggage [e piss ov Hannd leuguidj]
▸ pouvez-vous m'aider à porter mes bagages ? can you help me carry my luggage? [kèn you Hèlp mi kari maï leuguidj?]

▸ mes bagages ne sont pas arrivés my luggage hasn't arrived [maï **leu**guidj Hazeunt euraïvd]

bagarre fight [faïtt] ▸ il y a eu une bagarre ? has there been a fight? [Haz Zèr bin e faïtt?]

bague ring [rinng]

baigner (se) to go for a swim [tou gow fôr e souim] ▸ est-ce qu'on peut se baigner ici sans danger ? is it safe to swim here? [iz itt **sèïf** tou souim Hir?]
▸ on va se baigner ? shall we go for a swim? [cheul oui gow fôr e souim?]

baignoire bath [baTH] ▸ il y a une baignoire ou une douche ? is there a bath or a shower? [is Zère e baTH ôr e **cha**weu?]

bain bath [baTH] ▸ j'ai envie de prendre un bain I'd like to have a bath [aïde laïke te Hav e baTH]

baisser *(son)* to turn down [tou teurn **daonn**] ▸ est-ce qu'on peut baisser la clim ? can we turn the air-conditioning down? [kèn oui teurn Zi èr keunndi**cheu**ninng **daonn**?]

balade walk [wôk] ▸ j'irais bien faire une balade I feel like going for a walk [aï **fil** laïk **go**winng fôr e wôk]

balcon balcony [**bal**keuni] ▸ avez-vous des chambres avec balcon ? do you have any rooms with a balcony? [dou you Hav **è**ni roumss ouiZ e **bal**keuni?]

balle ball [bôl] ▸ balle de tennis tennis ball [**tè**niss bôl]

ballon ball [bôl] ▸ ballon de foot football [**fout**bôl]

banane *(fruit)* banana [beu**na**neu] ; *(sac)* bumbag [**beum**bag] ▸ j'ai perdu mon sac banane ! I've lost my bumbag! [aïv lost maï **beum**bag!]

bandage bandage [**bann**didj] ▸ j'ai besoin d'un bandage pour ma cheville I need a bandage for my ankle [aï **nid** e **bann**didj fôr maï **ann**keul]

bande dessinée *(livre)* comic book [**ko**mik bouk]

banlieue suburbs *(pluriel)* [**seu**beurbs] ▸ j'habite en banlieue parisienne I live in the suburbs of Paris [aï liv in Ze **seu**beurbs ov Pariss]

banque bank [bannk] ▸ y a-t-il une banque près d'ici ? is there a bank nearby? [iz Zèr e bannk nir**baï**?]
▸ les banques sont-elles ouvertes le samedi ? are banks open on Saturdays? [âr bannkss **ô**peun onn **sâ**teudèïz?]

bar bar [bâr]

barbe beard [birde]

barbecue barbecue [**bâr**bikiou] ▸ et si on faisait un barbecue sur la plage ? how about having a barbecue on the beach? [**Hao** eubaott **Ha**vinng e **bâr**bikiou onn ze bitch?]

barman barman [bârmeun]
barque boat [bowt]
barrage *(sur un cours d'eau)* dam [damm] ; *(de police)* police roadblock [peuliss rowdblok]
barre *(voile)* tiller [tileu] ▸ je peux tenir la barre ? can I have a go at the helm? [kèn aï Hav e gow at Ze Hèlm?]
bas *mpl (chaussettes)* stockings [stokingz] ; *(partie inférieure)* bottom [boteum] ▸ en bas / at the bottom [at Ze boteum] / *(appartement)* downstairs [aonnstèrz] ▸ il est en bas dans le salon he's downstairs in the living room [Hiz daonnstèrz in ze livinng roum]
base-ball baseball [bèïssbôl]
bases *(notions)* basic knowledge [bèïssic nolidj] ▸ je connais les bases mais pas plus I only know the basics [aï ownli now ze bèïssics]
basilic basil [bèïzil]
basket *(SPORT)* basketball [baskit bôl]
baskets *(chaussures)* trainers [trèïneuz]
bassin *(piscine)* pool [poul] ▸ grand bassin main pool [mèïne poul] ▸ petit bassin children's pool [tchildreunss poul] ▸ y a-t-il un bassin pour les enfants ? is there a children's pool? [iz Zèr e tchildreunss poul?]
bateau boat [bowt] ▸ bateau à moteur motorboat [mowteubowt] ▸ je voudrais louer un bateau pour la journée I'd like to hire a boat for the day [aïde laïke tou Hayeur e bowt fôr ze dèï]
batterie *(TECHNOL)* battery [bateuri] ; *(MUS)* drums *(pluriel)* [dreumss] ▸ je n'ai plus de batterie I'm out of battery [aïme aott of bateuri]

à la banque **INFO**

▸ je voudrais changer 100 euros en livres sterling I'd like to change 100 euros into pounds [aïde laïk tou tchèïnndj e Heundreud youeurowz inntou paonndz]
▸ en petites coupures, s'il vous plaît in small denominations, please [inn smôl dènominèïcheuns, pliz]
▸ à combien est l'euro ? what is the rate for the Euro? [ouate iz Ze rèïte fôr Ze youeurow?]
▸ vous prenez une commission ? do you charge a commission? [dou you tchâdj e komicheun?]

▶ il faudrait recharger la batterie the battery has to be recharged [Ze bateuri Haz tou bi ritchâjd]
▶ sais-tu jouer de la batterie ? can you play the drums? [kèn you plèï ze dreumss?]

baume pour les lèvres lip salve [lip sâv]

beach-volley beach volleyball [bitch voli] ▶ est-ce qu'il y a un terrain de beach-volley ? is there a beach volleyball court? [iz Zere e bitch voli kôrt?]

beau *(temps)* beautiful [bioutifoul] ; *(personne)* good-looking [goudd-loukinng] ▶ quelle belle journée, hein ? it's a lovely day, isn't it? [itss e lovli dèï, izeuntitt?]
▶ vous croyez qu'il va faire beau ? do you think it'll be fine? [dou you THinnk iteul bi faïn?]
▶ je te trouve très belle I find you very attractive [aï faïnde you vèri eutraktiv]
▶ quel beau mec ! what a gorgeous guy! [ouate e gôrdgeuss gaï!]

beaucoup a lot [e lote] ▶ il y a beaucoup de monde ici there are a lot of people here [Zèr âr e lote ov pipôl Hir]
▶ j'aime beaucoup les champignons I love mushrooms [aï lov meuchroumss]
▶ je n'ai pas beaucoup d'argent I haven't got much money [aï Haveunt gott meutch meuni]
▶ il n'y a pas beaucoup de restaurants ici there aren't many restaurants here [Zere ant mèni rèssteureunts Hir]

beau-frère brother-in-law [broZeur inn lô]

beau-père *(par alliance)* father-in-law [faZeu inn lô] ; *(après remariage maternel)* stepfather [stèpfâZeu]

bébé baby [bèïbi]

belge *adj* Belgian [bèldgieun] ▶ je suis belge I'm Belgian [aïme bèldgieun]

Belge Belgian [bèldgieun] ▶ les Belges the Belgians [Ze bèldgieuns]

Belgique Belgium [bèldjeum] ▶ en Belgique in Belgium [inn bèldjeum]
▶ je viens de Belgique I'm from Belgium [aïme from bèldjeum]

belle-mère *(par alliance)* mother-in-law [moZeu inn lô] ; *(par remariage paternel)* stepmother [stèpmoZeu]

belle-sœur sister-in-law [sisteu inn lô]

besoin need [nid] ▶ j'ai besoin de… *(+ nom)* I need… [aï nid…]
▶ j'ai besoin de… *(+ verbe)* I need to… [aï nid tou…]
▶ j'aurais besoin d'un bon massage ! I need a good massage! [aï nid e goudd masadje]

betterave *(à sucre)* **sugarbeet** [chougeu bit] ▶ betterave rouge beetroot [bit rout]

beurre **butter** [beuteu]

biberon **baby's bottle** [bèïbiz boteul] ▶ où puis-je faire chauffer le biberon ? where can I heat the baby's bottle? [ouèr kèn aï Hit ze bèïbiz boteul?]

bibliothèque **library** [laibreri]

bidon **can** [kann] ▶ un bidon d'huile, s'il vous plaît a can of oil, please [e kann ov oïl, pliz]

bien *(de façon satisfaisante, en bonne santé)* **well** [ouèl] ; *(très)* **very** [vèri] ; *(vraiment)* **really** [rili] ; *(à l'aise)* **comfortable** [komftebôl] ▶ bien ! good! [goudd]
▶ bien joué ! well played! [ouèl plèïd]
▶ j'ai bien dormi I slept well [aï slèpt ouèl]
▶ j'aimerais bien… *(+ verbe)* I'd like to… [aïde laïke tou...]
▶ je me suis bien amusé I had a good time [aï Had e goudd taïm]
▶ vous allez bien ? how are you? [Hao âr you?]
▶ bien, merci, et vous ? fine, thanks, and you? [faïne THannks, ènde you?]
▶ on est vraiment bien ici it's lovely here [its lovli Hir]
▶ je suis bien avec toi I really like being with you [aï rili laïk biinng ouiZ you]
▶ bien sûr ! of course! [ov kôrss]
▶ c'est bien that's good [Zatts goudd]

bientôt **soon** [soun] ▶ à bientôt, j'espère see you soon I hope [si you soune aï Howp!]
▶ on s'appelle bientôt ! we'll talk soon, OK! [ouil tôk soun, okèï!]

bienvenu **welcome** [ouèlkom] ▶ si vous venez en France, vous serez les bienvenus ! if you come to France you'll be very welcome! [if you kom tou Frannss, youl bi vèri ouèlkom]

bière **beer** [bir] ▶ une bière blonde, s'il vous plaît a lager, please [e lâgueu, pliz]
▶ une pinte de bière brune, s'il vous plaît a pint of bitter, please [e païnnt ov biteu, pliz] a pint of brown ale, please [e païnnt ov braonn èïl, pliz]
▶ je voudrais une bière pression a draught beer, please [e drâft bir, pliz]

bijouterie **jeweller's (shop)** [djoueleurz (chop)]

bijoux **jewels** [djouels]

billard *(jeu)* **billiards** *(singulier)* [bilieuds] ▶ ça te dit, une partie de billard ? would you like to play a game of billiards? [woudd you laïk tou plèï e guèïm ov bilieuds?]

billet *(transport, spectacle)* **ticket** [tikètt] ; *(de banque)* **note** [nowt] ▸ billet aller et retour return ticket [riteurn tikètt]
▸ billet simple single ticket [sinngueul tikètt]
▸ combien coûte un billet pour... ? how much is a ticket to...? [Hao meutch iz e tikètt tou...?]
▸ où peut-on acheter des billets ? where can we buy tickets? [ouèr kèn oui baï tikèttss?]
▸ je n'ai que des billets, pouvez-vous me faire de la monnaie ? I only have notes, can you give me change? [aï onnli Hav nowts, kèn you giv mi tchèïnndj?]

BON PLAN
billet

En Grande-Bretagne, les billets de train achetés longtemps à l'avance par téléphone ou sur Internet sont expédiés par la poste. Un aller-retour coûte le même prix qu'un aller simple. Les billets achetés au moins une semaine à l'avance sont souvent beaucoup moins chers. Il y a deux classes : standard et first class.

billetterie *(de billets)* **cash dispenser** [kach disspènnsseur] ; *(de tickets)* **ticket machine** [tikètt meuchinn]

bio **organic** [ôrganic]

biscuit **biscuit** [bisskit] ▸ biscuit salé cracker [krakkeu]

bise [biz] *(baiser)* **kiss** [kiss] ▸ grosses bises love and kisses [lov ènd kissiz]
▸ on se fait la bise? can I give you a kiss? [kèn aï giv you e kiss?]

bizarre **strange** [strènnj]

blanc *(couleur, vin)* **white** [ouaïte] ▸ un verre de vin blanc, s'il vous plaît a glass of white wine, please [e glâss ov ouaïte ouaïne, pliz]

blesser (se) **to injure oneself** [tou innjeur ouannssèlf] ▸ je me suis blessé I injured myself [aï innjeurd maïssèlf]
▸ elle est grièvement blessée she is seriously injured [chi iz sirieussli inndjeud]

bleu *adj (couleur)* **blue** [blou] ■ *m (hématome)* **bruise** [brouz]

blond **blond** [blonnde] ▸ j'ai les cheveux blonds I have blond hair [aï Hav blonnde Hèr]

bloquer *(route, passage)* **to block** [tou blok] ▸ nous sommes bloqués dans les embouteillages we're stuck in traffic [oui âr steuk inn trafik]
▸ la porte est bloquée the door won't open [Ze dôr oueunt owpeun]

blouson **jacket** [djakit]

bœuf **ox** [ox] ; *(CULIN)* **beef** [bif] ▸ je ne mange pas de bœuf I don't eat beef [aï donnt it bif]

boire to drink [tou drinnk] ▶ on va boire un verre ? shall we go for a drink? [chèl oui gow fôr e drinnk?]
▶ je ne bois pas de... I don't drink... [aï donnt drinnk...]
▶ j'ai trop bu hier soir I had too much to drink last night [aï Had tou meutch to drinnk lâst naït]

bois *(matière)* wood [woud] ; *(forêt)* wood [woud] ▶ vous vendez des objets en bois ? do you sell things made of wood? [dou you sèl THinngs mèïd ov woud ?]
▶ il y a un bois derrière la maison there's a wood behind the house [Zèrs e woud biHaïnnd Ze Haoss]

boisson drink [drinnk] ▶ je vais prendre une boisson fraîche I'll have a cold drink [aïl Hav e kôld drinnk]
▶ nous n'avons pas pris de boissons dans le minibar we didn't take any drinks from the minibar [oui dideunt tèïk èni drinnks from Ze minibâr]
▶ boisson non alcoolisée soft drink [soft drinnk]

boîte box [box] ▶ boîte aux lettres *(pour la réception)* letterbox [lèteu box]
▶ boîte d'allumettes box of matches [box of matchiz]
▶ boîte de conserve tin [tinn]
▶ boîte (de nuit) (night) club [(naïtt) cleub]
▶ boîte de vitesses gearbox [guirbox]
▶ boîte vocale voice mail [voïss mèïl]
▶ on pourrait aller en boîte après we could go to a club afterwards [oui koudd gow tou e kleub afteuweurdz]

bol *(récipient)* bowl [bowl] ; *(fam)* *(chance)* luck [leuk] ▶ on a du bol ! we're lucky! [oui âr leuki!]

bon *(gén)* good [goudd] ; *(correct)* right [raïte] ▶ bon ! *(d'accord)* OK! [owkèï]
▶ c'est bon ! *(d'accord)* all right! [ôl raïte!]
▶ il fait bon it's lovely [itss lovli]
▶ ça sent très bon it smells really nice [it smèlss rili naïss]
▶ l'eau est-elle bonne ? is the water warm? [iz Ze wôteu wôrm?]
▶ est-ce le bon numéro ? is this the right number? [iz Ziss Ze raïte neumbeu?]
▶ ah, bon ? really? [rili?]
▶ ce steack n'est pas bon this steak isn't very nice [Ziss stèk izeunt vèri naïss]
▶ c'est bon pour la santé it's good for you [itss goud for you]

bonbon sweet [swit]

bonheur happiness [Hapinès] ▶ ça porte bonheur ! it brings good luck! [it brinngz goudd leuk!]

bonjour ! **hello** [Hèlow] ▸ bonjour, moi c'est… hello, my name is… [Hèlow, maï nèïm iz…]
▸ passe le bonjour aux autres ! say hello to the others for me [sèï Hèlow tou Zi oZeus fôr mi]

bon marché **cheap** [tchip] ▸ vous pourriez m'indiquer un hôtel bon marché ? do you know a cheap hotel? [dou you now e tchip Howtèl?]

bonnet **hat** [Hatt] ▸ le bonnet de bain est-il obligatoire ? do you have to wear a swimming cap? [dou you Hav tou ouèr e souiminng kapp?]

ZOOM
bonjour

Avant midi, on dit good morning, mais un simple morning! ne vous fâchera pas avec une personne connue. Good afternoon se dit logiquement après midi (bravo !), mais on ne vous en voudra pas non plus d'attendre la fin du déjeuner. Plus subtil, le good evening commence à la nuit tombée et varie donc selon les saisons. Enfin, si vous avez tout oublié, contentez-vous d'un hello! (hi! pour les intimes).

bonsoir ! *(en arrivant)* **hello!** [Hèlow] ; *(en partant)* **bye!** [baï]

bord **edge** [èdj] ▸ peut-on se promener au bord du lac ? can you walk along the lakeside? [kèn you wôk eulong Ze lèïkssaïd?]
▸ j'aimerais aller au bord de la mer I'd like to go to the seaside [aïde laïke tou gow tou Ze sissaïd]

bordeaux *adj & m* **bordeaux** [bôrdow]

bosse **bump** [beump] ▸ je me suis fait une bosse I've got a bump [aïv gott e beump]

bottes **boots** [boutss]

bouche **mouth** [maoTH]

bouché **blocked** [blokt] ▸ le lavabo est bouché the washbasin is blocked [Ze wochbèïsinn iz blokt]

boucherie *(magasin)* **butcher's** [boutcheuz] ▸ où est le rayon boucherie ? where's the meat section? [ouèrz Ze mit sèkcheun?]

bouchon *(à vis)* **top** [top] ; *(en liège)* **cork** [côrk] ; *(embouteillage)* **traffic jam** [trafik djam]

boucles d'oreilles **earrings** [irinngz]

bouddhiste **Buddhist** [boudistt]

bouée *(pour nager)* **rubber ring** [reubeu rinng] ; *(balise)* **buoy** [boï] ▸ bouée de sauvetage life belt [laïf bèlt]

bouger **to move** [tou mouv] ▸ je ne peux pas bouger la jambe I can't move my leg [aï kante mouv maï lèg]
▸ ne le bougez pas don't move him [donnt mouv Him]

▶ on bouge ? shall we make a move? [cheul oui mèïk e mouv?]

bougie *(chandelle)* **candle** [kanndeul] ; *(AUTO)* **sparkplug** [spârkpleug]

bouillir **to boil** [tou boïl] ▶ je mets de l'eau à bouillir pour le thé ? shall I put the kettle on? [cheul aï poutt Ze kèteul onn?]

bouillon **stock** [stok]

boulangerie **baker's (shop)** [bèïkeuz (chop)], **bakery** [bèïkeuri]

boule **ball** [bôl] ; *(de pétanque)* **bowl** [bowl] ; *(de glace)* **scoop** [skoup] ▶ jouer aux boules to play boules [tou plèï boulz]

▶ je voudrais une glace avec deux boules I'd like an ice cream with two scoops [aïde laïke en aïss krim ouiZ tou skoups]

▶ tu mets des boules Quiès® ? do you wear earplugs? [dou you ouèr irpleugz?]

bourré *(saoul)* **drunk** [dreunk] ▶ il est complètement bourré he's really drunk [hiz rili dreunk]

boussole **compass** [keumpeuss] ▶ ma boussole est déréglée my compass is off [maï keumpeuss iz off]

bouteille **bottle** [boteul] ; *(de plongée)* **scuba tank** [skoubeu tannk] ▶ bouteille de gaz gas cylinder [gass silinndeu]

▶ je voudrais une bouteille d'eau I'd like a bottle of water [aïde laïke e boteul ov wôteu]

▶ une bouteille de vin rouge, s'il vous plaît a bottle of red wine, please [e boteul ov rèd ouaïne, pliz]

▶ il nous faudrait des bouteilles et du lest pour aller plonger we need tanks and weights to go diving [oui nid tannks ènde ouèïts tou gow daïvinng]

boutique **shop** [chop]

bouton *(de vêtement)* **button** [beutonn] ; *(sur la peau)* **spot** [spott] ; *(d'un appareil)* **button** [beutonn] ; *(pour tirer)* **knob** [nobb] ▶ j'ai perdu un bouton de ma veste I've lost a button from my jacket [aïv lost e beutonn from maï djakit]

dans une boutique — INFO

▶ non, merci. Je ne fais que regarder no, thanks. I'm just looking [no, THènks. aïme djeust loukinng]

▶ combien ça coûte ? how much is this? [Hao meutch iz Ziss?]

▶ je fais du 38 I take size 38 [aï tèïk saïz THeurti-èït]

▶ est-ce que je peux essayer ce manteau ? can I try this coat on? [kèn aï traï Ziss kowt onn?]

▶ est-il possible de l'échanger ? can it be exchanged? [kèn itt bi extchèïnndjd?]

▸ je voudrais une crème pour les boutons I'd like some cream for spots [aïde laïke som krim fôr spots]
▸ sur quel bouton faut-il appuyer? which button do you have to press? [ouitch beutonn dou you Hav tou prèss?]

boxe boxing [boxinng]

bracelet *(bijou)* bracelet [brèïslet] ; *(de montre)* watchstrap [wotchstrap]

branché *(à la mode)* trendy [trèndi] ▸ tu connais un endroit branché ? do you know somewhere trendy? [dou you now somouèr trèndi?]

brancher *(appareil)* to plug in [tou pleug inn] ; *(drague)* to chat up [tou tchatteup] ▸ est-ce que je peux brancher mon portable ici pour le recharger ? can I plug my mobile in here to recharge it? [kèn aï pleug maï mowbaïl inn Hir tou ritchâdj itt?]
▸ je me suis fait brancher hier soir I got chatted up last night [aï gott tchattid eup lâst naït]
▸ ça ne me branche pas du tout I'm not interested [aïme not intreustid]

bras arm [ârm] ▸ je ne peux pas bouger le bras I can't move my arm [aï kante mouv maï ârm]

bravo ! well done! [ouèl donn] ▸ bravo à tous les deux ! well done both of you! [ouèl donn bowTH ov you!]

briquet (cigarette) lighter [(sigueurètt) laïteu]

brochette kebab [kibâb]

brochure *(description d'un produit, d'une société)* brochure [browcheu] ; *(informations)* leaflet [liflet] ▸ est-ce que vous avez des brochures sur les attractions touristiques de la région? do you have any leaflets on the local sights? [dou you Hav èni liflets onn Ze lowkeul saïts?]

brocolis broccoli [brokeli]

bronchite bronchitis [bronnkaïtiss] ▸ j'ai une bronchite I've got bronchitis [aïv gott bronnkaïtiss]

bronzé tanned [tannd] ▸ tu es super bronzé ! you've got a great tan! [youv gott e grèït tann!]

brosse brush [breuch] ▸ brosse à cheveux hairbrush [Hèrbreuch]
▸ brosse à dents toothbrush [touTHbreuch]

brouillard fog [fog] ▸ est-ce qu'il y a du brouillard sur les routes ? is there fog on the roads? [iz Zèr fog onn Ze rowds?]

BON PLAN
bus

Meilleur marché et plus sympa que le métro... Les tickets s'achètent en montant si on a de la monnaie, sinon vente de forfaits dans le métro et les kiosques à journaux. Dans les bus à étage (double-deckers), il y a un vendeur de tickets. Les bus à impériale sont de plus en plus réservés aux touristes.

bruit noise [noïz], sound [saonnd] ▶ j'espère que nous n'avons pas fait trop de bruit I hope we didn't make too much noise [aï Howp oui dideunt mèïk tou meutch noïz] ▶ j'ai entendu un drôle de bruit I heard a funny noise [aï Heurd e feuni noïz]

brûler to burn [tou beurn] ▶ je me suis brûlé la main I've burnt my hand [aïv beurnt maï Hènnd] ▶ la voiture a brûlé un feu rouge the car went through a red light [Ze kâr ouènnt THrou e rèd laïte]

brûlure burn [beurn]

brumeux misty [misti]

brun brown [braonn]; *(cheveux)* dark [dârk] ▶ elle a les cheveux bruns she has dark hair [chi Haz dârk Hèr]

Bruxelles Brussels [breusseuls]

bruyant noisy [noïzi] ▶ j'aimerais changer de chambre, la mienne est trop bruyante I'd like another room; mine is too noisy [aïde laïke eunoZeu roum, maïne iz tou noïzi]

buffet buffet [beufit] ▶ buffet à volonté all-you-can-eat buffet [ôl you keun it beufit]

bureau *(lieu de travail)* office [ofiss]; *(meuble)* desk [dèsk] ▶ bureau de change bureau de change [buro de change] ▶ bureau de poste post office [powst ofiss] ▶ bureau de tabac tobacconist's [teubâkeunists] ▶ je travaille dans un bureau I work in an office [aï weurk inn eun oofiss] ▶ j'ai posé la clé sur ton bureau I put the key on your desk [aï pout Ze ki onn yôr dèssk]

bus bus [beuss] ▶ quel bus faut-il prendre pour aller à... ? which bus do I have to take to go to...? [ouitch beuss dou aï Hav tou tèïk tou gow tou...?] ▶ est-ce que ce bus va à la gare? does this bus go to the station? [doz Ziss beuss gow tou Ze stèïcheun?] ▶ à quelle heure passe le dernier bus? what time does the last bus go? [ouate taïme doz Ze last beuss gow?]

but! *(au foot)* goal! [gowl]

BON PLAN
cabine téléphonique

Pour téléphoner d'une cabine, deux solutions : les « télécartes » (phone cards) ou les pièces (coins), mais pensez à avoir suffisamment de monnaie, sinon vous risquez d'être coupé ! Notez qu'il est moins cher de téléphoner de 20 h à 6 h en semaine, et du vendredi midi au dimanche midi. Pour appeler chez vous en PCV (reverse-charge call), composez le 155.

C

ça that [Zatt] ▸ comme ça like that [laïk Zatt]
▸ ça va ? how are you? [Hao âr you?]
▸ ça va I'm fine [aïme faïn]
▸ c'est ça *(c'est exact)* that's right [Zatss raïte]

cabine *(téléphonique)* **phone box** [fown box] ; *(de bateau)* **cabin** [cabine] ; *(sur la plage)* **hut** [Heutt] ; *(dans une boutique)* **fitting room** [fitinng roum] ▸ je voudrais réserver une cabine pour la traversée I'd like to book a cabin for the crossing [aïde laïke tou bouk e cabine fôr Ze krossinng]

câble **cable** [kèïbeul] ▸ y a-t-il le câble à l'hôtel ? does the hotel have cable? [doz Ze Hotèl Hav kèïbeul?]

cacahouètes **peanuts** [pineuts]

cachet *(comprimé)* **tablet** [tablit] ▸ auriez-vous des cachets contre le mal de mer ? do you have any seasickness tablets? [dou you Hav èni sisiknèss tablits?]
▸ je préfère les cachets effervescents I prefer fizzy tablets [aï prifeu fizi tablits]

Caddie® **shopping trolley** [choppinng troli]

cadeau **present** [prèzeunt] ▸ où peut-on trouver des cadeaux près d'ici ? where can we buy presents nearby? [ouère kèn oui baï prèzeunts nirbaï?]
▸ j'aimerais te faire un cadeau I'd like to give you a present [aïde laïke tou giv you e prèzeunt]

cadenas **padlock** [padlok]

cafard *(insecte)* **cockroach** [kokrowtch] ▸ il y a beaucoup de cafards there are a lot of cockroaches [Zèr âr e lot ov kokrowtchiz]

café *(boisson)* **coffee** [kofi] ; *(établissement)* **café** [kafèï] ▸ café au lait white coffee [ouaïte kofi]
▸ café expresso expresso [ikssprèsow]
▸ café noir black coffee [blak kofi]
▸ café glacé iced coffee [aïst kofi]
▸ on va boire un café? shall we have a coffee? [cheul oui Hav e koffi?]
▸ y a-t-il un café dans les environs ? is there a café near here? [iz Zèr e kafèï nir Hir?]

BON PLAN
café

Le café à la française n'est pas encore arrivé dans les îles Britanniques. En revanche, de nombreux coffee bars *à l'américaine ou à l'italienne servent dorénavant les fameux espressos et autres cappuccinos. Et les restaurants sans machine à café sont devenus des raretés.*

cahier notebook [nowtbouk]
caisse checkout [tchèkaoTT]
calamar squid [skouid]
calculatrice calculator [kâlkieulèï-teu]
caleçon *(sous-vêtement)* boxer shorts [boxeu chôts] ; *(de femme)* leggings [lèginnz]
calendrier calendar [kâleundeu]
caler *(voiture, moteur)* to stall [tou stôl] ▶ le moteur n'arrête pas de caler the engine keeps stalling [Zi ènndjinn kipss stôlinng]
calme calm [kâm] ▶ avez-vous quelque chose de plus calme ? do you have anything quieter? [dou you Hav èniTHinng kouayeuteu?] ▶ la mer est calme aujourd'hui the sea is calm today [Ze si iz kâm toudèï]
cambrioler to burgle [tou beurgeul] ▶ notre chambre a été cambriolée our room has been burgled [aweu roum Haz bin beurgeuld]
caméra video camera [vidiow kameureu] ▶ je peux filmer avec ma caméra ici ? can I film with my camera here? [kèn aï film ouiZ maï kameureu Hir?]
Caméscope® camcorder [kâmkôrdeu]
camion lorry [lori]
camionnette van [vann]
campagne countryside [keunntrissaïd] ▶ j'habite à la campagne I live in the country [aï liv inn Ze keunntri]
camping *(mode de séjour)* camping [kammpinng] ; *(terrain)* campsite [kammp-saït] ▶ faire du camping to go camping [tou gow kammpinng]
camping-car camper-van [kammpeu-vann] ▶ est-ce qu'il vous reste un emplacement pour un camping-car ? do you have a place left for a camper-van? [dou you Hav e plèïss lèft fôr e kammpeu-vann?]

au café **INFO**

- cette table est-elle libre ? is this table free? [iz Ziss tèïbeul fri?]
- cette place est-elle libre ? is this seat free? [iz Ziss sit fri?]
- s'il vous plaît ! excuse me! [ekskiouz mi!]
- deux cafés, s'il vous plaît two coffees, please [tou kofiz, pliz]
- un autre gâteau aux carottes, s'il vous plaît can I have another carrot cake, please? [kèn aï Hav eunoZeu kareut kèïk, pliz?]

Camping-Gaz® *(réchaud)* **camping stove** [kammpinng stow-v]
Canada **Canada** [kânedeu] ▶ au Canada in Canada [inn kânedeu] ▶ je viens du Canada I'm from Canada [aïme from kânedeu]
canadien **Canadian** [kenèïdieun] ▶ je suis canadien I'm Canadian [aïme kenèïdieun]
Canadien **Canadian** [kenèïdieun] ▶ les Canadiens the Canadians [Ze kenèïdieuns]
canard **duck** [deuk]
canif **penknife** [pènnnaïf]
canne **walking stick** [wôkinng stik] ▶ canne à pêche fishing rod [fichinng rod]
capot *(AUTO)* **bonnet** [bonètt] ▶ j'ai fait une bosse sur le capot I've dented the bonnet [aïv dènnteud Ze bonètt]
car **coach** [kowtch] ▶ à quelle heure part le prochain car pour Oxford ? what time does the next coach to Oxford leave? [ouate taïme doz Ze nèxt kowtch tou oksfed liv?]
▶ y a-t-il des toilettes dans le car ? does the coach have toilets? [doz ze kowtch Hav toïlèttss?]
carafe d'eau **carafe of water** [kerâf ov wôteu] ▶ est-ce que je peux avoir une carafe d'eau, s'il vous plaît? can I have some water, please? [kèn aï Hav som wôteu, pliz?]
cardiaque **cardiac** [kârdiac] ▶ je suis cardiaque I've got a heart condition [aïv gott e Hârtt keundicheun]
cardio **cardio training** [kârdiow trèïninng]
carie **cavity** [kâveti] ▶ je crois que j'ai une carie I think I need a filling [aï THinnk aï nid e filinng]
carnet *(bloc)* **notebook** [nowtbouk] ▶ carnet d'adresses address book [eudrèss bouk]
▶ carnet de chèques chequebook [tchèkbouk]
▶ cela coûte moins cher si on achète les billets par carnet ? is it cheaper if you buy a book of tickets? [iz itt tchipeu if you baï e bouk of tikètss?]
carotte **carrot** [kareut]
carrefour **crossroads** *(singulier)* [krossrowdz] ▶ au prochain carrefour, je tourne à gauche ? do I turn left at the next crossroads? [dou aï teurn lèft at Ze nèxt krossrowdz?]
carte *(de restaurant)* **menu** [meuniou] ; *(plan)* **map** [map] ; *(de jeu)* **card** [kârd]
▶ carte de crédit credit card [krèditt kârd]
▶ carte d'embarquement boarding card [bôrdinng kârd]

▸ carte d'étudiant student card [stioudeunnt kârd]
▸ carte d'identité identity card [aïdeuntiti kârd]
▸ carte postale postcard [powstkârd]
▸ carte téléphonique phonecard [fownkârd]
▸ carte des vins wine list [ouaïne list]
▸ carte de visite business card [biznèss kârd]
▸ acceptez-vous les cartes de crédit ? do you take credit cards? [dou you tèïk krèditt kârdz?]
▸ pouvons-nous voir la carte, s'il vous plaît ? can we see the menu? [kèn oui si Ze meuniou?]
▸ avez-vous une carte en français ? do you have a French menu? [dou you Hav e frènnch meuniou?]
▸ pourriez-vous me montrer sur la carte où se trouve la gare ? could you show me on the map where the station is? [koudd you chô mi onn Ze mapp ouère Ze stèïcheun iz?]
▸ j'ai perdu ma carte bancaire I've lost my bank card [aïv lost maï bannk kârd]
▸ où puis-je acheter une carte de la région ? where can I buy a map of the area? [ouère kèn aï baï a mapp of Zi èrieu?]
▸ on fait une partie de cartes? shall we play cards? [cheul oui plèï kârdz?]

cartouche cartridge [kârtridj] ; *(de cigarettes)* carton [kârteun]

cascade waterfall [wôteufôl]

casier *(à la piscine)* locker [lokeu] ▸ j'ai perdu la clé de mon casier I've lost the key to my locker [aïv lost Ze ki tou maï lokeu]

casino casino [kesinow]

casque helmet [Hèlmètt] ; *(écouteurs)* headphones *(pluriel)* [Hèddfôwns]

casquette cap [kap]

casser to break [tou brèk] ▸ la serrure est cassée the lock is broken [Ze lok iz browkeun]
▸ j'ai cassé mon appareil photo I've broken my camera [aïv browkeun maï kameureu]
▸ ça s'est cassé it's broken [itss browkeun]

casserole saucepan [sowspann]

cassis blackcurrant [blakkeureunt]

catalogue catalogue [kateulog]

cathédrale cathedral [keTHidreul]

catholique catholic [kaTHeulik] ▸ je suis catholique non pratiquant I'm Catholic, but I don't go to church [aïme kaTHeulik beutt aï donnte gow tou tcheurtch]

caution *(pour une location)* **deposit** [dipozit] ▶ faut-il laisser une caution ? is there a deposit? [iz Zèr e dipozitt?]
▶ quel est le montant de la caution ? how much is the deposit? [Hao meutch iz Ze dipozit?]

CD **CD** [sidi] ▶ tu peux me faire un CD avec ces chansons ? can you make a CD of these songs for me? [kèn you mèïk e sidi ov Ziz sonngz fôr mi?]

CD-ROM **CD-Rom** [sidi rom]

ceinture **belt** [bèlt] ▶ ceinture de sécurité safety belt [sèïfti bèlt]
▶ la ceinture de sécurité est-elle obligatoire ? do you have to wear a safety belt? [dou you Hav tou ouèr e sèïfti bèlt?]
▶ je suis ceinture noire de judo I'm a black belt in judo [aïme e blak bèlt inn djoudow]

célèbre **famous** [fèïmeus]

céleri *(en branches)* **celery** [sèleri]

célibataire *adj* **single** [sinngueul] ■ *(homme)* **single man** [sinngueul mann] ; *(femme)* **single woman** [sinngueul woumann] ▶ je suis célibataire I'm single [aïme sinngueul]

celui-ci **this one** [Ziss ouane] ▶ je peux essayer celui-ci ? can I try this one? [kèn aï traï Ziss ouane?]

celui-là **that one** [Zatt ouane] ▶ je préfère celui-là I prefer that one [aï prifeu Zatt ouane]

cendrier **ashtray** [achtrèï] ▶ est-ce que vous pourriez nous apporter un cendrier ? could you bring us an ashtray? [koudd you brinng euss eun achtrèï?]

centimètre *(unité de mesure)* **centimetre** [sènntimiteu]

centre **centre** [sènnteu] ▶ centre commercial shopping centre [chopinng sènnteu]

centre-ville **town centre** [taonn sènnteu] ▶ l'hôtel se trouve-t-il dans le centre-ville ? is the hotel in the town centre? [iz Ze Howtèl inn ze taonn sènnteu?]

céramique **pottery** [poteri]

céréales *(pour le petit déjeuner)* **cereal** [sirieul]

cerf-volant **kite** [kaït]

cerise **cherry** [tchèri]

certain **certain** [seurteun] ▶ j'en suis sûr et certain I'm absolutely certain [aïme absoloutli seurteun]

certificat médical **medical certificate** [mèdikeul seurtifikèït] ▶ faut-il un certificat médical ? do I need a medical certificate? [dou aï nid e mèdikeul seurtifikèït?]

ZOOM
chambre

Très souvent, au lieu de dire my bedroom, on dit my room. Si vous êtes chez des amis et que vous souhaitez savoir où vous allez dormir, vous pouvez demander is this where I sleep? ou where will I be sleeping? À l'hôtel, à partir du numéro 99, on énonce chaque chiffre : room 107 se dit roum-ouane-oh-sèven.

c'est **it's** [itss] ▸ c'est loin ? is it far? [iz it fâr?]

chacun **each** [itch] ▸ on paie chacun sa part ? shall we share the bill? [cheul oui chèr Ze bil?]

chaîne *(de télévision)* **channel** [tchaneul] ; *(stéréo)* **stereo system** [stèriow sistèm] ; *(de vélo)* **chain** [tchèïnn] ; *(de montagnes)* **chain** [tchèïnn] ▸ comment est-ce qu'on règle les chaînes de la télé ? how do you set the channels? [Hao dou you sètt Ze tchaneuls?]

chaise **chair** [tchèr] ▸ cette chaise est-elle libre ? is this seat free? [iz Ziss sit fri?]
▸ je voudrais louer une chaise longue I'd like to rent a deckchair [aïde laïke tou rènnt e dèktchèr]

chaleur **heat** [Hit] ▸ quelle chaleur ! it's so hot! [itss sow Hott!]

chaleureux **friendly** [frènndli] ▸ les gens sont vraiment chaleureux ici the people here are very friendly [Ze pipôl Hir âr vèri frènndli]

chambre **bedroom** [bèdroum] ▸ chambre double double room [dabeul roum]
▸ chambre simple single room [sinngueul roum]
▸ chambre d'hôtes bed and breakfast [bède ènde brèkfeust]
▸ est-ce qu'il vous reste des chambres libres ? do you have any rooms available? [dou you Hav èni roumz euvèïleubôl?]
▸ combien coûte une chambre avec salle de bains ? how much is a room with en-suite bathroom? [Hao meutch iz e roum ouiZ en-suite bâTHroum?]
▸ j'ai réservé une chambre pour ce soir au nom de... I've reserved a room for tonight under the name of... [aïv rizeurvd e roum for tounaït eundeu Ze nèïm ov...]
▸ est-ce que je peux voir la chambre ? can I see the room? [kèn aï si Ze roum?]

champagne **champagne** [châmpèïn]

champignon *(MÉD)* **fungal infection** [feungueul innfèkcheun]

champignons **mushrooms** [meuchroums]

chance *(sort favorable)* **luck** [leuk] ; *(probabilité)* **chance** [tchannss] ▸ bonne chance ! good luck! [goudd leuk!]

change *(taux)* **exchange rate** [extchèïnndj rèït] ▸ vous appliquez quel taux de change ? what is your exchange rate? [ouate iz yôr extchèïnndj rèït?]

changer to change [tou tchèïnndj]
▸ j'aimerais changer ... euros I'd like to change ... euros [aïde laïke tou tchèïnndj ... youeurowz]
▸ je voudrais changer ces chèques de voyage I'd like to change these traveller's cheques [aïde laïke tou tchèïnndj Ziz traveuleuss tchèks]
▸ où dois-je changer pour aller à...? where do I have to change for...? [ouèr dou aï Hav tou tchèïnndj fôr...?]
▸ tu n'as pas du tout changé you haven't changed a bit [you Haveunt tchèïnndjd e bitt]

BON PLAN
change

Le change est plus avantageux dans les banques que dans les bureaux de change, mais ces derniers restent ouverts plus longtemps. Avec une carte de crédit (credit card), on peut retirer de l'argent aux distributeurs (commission fixe) et régler ses achats (commission dans certains commerces et B&B).

changer (se) to change [tou tchèïnndj] ▸ je dois me changer d'abord I've got to change first [aïv gott tou tchèïnndj feurst]

chanson song [sonng]

chanter to sing [tou sinng] ▸ chanter faux to sing out of tune [to sinng aout of tioun]

chanteur singer [sinngueu]

chapeau hat [Hatt]

chariot trolley [troli] ▸ je cherche un chariot pour mes bagages I'm looking for a luggage trolley [aïme loukinng for e leuguidj troli]

charme charm [tchârm] ▸ il a beaucoup de charme he's really charming [Hiz rili tchârminng]

chasse hunting [Heuntinng]

chasse d'eau flush [fleuch] ▸ la chasse d'eau ne marche pas the toilet won't flush [Ze toïleutt wonte fleuch]

chat cat [katt]

châtaigne chestnut [tchèssneut]

château *(fort)* castle [câsseul]

chaud hot [Hott] ; *(vêtement)* warm [wôrm] ▸ il fait vraiment chaud it's really hot [itss rili Hott]
▸ j'ai trop chaud I'm too hot [aïme tou Hott]

chauffage heating [Hitinng] ▸ comment marche le chauffage ? how does the heating work? [Hao doz Ze Hitinng weurk?]

ZOOM

chauffage

Il arrive souvent que le chauffage soit coupé la nuit dans les lieux publics et les hôtels. Si vous avez froid, il est plus élégant de dire I'm afraid I'm a bit cold («j'ai un peu froid») que sorry, I'm freezing! («pardon, je gèle!»). Mais c'est vous qui voyez. Pour avoir une couverture en rab, dites could I have another blanket?

chauffe-eau boiler [boïleu]

chauffer to heat (up) [tou Hitt (eup)] ▸ le radiateur de ma chambre ne chauffe pas there's no heat from the radiator in my room [Zèrz no Hitt from Ze rèïdièïteu inn maï roum]
▸ le moteur chauffe the engine is overheating [Zi ènndjinn iz ôveuhitinng]

chauffeur driver [draïveu] ▸ chauffeur de taxi taxi driver [taxi draïveu]
▸ peut-on acheter les billets au chauffeur du bus? can you buy tickets from the bus driver? [kèn you baï tikètss from Ze beuss draïveu?]

chaussettes socks [sokss]

chaussons slippers [slipeuz]

chaussures shoes [chouz] ▸ chaussures à talons shoes with heels [chouz ouiZ Hilz]
▸ chaussures de marche walking boots [wôkinng bouts]
▸ chaussures de sport trainers [trèïneuz]
▸ pouvez-vous remettre un talon à ces chaussures? can you put new heels on these shoes? [kèn you pout niou Hils onn Ziz chouz?]

chef-d'œuvre masterpiece [mâsteu piss]

chemin path [paTH]; *(parcours)* way [ouèï] ▸ en chemin on the way [onn Ze ouèï]
▸ chemin de randonnée hiking path [haïkinng paTH]
▸ est-ce le bon chemin pour aller à....? is this the right way to...? [iz Ziss Ze raït ouèï tou...?]

demander son chemin **INFO**

▸ pouvez-vous me montrer sur le plan où nous sommes? can you show me where we are on the map? [kèn you chô mi ouèr oui âr onn Ze map?]
▸ où est la gare? where is the station? [ouèr iz Ze stèïcheun?]
▸ excusez-moi, je cherche Oxford Street excuse me, how do you get to Oxford Street? [ekskiouz mi, Hao dou you guètt tou oxfeud strit?]
▸ est-ce loin? is it far? [iz itt fâr?]
▸ peut-on y aller à pied? is it within walking distance? [iz itt ouiZinn wôkinng disteunss?]

cheminée *(foyer)* fireplace [faïeuplèïss] ; *(conduit extérieur)* chimney [tchimni]

chemise shirt [cheurt]

chèque cheque [tchèk] ▸ acceptez-vous les chèques de voyage ? do you take traveller's cheques? [dou you tèïk traveuleuz tchèks?]

cher expensive [expènnsiv] ▸ je cherche un logement pas cher I'm looking for somewhere cheap to stay [aïme loukinng fôr somouèr tchip tou stèï]
▸ n'avez-vous pas quelque chose de moins cher ? do you have anything a bit cheaper? [dou you Hav èniTHinng e bitt tchipeu?]

chercher to look for [tou louk fôr] ▸ je cherche... I'm looking for... [aïme loukinng fôr...]
▸ où dois-je aller chercher mes billets ? where do I collect my tickets? [ouèr dou aï keulèkt maï tikètss?]
▸ allez vite chercher de l'aide ! fetch help quickly! [fètch Hèlp kouicli!]
▸ on vient me chercher I am being met [aï am biinng mètt]

cheval horse [Hôrss] ▸ est-ce qu'on peut faire du cheval dans les environs? can we go horse-riding around here? [kèn oui gow Hôrss raïdinng euraonnd Hir?]
▸ vous proposez des balades à cheval ? do you do horse-riding? [dou you dou Hôrss raïdinng?]

cheveux hair [Hèr] ▸ elle a les cheveux courts she's got short hair [chiz gott chôrt Hèr]
▸ je préfère les cheveux longs I prefer long hair [aï prifeu lonng Hèr]

cheville ankle [ènnkeul] ▸ je me suis tordu la cheville I've sprained my ankle [aïv sprèind maï ènnkeul]

chèvre goat [gowt]

chewing-gum chewing gum [tchouinng gueum]

chez *(sur une adresse)* c/o [kèroff] ▸ allô, est-ce que je suis bien chez... ? hello, is this...? [Hèlow, iz Ziss...?]
▸ on va chez toi ou chez moi ? your place or mine? [yôr plèïss ôr maïne?]
▸ je vais dormir chez un ami ce soir I'm sleeping at a friend's place tonight [aïme slipinng et e frènndz plèïss tounaït]

chic *(élégant)* chic [chik] ▸ j'irais bien dîner dans un resto chic ce soir I'd like to go to a posh restaurant this evening [aïde laïke tou gow tou e poch rèssteureunt Ziss ivninng]

chien dog [dog]
chiffon cloth [kloTH]
chiffre number [neumbeu] ; *(montant)* sum [seum]
Chine China [tchaïneu]
chinois *adj* Chinese [tchaïniz] ■ *m (langue)* Chinese [tchaïniz]
Chinois Chinese person [tchaïniz peursseun] ▶ les Chinois the Chinese [Ze tchaïniz]
chips crisps [krispss]
chocolat chocolate [tchokeuleutt] ▶ chocolat au lait milk chocolate [milk tchokeuleutt]
▶ chocolat chaud hot chocolate [Hott tchokeuleutt]
▶ chocolat noir dark chocolate [dârk tchokeuleutt]
▶ chocolat aux noisettes hazelnut chocolate [Hèïzeulneutt tchokeuleutt]
▶ une part de gâteau au chocolat, s'il vous plaît a piece of chocolate cake, please [e piss of tchokeuleutt kèïk, pliz]
choisir to choose [tou tchouz] ▶ nous n'avons pas encore choisi we haven't decided yet [oui Haveunnt dissaïdid yètt]
▶ oui, on a choisi yes, we're ready to order [yèss, ouir rèdi tou ôrdeu]
▶ je te laisse choisir pour moi I'll let you choose for me [aïl lèt you tchouz fôr mi]
chômage unemployment [eunnimploïd] ▶ je suis au chômage I'm unemployed [aïme eunnimploïd]
chose thing [THinng] ▶ je prendrai la même chose I'll have the same [aïll Hav Ze sèïm]
▶ il y a beaucoup de choses à voir ici there's lots to see here [Zèrs lotss tou si Hir]
chou cabbage [kabidj] ▶ choux de Bruxelles Brussels sprouts [breusseuls spraotss]
▶ chou-fleur cauliflower [koliflaweur]
chrétien Christian [kristcheun] ▶ je suis chrétien I'm a Christian [aïme e kristcheun]
cidre cider [saïdeu]
ciel sky [skaï] ▶ tu crois que le ciel va se dégager ? do you think the weather is going to clear? [dou you THinnk Ze ouèZeu iz gowinng tou klir?]
cigare cigar [sigâr] ▶ je fume le cigare I smoke cigars [aï smowk sigârz]
cigarette cigarette [sigueurètt] ▶ je peux vous demander une cigarette ? can I ask you for a cigarette? [kèn aï ask you fôr e sigueurètt?]

▶ où est-ce que je peux acheter des cigarettes? where can I buy cigarettes? [ouère kèn aï baï sigueurètss?]

cils eyelashes [aïlachiz]

cimetière cemetery [sèmeteri] ; *(près d'une église)* graveyard [grèïviârd]

cinéma cinema [sineumeu] ▶ j'irais bien au cinéma ce soir I'd like to go and see a film this evening [aïde laïke tou gow ènde si e film Ziss ivninng]
▶ où y a-t-il un cinéma? where is there a cinema? [ouère iz Zèr e sineumeu?]
▶ qu'est-ce qui passe au cinéma? what's on at the cinema? [ouatss onn att Ze sineumeu?]

cintre coathanger [kowt Hanngueu]

circuit circuit [seurkit] ; *(trajet)* tour [tôr] ▶ circuit touristique organized tour [ôrgueunaïzd tôr]
▶ proposez-vous des circuits organisés? do you do organized tours? [dou you dou ôrgueunaïzd tôrz?]

circulation *(routière)* traffic [trafik] ▶ y a-t-il beaucoup de circulation sur l'autoroute? is there a lot of traffic on the motorway? [iz Zèr e lott of trafik onn Ze moteuouèï?]

cirque circus [seurkeuss]

ciseaux scissors [sizeuss]

citron lemon [lèmeun] ▶ citron vert lime [laïm]

citrouille pumpkin [peumpkinn]

clair *(lumineux)* bright [braït] ; *(pâle)* light [laït] ; *(facile, limpide)* clear [klir]
▶ vous ne l'avez pas en plus clair? have you got it in a lighter colour? [Hav you gott it inn e laïteu koleu?]

classe *(TRANSP)* class [clâss] ■ *(distingué)* classy [clâssi] ▶ première classe first class [feurst clâss]
▶ deuxième classe standard class [stândeud clâss]
▶ classe affaires business class [biznèss clâss]
▶ classe économique economy class [ikoneumi clâss]
▶ elle est vraiment classe! she's got class! [chiz gott clâss!]

clé key [ki] ; *(outil)* spanner [spaneu] ▶ clé USB USB key [iou èss bi ki]
▶ la clé de la chambre n° ..., s'il vous plaît the key for room number ..., please [Ze ki fôr roum neumbeu ..., pliz]
▶ j'ai fermé la porte à clé I've locked the door [aïv lokt Ze dôr]
▶ j'ai fermé la porte en laissant les clés à l'intérieur I've locked myself out [aïv lokt maïsèlf aott]
▶ j'ai perdu les clés de la voiture I've lost my car keys [aïv lost maï kâr kiz]

clémentine clementine [klèmentinn]
client customer [keusteumeu]
clim air conditioning [èr keundicheuninng]
climat climate [klaïmet] ▸ vous avez un super climat ici ! the weather's lovely here! [Ze ouèZeus lovli Hir!]
club *(centre)* club [kleub] ; *(canne de golf)* golf club [golf kleub] ▸ où se trouve le club de voile le plus proche ? where's the nearest sailing club? [ouèrss Ze nirst sèïlinng kleub?]
▸ peut-on louer des clubs de golf ? can we hire golf clubs? [kèn oui Hayeu golf kleubs?]
Coca® Coke® [kowk]
cochon pig [pig]
cocktail *(boisson)* cocktail [koktèïl]
code code [kowd] ▸ quel est le code postal de... ? what's the postcode for...? [ouatss Ze powstkowd fôr...?]
cœur heart [Hârtt] ▸ j'ai mal au cœur I feel sick [aï fil sik]
▸ j'ai des problèmes de coeur I've got a heart condition [aïv gott e Hârtt keundicheun]
coffre *(de voiture)* boot [bout] ; *(coffre-fort)* safe [sèïf] ▸ mes affaires sont dans le coffre de la voiture my things are in the boot of the car [maï THinngs âr inn Ze bout of Ze kâr]
▸ y a-t-il un coffre à l'hôtel ? is there a safe at the hotel? [iz Zèrs e sèïf et Ze Howtèl?]
coiffeur hairdresser [Hèrdrèsseu] ▸ il faut que j'aille chez le coiffeur I must go to the hairdresser's [aï meust gow tou Ze Hèrdrèsseuz]
▸ pouvez-vous me conseiller un coiffeur ? can you recommend a hairdresser? [kèn you rèkeumènde e Hèrdrèsseu?]

chez le coiffeur — INFO

▸ pas trop courts, s'il vous plaît not too short, please [nott tou chôrt, pliz]
▸ juste shampooing et coupe, s'il vous plaît just a cut and blow-dry, please [djeust e keut ènde e blow draï, pliz]
▸ je voudrais faire une couleur, s'il vous plaît I'd like a colour, please [aïd laïk e koleur, pliz]
▸ pouvez-vous les boucler ? can you put some curls in? [kèn you pout som keurlz inn?]
▸ pouvez-vous les lisser ? can you straighten it for me? [kèn you strèïteun it fôr mi?]

coin corner [kôrneu] ; *(endroit)* spot [spott] ▶ arrêtez-vous au coin de la rue stop at the corner [stop att Ze kôrneu]
▶ tu habites dans le coin ? do you live round here? [dou you liv raonnd Hir?]

coincé stuck [steuk] ▶ ma clé est restée coincée my key got stuck [maï ki gott steuk]
▶ il est un peu coincé [Hiz e bit euptaït]

colis *m (postal)* parcel [pârsseul] ▶ je voudrais envoyer ce colis à Lyon par avion I'd like to send this package to Lyons by airmail [aïde laïke tou sènnd Ziss pakidj tou laïyeunz baï èrmèïl]

collants tights [taïtss] ▶ j'ai filé mes collants I got a ladder in my tights [aï gott e ladeu inn maï taïts]

colle glue [glou]

collège secondary school [sèkeundeuri skoul]

collègue colleague [kolig]

collier *(bijou)* necklace [nèkliss] ; *(pour chien)* collar [koleu]

colline hill [Hil]

collyre eyedrops [aïdropss]

colonne column [kolem] ▶ colonne vertébrale spine [spaïn]

combien *(quantité)* how much [Hao meutch] ; *(nombre)* how many [Hao mèni] ▶ c'est combien de l'heure ? how much does it cost per hour? [Hao meutch doz itt kost peu aweu?]
▶ combien je vous dois ? how much do I owe you? [Hao meutch dou aï ow you?]
▶ ça va prendre combien de temps ? how long will it take? [Hao longue ouil itt tèïk?]

combinaison *(de plongée)* diving suit [daïvinng sout] ▶ vous avez des combinaisons à louer ? do you hire out diving suits? [dou you Hayeu aott daïvinng souts?]

comédie comedy [komedi]

commander to order [tou ôrdeu] ▶ j'ai commandé un café I ordered a coffee [aï ôrdeud e kofi]
▶ ce n'est pas ce que j'ai commandé, j'avais demandé... this isn't what I ordered: I asked for... [Ziss izeunt ouate aï ôrdeud: aï askt fôr...]

comme *(comparaison)* like [laïk] ▶ c'est comme l'an dernier it's like last year [itss laïk last yeur]
▶ qu'est-ce que vous avez comme desserts ? what desserts do you have? [ouate dizeutss dou you Hav?]
▶ comme c'est grand ! it's so big! [itss sow big!]

commencer to start [tou stârt] to begin [tou biguinn] ▶ à quelle heure commence la visite guidée ? what time does the tour start? [ouate taïm doz Ze tôr stârt?]

comment how [Hao] ▶ comment ? could you repeat that? [koudd you ripit Zat?] ▶ comment ça s'écrit ? how do you spell it? [Hao dou you spèl itt?]

commerce *(magasin)* shop [chop] ; *(études)* commerce [komeurs]

commissariat de police police station [peuliss stèïcheun] ▶ où se trouve le commissariat le plus proche ? where's the nearest police station? [ouèrs Ze nirst peuliss stèïcheun?]

commission commission [keumicheun] ▶ qu'est-ce que vous prenez comme commission ? what commission do you charge? [ouate keumicheun dou you tchâdj?]

compagnie *(société)* company [kompeuni] ; *(personne)* company [kompeuni] ▶ compagnie aérienne airline [èrlaïne]
▶ je suis en charmante compagnie I'm in charming company [aïme inn tchârminng kompeuni]

compartiment compartment [keumpârtmeunt] ▶ y a-t-il un compartiment fumeurs ? is there a smoking compartment? [iz Zèr e smowkinng keumpârtmeunt?]

complet *(entier)* complete [keumplit] ; *(plein)* full [foul] ▶ c'est complet ? is it full? [iz itt foul?]

comprendre to understand [tou eundeustannd] ▶ j'arrive à comprendre l'anglais, mais je ne peux pas le parler I can understand English, but I can't speak it [aï kèn eundeustannd innglich, beut aï kante spik itt]
▶ est-ce que vous comprenez ? do you understand? [dou you eundeustannd?]
▶ je ne comprends rien I don't understand a word [aï donnt eundeurstannd e weurd]

dire qu'on n'a pas compris INFO

▶ excusez-moi, mais je n'ai pas compris sorry, but I didn't understand [sori, beut aï dideunt eundeustannd]
▶ je suis un peu perdu, là... I'm a little confused... [aïme e liteul konnfiouzd...]
▶ je n'ai pas compris la question I don't understand your question [aï donnt eundeustannd yôr kouèstchieun]
▶ désolé, mais je ne comprends toujours pas sorry, but I still don't understand [sori, beut aï stil donnt eundeustannd]

▶ ça y est, j'ai compris maintenant OK, I understand now [owkèï, aï eundeu-stannd nao]

comprimé **tablet** [tablit] ▶ je voudrais des comprimés contre la migraine I'd like to buy some migraine tablets [aïde laïke tou baï som migrèïnn tablitss] ▶ il faut prendre combien de comprimés par jour? how many tablets a day do you have to take? [Hao mèni tablitss e dèï dou you Hav tou tèïk?]

compris *(inclus)* **included** [innkloudid] ▶ combien ça coûte tout compris? how much does it cost altogether? [Hao meutch doz itt kost ôltouguèZeu?] ▶ est-ce que le service est compris? is service included? [iz seurviss innklou-did?]

compte (bancaire) **account** [eukaonnt] ▶ je te ferai un virement sur ton compte I'll transfer the money into your account [aïl trannssfeu Ze meuni onn-tou yôr eukaonnt]

compter **to count** [tou kaonnt] ▶ tu peux m'apprendre à compter en anglais? can you teach me how to count in English? [kèn you titch mi Hao tou kaonnt inn innglich?]

compteur **meter** [miteu] ▶ compteur d'eau water meter [wôteu miteu]

comptoir *(bar)* **bar** [bâr] ▶ je préfère m'asseoir au comptoir I prefer to sit at the bar [aï prifeu tou sit et Ze bâr]

concert **concert** [konnseutt] ▶ y a-t-il des concerts ici? are there any concerts here? [âr Zèr èni konnseutts Hir?]

concombre **cucumber** [kioukeumbeu]

conduire *(voiture)* **to drive** [tou draïv]; *(accompagner)* **to take** [tou tèïk] ▶ je te laisse conduire? will you drive? [ouil you draïv?] ▶ pouvez-vous me conduire à cette adresse? can you take me to this address? [kèn you tèïk mi tou Ziss eudrèss?]

conférence *(colloque)* **conference** [konfereuns]

confiance **trust** [treust] ▶ fais-moi confiance trust me [treust mi]

confirmer **to confirm** [tou keunfeurm] ▶ faut-il confirmer la réservation? do we have to confirm the booking? [dou oui Hav tou keunfeurm Ze boukinng?]

confiture **jam** [djam] ▶ confiture d'oranges marmalade [mâmeulèïd]

confortable **comfortable** [komftebôl] ▶ notre hôtel est très confortable our hotel is very comfortable [aweu Howtèl iz vèri komftebôl]

congé **holiday** [Holidèï]

congélateur **freezer** [frizeu]

conjonctivite **conjunctivitis** [keundjeunktivaïtiss] ▶ j'ai une conjonctivite I've got conjunctivitis [aïv gott keundjeunktivaïtiss]

connaissance knowledge [nolidj] ; *(relation)* acquaintance [eukouèïn-teunss] ▶ ravi de faire votre connaissance ! delighted to meet you [dilaïtid tou mit you]

connaître to know [tou now] ▶ je ne connais pas grand monde ici, et vous ? I don't know a lot of people here, do you? [aï donnt now e lott of pipôl Hir, dou you?]

connecter (se) to connect [tou kenèkt] ▶ est-ce je peux me connecter à Internet ? can I go on line? [kèn aï gow onn laïn?]
▶ je n'arrive pas à me connecter I can't log on [aï kante log onn]

conseil *(avis)* piece of advice [piss ov eudvaïss] ▶ j'aurais besoin d'un conseil I could do with some advice [aï koudd dou ouiZ som eudvaïss]

conseiller *(personne)* to advise [tou eudvaïz] ▶ pourriez-vous me conseiller un restaurant ? could you recommend a restaurant? [koudd you rèkeumènnd e rèssteureunt?]

consigne *(de gare)* left-luggage office [lèft leuguidj ofiss] ▶ y a-t-il une consigne ici ? is there a left luggage office here? [iz Zèr e lèft leuguidj ofiss Hir?]
▶ comment marche la consigne ? how does the left luggage work? [Hao doz Ze lèft leuguidj weurk?]

consommation *(boisson)* drink [drinnk] ▶ est-ce qu'il y a une conso gratuite avec l'entrée? does the price include a drink? [doz Ze praïs innkloud e drinnk?]

constipation constipation [konstipèïcheun] ▶ je voudrais quelque chose contre la constipation I'd like something for connstipation [aïde laïke somTHinng fôr konstipèïcheun]

constipé constipated [konstipèïtid] ▶ je suis constipée depuis trois jours I've been constipated for three days [aïv bin konstipèïtid fôr THri dèïz]

construire to build [tou bild] ▶ elle a été construite quand, cette église ? when was this church built? [ouènn woz Ziss tcheurtch bilt?]

consulat consulate [konnsiouleut] ▶ où se trouve le consulat français ? where is the French consulate? [ouèr iz Ze frènnch keunsiouleut?]

contact *(de moteur)* ignition [ig-nicheun] ; *(relation)* contact [konntakt] ▶ on reste en contact, hein ? we'll stay in touch, won't we? [ouil stèï inn teutch, wonte oui?]

contacter to contact [tou konntakt] ▶ je dois contacter le consulat I need to get in touch with the consulate [aï nid tou guètt inn teutch ouiZ Ze konnsioulèït]

contagieux contagious [keuntèïdjeus] ▶ c'est contagieux ? is it contagious? [iz it keuntèïdjeus?]

contemporain contemporary [kentèmperi]
content happy [Hapi] ▸ j'ai été content de te revoir it was nice to see you again [itt woz naïss tou si you euguèïn]
continuer to continue [tou keuntiniou] ▸ je continue tout droit ? do I carry on straight ahead? [dou aï kari onn strèït euHèd?]
contraception contraception [kontresèpcheun]
contraire opposite [opeuzit] ▸ au contraire! not at all! [not etôl]
contrat contract [kontrâkt]
contre against [euguèïnst] ▸ je me suis cogné contre la table I bumped into the table [aï beumpt intou Ze tèïbeul]
▸ j'aurais besoin de quelque chose contre la toux I need something for a cough [aï nid somTHinng for e koff]
contretemps problem [probleum] ▸ désolée, j'ai eu un contretemps sorry, I've had a bit of a problem [sori, aïv Had e bit ov e probleum]
contrôleur ticket inspector [tikètt innsspèkteu]
convenir *(satisfaire)* to suit [tou sout] ▸ cela me convient parfaitement that suits me perfectly [Zat soutss mi peurfèktli]
▸ quelle est l'heure qui vous convient le mieux ? when is best for you? [ouèn iz bèst feu you?]
coordonnées *(adresse)* address and telephone number [eudrèss ènde tèlèfown neumbeu] ▸ pouvez-vous me laisser vos coordonnées ? can you leave me your details? [kèn you liv mi yôr ditèilz?]
copain *(ami)* friend [frènnd] ; *(petit ami)* boyfriend [boïfrènnd] ; girlfriend [gueurlfrènnd] ▸ je suis venue avec des copains I came with some friends [aï kèïm ouiZ som frènndz]
▸ je suis avec mon copain I'm with my boyfriend [aïme ouiZ maï boïfrènnd]
coq cockerel [kokerel]
coquillage shell [chèl] ▸ j'ai ramassé de jolis coquillages I picked up some nice shells [aï pikteup som naïs chèls]
coquilles Saint-Jacques scallops [skoleups]
cordonnerie shoe repairer's [chou ripèeurez]
coriandre coriander [koriândeu]
corps body [bodi] ▸ il a un corps magnifique ! he's got a great body! [Hiz gott e grèït bodi]
correct *(juste)* right [raït] ; *(poli)* polite [polaït]
correspondance (TRANSP) connection [keunèkcheun] ▸ j'ai raté ma correspondance I've missed my connection [aïv mist maï keunèkcheun]

côte *(partie du corps)* **rib** [rib] ; *(littoral)* **coast** [kowst] ▸ y a-t-il une route qui longe la côte ? is there a coast road? [iz Zèr e kowst rowd?]

côté **side** [saïde] ▸ à côté de... next to... [nèxt tou...]
▸ y a-t-il quelqu'un à côté de vous ? is there anyone beside you? [iz Zèr ènionane bissaïd you?]

côtelette **chop** [tchop]

coton **cotton** [koteun] ▸ coton hydrophile cotton wool [koteun woul]
▸ Coton-Tige® cotton bud [koteun beud]
▸ c'est en coton ? is it cotton? [iz itt koteun?]

cou **neck** [nèk] ▸ j'ai le cou bloqué I've got a stiff neck [aïv gott e stif nèk]

coucher de soleil **sunset** [seunssèt]

coucher (se) *(personne)* **to go to bed** [tou gow tou bèd] ; *(soleil)* **to set** [tou sèt] ▸ je me suis couché tard hier soir I went to bed late last night [aï ouènt tou bèd lèït lâst naït]

couches *(de bébé)* **nappies** [nâpiz]

couchette *(de train)* **couchette** [kouchèt] ; *(de bateau)* **berth** [beurTH] ▸ je voudrais réserver une couchette I'd like to reserve a couchette [aïde laïke tou rizeuv e kouchèt]

coude **elbow** [èlbow]

couette *(literie)* **duvet** [douvèï]

couleur **colour** [koleu] ; *(de cartes)* **suit** [sout] ▸ avez-vous une autre couleur ? do you have another colour? [dou you Hav eunoZeu koleu?]

couloir **corridor** [koridôr] ; *(de bus)* **lane** [lèïnn]

coup *(à la porte)* **knock** [nok] ; *(fam)* *(fois)* **time** [taïm] ▸ pourriez-vous jeter un coup d'œil sur ma voiture ? could you have a look at my car? [koudd you Hav e louk att maï kâr?]
▸ j'ai pris un coup de soleil I got sunburnt [aï gott seunbeurnt]
▸ je dois passer un coup de fil I have to make a call [aï Hav tou mèïk e kôl]
▸ je boirais bien un coup I wouldn't mind a drink [aï woudeunt maïnd e drinnk]
▸ vous pouvez nous donner un coup de main ? can you give me a hand? [kèn you giv mi e Hènnd?]
▸ je boirais bien un coup *(familier)* I fancy a drink [aï fântsi e drinnk]
▸ j'ai réussi du premier coup I succeeded on the first try [aï seukssidid onn Ze feurst traï]
▸ ça vaut le coup ? is it worth it? [iz it weurTH it?]

coupe *(de cheveux)* **hairstyle** [Hèr staïl] ; *(de champagne)* **glass** [glâss] ▶ je voudrais changer de coupe I'd like to try a new style [aïde laïke tou traï e niou staïl]
▶ j'aime bien ta coupe de cheveux I like your hair [aï laïke yôr Hèr]
▶ la Coupe du monde the World Cup [Ze weurld keup]

coupe-ongles **nail clippers** [nèïl klipeuz]

couper **to cut** [tou keut] ▶ ça va couper, je n'ai plus de batterie it's going to cut out: the battery's gone [itss gowinng tou keut aott: Ze bateuriz gonn]
▶ on a été coupés we've been cut off [ouiv binn keut off]

couper (se) **to cut oneself** [tou keut ouannssèlf] ▶ je me suis coupé avec un couteau I cut myself with a knife [aï keut maïsèlf ouiZ e naïf]

couple **couple** [keupôl] ▶ c'est pour un couple et deux enfants it's for a couple and two children [itss fôr e keupôl ènde tou tchildreun]

courage **courage** [keuridj] ▶ bon courage ! all the best! [ôl ze bèst!]

courant *(électricité)* **current** [keureunt] ▶ il n'y a plus de courant ! there's no power! [Zèrs now paweu!]

courant (au) ▶ oui, je suis au courant yes, I know [yèss, aï now]
▶ je n'étais pas au courant I didn't know [aï dideunt now]
▶ tenez-moi au courant keep me posted [kip mi powstid]

courant d'air **draught** [drâft] ▶ je suis assis en plein courant d'air I'm sitting in a draught [aïme sittinng inn e drâft]

courbatures **aches** [èïks] ▶ j'ai plein de courbatures I'm aching all over [aïme èïkinng ôl owveu]

courgette **courgette** [kôdjèt]

courir **to run** [tou reun] ; *(cycliste, coureur automobile)* **to race** [tou rèïss] ▶ où peut-on courir ici ? where can you go running here? [ouèr kèn you gow reuninng Hir?]

courrier **letters** *(pluriel)* [lèteuz], **post** [powst] ▶ y a-t-il du courrier pour moi ? is there any post for me? [iz Zèr èni powst fôr mi?]

cours *(leçon)* **lesson** [lèsseun] ▶ y a-t-il des cours pour débutants ? do you do beginners' classes? [dou you dou biguineuz klassiz?]
▶ combien coûtent les cours ? how much do lessons cost? [Hao meutch dou lèsseuns cost?]
▶ je voudrais prendre des cours de voile I'd like to take some sailing lessons [aïde laïke tou tèïk som sèïlinng lèsseuns]

course (SPORT) **race** [rèïss] ▶ course de chevaux horse race [Hôrss rèïss]

courses *fpl* **shopping** [choppinng] ▸ où peut-on faire ses courses dans le coin ? where can you go shop around here? [ouère kèn you gow chopp euraond Hir?]

court *adj (pas long)* **short** [chôrt] ■ *m (de tennis)* **tennis court** [tèniss kôrt] ▸ c'est trop court it's too short [itss tou chôrt]

cousin **cousin** [keuzeun]

cousine **cousin** [keuzeun]

coussin **cushion** [koucheun]

couteau **knife** [naïf]

coûter **to cost** [tou kost] ▸ combien ça coûte ? how much is it? [Hao meutch iz itt?]
▸ combien coûte un billet pour... ? how much is a ticket to...? [Hao meutch iz e tikètt tou...?]
▸ combien ça va me coûter pour aller à l'aéroport ? how much will it cost to go to the airport? [Hao meutch ouil itt kost tou gow tou Zi èrpôrt?]
▸ combien coûte l'entrée ? how much does it cost to get in? [Hao meutch doz itt kost tou gèttin?]

couverts *(couteau, fourchette)* **cutlery** [keutleuri] ▸ les couverts sont sales the cutlery is dirty [Ze keutleuri iz deurti]

couverture **blanket** [blannkit] ; *(de livre)* **cover** [koveu] ▸ je voudrais une couverture supplémentaire I'd like an extra blanket [aïde laïke eun èxtreu blannkit]

crabe **crab** [krab]

crayon **pencil** [pènnseul]

crème *(pour la peau)* **cream** [krim] ; *(dessert)* **cream dessert** [krim dizeurt]
▸ je voudrais de la crème contre les démangeaisons I need a cream to stop itching [aï nid e krim tou stop itchinng]
▸ est-ce que vous vendez de la crème fraîche ? do you sell creme fraiche? [dou you sèl krèm frèche?]

crème solaire **sun cream** [seun krim] ▸ je voudrais de la crème solaire indice 60 I'd like some sun cream, factor 60 [aïde laïke som seunkrim fâkteu siksti]

crevé **exhausted** [igzôstid] ▸ je suis crevé I'm exhausted [aïme igzôstid]

crever *(pneu)* **to have a puncture** [tou Hav e peunktcheu] ▸ j'ai crevé I've got a puncture [aïv gott e peunktcheu]

crevette prawn [praonn]

cri shout [chaott] ▶ j'ai entendu des cris I heard someone shouting [aï heurd somouann chaottinng]

cric jack [djak] ▶ où est le cric? where's the jack? [ouèrz Ze djak?]

crise ▶ crise cardiaque heart attack [Hârtt eutak]
▶ crise d'épilepsie epileptic fit [èpileptik fitt]
▶ j'ai une crise d'asthme I'm having an asthma attack [aïme Havinng eunass-meu eutak]
▶ au secours, quelqu'un fait une crise cardiaque! help, someone's having a heart attack! [Hèlp somouannss Havinng e Hârtt eutak !]

croire to believe [tou biliv]; *(penser)* to think [tou THinnk] ▶ je crois que... I think... [aï THinnk...]
▶ je vous crois! I believe you! [aï biliv you!]

croisière cruise [crouz] ▶ combien coûte une croisière sur la Tamise? how much does a cruise on the Thames cost? [Hao meutch doz e crouz onn Ze tèïmz kost?]

croix cross [kross]

croyant believer [biliveu] ▶ est-ce que tu es croyant? do you believe in God? [dou you biliv in god?]
▶ je ne suis pas croyant I don't believe in God [aï donnt biliv in god]

cru raw [rô] ▶ c'est cru ou cuit? is it raw or cooked? [iz it rô ôr koukt?]

crudités raw vegetables [rô vèdjteubôls]

crustacés seafood [sifoud]

cuillère spoon [spoun] ▶ petite cuillère teaspoon [tispoun]
▶ cuillère à soupe tablespoon [tèïbeulspoun]

cuir leather [lèZeu] ▶ je voudrais acheter un sac en cuir I'd like a leather bag [aïde laïke e lèZeu bag]

cuire to cook [tou kouk] ▶ il faut le laisser cuire combien de temps? how long do you have to cook it? [Hao lonng dou you Hav tou kouk itt?]

cuisine *(pièce)* kitchen [kitcheun]; *(art)* cooking [koukinng] ▶ aimes-tu faire la cuisine? do you like cooking? [dou you laïke koukinng?]

cuisse *(d'une personne)* thigh [THaï]; *(de poulet)* leg [lèg]

cuit cooked [koukt] ▶ c'est cuit? is it cooked? [iz itt koukt?]
▶ bien cuit, s'il vous plaît well done, please [ouèl donn, pliz]

ZOOM
donner la date

Pour réserver un hôtel, dites par exemple : I'll arrive on the 5th of February («j'arrive le 5 février»). Si vous arrivez le 1er, le 2 ou le 3, dites the 1st, the 2nd, the 3rd ; faites de même pour the 21st, the 22nd, the 23rd et the 31st. Si vous ne savez déjà plus quel jour vous êtes, demandez what's the date today ?

culotte pants [pannts]

cure-dents toothpick [touTHpik]

cybercafé cybercafé [saïbeu kafèï]

D

Danemark Denmark [dènmâk]

danger danger [dèïnnjeu] ▸ c'est sans danger ? is it safe? [iz itt sèïf?]

dangereux dangerous [dèïnnjeureuss] ▸ est-ce que c'est dangereux de camper ici ? is it safe to camp here? [iz itt sèïf tou kammp Hir?]

dans *(temps, lieu)* in [inn] ▸ on se retrouve dans une heure ? shall we meet in an hour? [cheul oui mit inn eun aweu?]
▸ regarde dans mon sac à dos look in my backpack [louk inn maï bakpak]

danser to dance [tou dannss] ▸ où peut-on aller danser ? where can we go dancing? [ouèr kèn oui gow dannssinng?]
▸ on danse ? shall we dance? [cheul oui dannss?]

date date [dèït] ▸ quelle est ta date de naissance ? what's your date of birth? [ouatss yôr dèït ov beurTH?]
▸ quelle est la date de péremption ? what's the sell-by date? [ouatss Ze sèl baï dèït?]

de *(appartenance)* of [ov], 's [ss/z] ; *(provenance)* from [from] ▸ c'est le billet de mon ami this is my friend's ticket [Ziss is maï frènndz tikètt]
▸ je vais de Londres à Manchester I'm travelling from London to Manchester [aïme traveulinng from lonndonn tou mântchèsteu]

débrouiller (se) to get by [tou guètt baï] ▸ c'est bon, je vais me débrouiller it's OK. I can manage [itss owkèï. aï keun manidj]

début beginning [biguininng] ▸ au début at the beginning [et ze biguininng]
▸ je repars en début de semaine prochaine I'm leaving at the beginning of next week [aïme livinng et Ze biguininng ov nèxt ouik]

débutant beginner [biguineu] ▸ je suis débutant I'm a beginner [aïme e biguineu]

décaféiné decaffeinated [dikafinèïtid]

décalage horaire *(après un voyage long-courrier)* jetlag [djètt lag] ▸ j'ai du mal à récupérer le décalage horaire I'm still jetlagged [aïme still djètt lagd]

décapsuleur bottle opener [boteul owpneu]
décembre December [dissèmbeu]
déchirer to tear [tou tèeu] ▸ j'ai déchiré ma robe I've torn my dress [aïv tôrn maï drèss]
▸ je me suis déchiré un muscle I've pulled a muscle [aïv pould e meuseul]
décider to decide [tou disaïd] ▸ je te laisse décider I'll let you decide [aïl lèt you disaïd]
déclaration announcement [eunaonnsmeunt] ▸ je dois faire une déclaration de vol I'd like to report something stolen [aïde laïke tou ripôrt somTHinng stowleun]
déclarer to declare [tou diklèr] ; *(vol)* to report [tou ripôrt] ▸ je n'ai rien à déclarer I have nothing to declare [aï Hav noTHinng tou diklèr]
décoller to take off [tou tèïk off] ▸ il décolle à quelle heure, l'avion ? what time does the plane take off? [ouate taïm doz Ze plèïn tèïk off?]
découvert *(banque)* overdraft [owveudrâft] ▸ je suis à découvert I've got an overdraft [aïv gott eun owveudrâft]
découvrir to discover [tou diskeuveu] ▸ tu me fais découvrir la ville ? can you show me the town? [kèn you chow mi Ze taonn?]
défaut *(de caractère)* fault [fôlt] ; *(imperfection)* flaw [flôw] ▸ ce pull a un défaut there's a defect in this sweater [Zèrz e difèkt inn Ziss souèteu]
dehors outside [aottsaïd] ▸ je t'attends dehors I'll wait for you outside [aïl ouèït fôr you aottsaïd]
déjà already [ôlrèdi] ▸ es-tu déjà allé à Bordeaux ? have you ever been to Bordeaux? [Hav you èveu binn tou bôrdow?]
▸ je suis déjà venu il y a plusieurs années I've been before, several years ago [aïv binn bifôr, sèvreul yeurz eugow]
▸ non merci, j'ai déjà dîné no thanks, I've already had dinner [now THannks, aïv ôlrèdi Had dineu]
déjeuner *nom (repas)* lunch [leunch] ■ *verbe* to have lunch [tou Hav leunch]
▸ le déjeuner est servi à quelle heure ? what time is lunch served? [ouate taïm iz leunch seurvd?]
▸ et si on déjeunait ensemble un de ces jours ? shall we have lunch sometime? [cheul oui Hav leunch somtaïm?]
délicieux delicious [dilicheuss] ▸ c'est vraiment délicieux it's really delicious [itss rili dilicheuss]
deltaplane hang-glider [Hanng glaïdeu] ▸ est-ce qu'on peut faire du deltaplane dans les environs ? is there somewhere to go hang-gliding round here? [iz Zèr somouèr tou gow Hanng glaïdinng raonnd Hir?]

demain tomorrow [toumorow] ▶ à demain ! see you tomorrow [si you toumorow]
▶ demain matin tomorrow morning [toumorow môrninng]
▶ demain après-midi tomorrow afternoon [toumorow afteunoune]
▶ demain soir tomorrow evening [toumorow ivninng]

demander to ask for [tou ask fôr] ; *(heure)* to ask [tou ask] ▶ je peux vous demander un renseignement ? can I ask you something? [kèn aï ask you somTHinng?]

démangeaisons itching [itchinng] ▶ je voudrais une crème contre les démangeaisons I'd like a cream for itching [aïde laïke e krim fôr itchinng]

démaquillant make-up remover [mèïk eup rimouveu]

démarrer to start [tou stârt] ▶ la voiture ne veut pas démarrer the car won't start [Ze kâr wonte stârt]

demi-heure half an hour [Haff eun aweu] ▶ on se retrouve dans une demi-heure ? shall we meet in half an hour? [cheul oui mit inn Haff eun aweu?]

demi-tour *(en voiture)* U-turn [you-teurn] ▶ où puis-je faire demi-tour ? where can I turn round? [ouèr kèn aï teurn raonnd?]

dent tooth [touTH] ▶ j'ai mal aux dents I've got toothache [aïv gott touTHèïk]
▶ je me suis cassé une dent I've broken a tooth [aïv browkeun e touTH]
▶ j'ai une rage de dents I've got really bad toothache [aïv gott rili bad touTHèïk]

dentifrice toothpaste [touTHpèïst]

dentiste dentist [dènntist] ▶ je dois voir un dentiste de toute urgence I need to see a dentist urgently [aï nid tou si e dènntist eudjeunntli]

demander **INFO**

▶ est-ce que cette place est libre ? is this seat free? [iz Ziss sit fri?]
▶ où se trouve la gare ? where is the station? [ouèr iz Ze stèïcheun?]
▶ pouvez-vous m'aider à attraper ma valise, s'il vous plaît ? could you help me get my case down, please? [koudd you Hèlp mi guètt maï kèïss daonn, pliz?]
▶ tu peux me donner un coup de main ? could you give me a hand? [koudd you giv mi e Hènnd?]
▶ tu ne pourrais pas me prêter 10 euros ? could you lend me 10 euros? [koudd you lènnd mi tènn yourôz?]

déodorant deodorant [diowdereunt]

dépanneuse breakdown van [brèïkdaonn vann] ▸ pourriez-vous nous envoyer une dépanneuse ? could you send a breakdown van? [koudd you sènnd e brèïkdaonn vann?]

départ departure [dipârtcheu] ▸ j'organise une petite soirée pour mon départ I'm having a little leaving party [aïme Havinng e liteul livinng pâti] ▸ à quelle heure est le départ ? what time is the departure? [ouate taïm iz Ze dipârtcheu?]

dépêcher (se) to hurry up [tou Heuri eup] ▸ dépêchez-vous ! hurry up! [Heuri eup!]

dépendre to depend [tou dipènnd] ▸ ça dépend it depends [it dipènndz] ▸ désolé, ça ne dépend pas de moi sorry, it's beyond my control [sori, itss biyonnd maï konntrowl]

dépenser to spend [tou spènd] ▸ j'ai déjà dépensé trop d'argent I've already spent too much money [aïv ôlrèdi spènt tou meutch meuni]

dépliant leaflet [liflèt] ▸ est-ce que vous auriez un dépliant avec les horaires ? do you have a copy of the timetable? [dou you Hav e kopi ov Ze taïmtèïbeul?]

déposer *(en voiture)* to drop (off) [tou drop (of)] ▸ est-ce que vous pourriez me déposer ici ? could you drop me off here? [koudd you drop mi off Hir?] ▸ je te dépose quelque part ? can I drop you off somewhere? [kèn aï drop you off somouèr?]

dépôt d'argent deposit [dipozit]

depuis *(avec une durée)* for [fôr] ; *(avec une date)* since [sinss] ▸ je suis là depuis une semaine I've been here for a week [aïv binn Hir fôr e ouïk] ▸ il y a un homme qui me suit depuis un moment a man has been following me for some time [e mann Haz binn folôwinng mi fôr som taïm] ▸ j'attends depuis ce matin I've been waiting since this morning [aïv bin ouèïtinng sinss Ziss môrninng] ▸ il travaille ici depuis 1999 he's been working here since 1999 [Hiz bin weurkinng Hir sinss naïntin naïnti naïn]

déranger *(gêner)* to bother [tou boZeu] ▸ ça te dérange si je fume ? do you mind if I smoke? [dou you maïnd if aï smowk?]

dernier *(final)* last [lâst] ▸ à quelle heure part le dernier bus ? when does the last bus go? [ouène doz Ze lâst beuss gow?]

derrière behind [biHaïnnd] ▸ il était derrière nous dans le bus he was behind us on the bus [Hi woz biHaïnnd euss onn Ze beuss]

désagréable unpleasant [eunplèzeunt]
descendre *(d'un bus, d'un train)* **to get off** [tou guètt of] ▸ où dois-je descendre ? where do I get off? [ouère dou aï guètt of?]
▸ pourriez-vous me laisser descendre ici, s'il vous plaît ? could you let me off here, please? [koudd you lètt mi of Hir, pliz?]
▸ descendre de *(voiture, train)* to get out of [tou guètt aott of]
désert desert [dèzet]
désinfectant disinfectant [dissinfèkteunt]
désolé sorry [sori] ▸ je suis désolé, mais je ne peux pas venir samedi sorry, but I can't come on Saturday [sori, beut aï kante kom onn sateudèï]
▸ désolé d'être en retard sorry, I'm late [sori, aïme lèït]
dessert dessert [dizeut] ▸ qu'est-ce que vous avez comme desserts ? what desserts do you have? [ouate dizeutss dou you Hav?]
dessin drawing [drôinng] ▸ dessin animé cartoon [kârtoun]
dessous underneath [eundeuniTH]
dessus on top [onn top]
destinataire recipient [risipieunt] ▸ où dois-je écrire le nom du destinataire ? where do I write the name of the person I'm sending it to? [ouèr dou aï raït Ze nèïm ov Ze peursseun aïme sèndinng itt tou?]
détendre (se) to relax [tou rilâx] ▸ j'ai besoin de me détendre I need to relax [aï nid tou rilâx]
détester to hate [tou Hèït] ▸ je déteste le foot I hate football [aï Hèït foutbôl]
devant in front of [inn fronnt ov] ▸ on se retrouve devant le musée ? shall we meet in front of the museum? [cheul oui mit inn fronnt ov Ze miouzieum?]
développer to develop [tou divèlep] ▸ où puis-je faire développer ma pellicule ? where can I have my film developed? [ouèr kèn aï Hav maï films divèlept?]
déviation diversion [daïveurcheun] ▸ y a-t-il une déviation ? is there a diversion? [iz Zèr e daïveurcheun?]
devoir to have to [tou Hav tou] ▸ qu'est-ce que je dois faire ? what do I have to do? [ouate dou aï Hav tou dou?]
diabétique diabetic [daïeubètik] ▸ je suis diabétique et il me faudrait une ordonnance d'insuline I'm diabetic and I need a prescription for insulin [aïme daïeubètik ènde aï nid e prèskripcheun fôr innsioulinn]
diapositive slide [slaïd]
diarrhée diarrhoea [daïeurieu] ▸ je voudrais un médicament contre la diarrhée I'd like something for diarrhoea [aïde laïke somTHinng fôr daïeurieu]

dictionnaire dictionary [dikcheuneri]

diesel diesel [dizeul] ▶ c'est un diesel ? is it diesel? [iz itt dizeul?]

dieu god [god]

différence difference [difreunss] ▶ allez-vous me rembourser la différence ? will you reimburse me the difference? [ouil you riimmbeurss mi Ze difreunss?]

différent different [difreunt]

difficile difficult [difikeult] ▶ je trouve ça difficile I find it difficult [aï faïnd itt difikeult]

dimanche Sunday [seundèï]

dinde turkey [teurki]

dîner *nom (repas)* dinner [dineu] ■ *verbe* to have dinner [tou Hav dineu] ▶ vous servez le dîner à quelle heure ? what time do you serve dinner? [ouate taïm dou you seurv dineu?]
▶ on dîne ensemble ce soir ? shall we have dinner this evening? [cheul oui Hav dineu Ziss ivninng?]

dire to say [tou sèï] ▶ comment dit-on « ... » en anglais ? how do you say "..." in English? [Hao dou you sèï ... inn innglich?]
▶ pouvez-vous me dire... ? can you tell me...? [kèn you tèl mi...?]
▶ que veut dire « ... » ? what does "..." mean? [ouate doz ... minn?]
▶ on dirait qu'il va pleuvoir it looks like it's going to rain [itt louks laïke itss gowinng tou rèïnn]
▶ ça te dit de... ? would you like to...? [woudd you laïke tou...?]

direct direct [daïrèkt] ▶ c'est un train direct ? is that train direct? [iz Zat trèïnn daïrèkt?]

directeur director [daïrèkteu]

direction *(orientation)* direction [daïrèkcheun] ▶ quelle direction faut-il suivre pour rejoindre la M2 ? which road do you have to take to get onto the M2? [ouitch rowd dou you Hav tou tèïk tou guètt onntou Zi èmm-tou?]
▶ je me suis trompé de direction I went the wrong way [aï ouènnt Ze ronng ouèï]

disjoncteur *(électrique)* cutout switch [keut aott souitch] ▶ où est le disjoncteur ? where's the cutout switch? [ouèrz Ze keut aott souitch?]

disparaître to disappear [tou disseupir] ▶ mon portefeuille a disparu my wallet has disappeared [maï wôlit Haz disseupird]

disponible available [euvèïlebôl] ▶ êtes-vous disponible jeudi soir ? are you free on Thursday evening? [âr you fri onn THeursdèï ivninng?]

disque **record** [rèkeud] ▸ je cherche un magasin de disques I'm looking for a record shop [aïme loukinng fôr e rèkeud chop]

distance **distance** [disteunnss] ▸ à quelle distance se trouve le marché de Camden ? how far is Camden market from here? [Hao far iz cammdeun mârkit from Hir?]

distributeur *(d'argent)* **cash machine** [kach meuchinn] ; *(de boissons)* **drinks machine** [drinnks meuchinn] ▸ le distributeur de billets a avalé ma carte the cash machine has swallowed my card [ze kach meuchinn Haz soualowd maï kârd]

divorcé **divorced** [divôrst] ▸ je suis divorcé I'm divorced [aïme divôrst]

docteur **doctor** [dokteu] ▸ j'ai besoin d'aller voir un docteur I need to go and see a doctor [aï nid tou gow ènde si e dokteu]

documents *(papiers)* **papers** [pèïpeuz]

doigt **finger** [finngueu] ▸ doigt de pied toe [tow]
▸ je me suis tordu le doigt I twisted my finger [aï touistid maï finngueu]

dollar **dollar** [doleu]

dommage ! **what a shame!** [ouate e shèïm!]

donner **to give** [tou giv] ▸ pourriez-vous nous donner l'adresse d'un bon hôtel ? could you give us the address of a good hotel? [koudd you giv euss Zi eudrèss ov e goudd Howtèl?]

dorade **sea bream** [si brim]

dormir **to sleep** [tou slip] ▸ j'ai bien dormi I slept well [aï slèpt ouèl]
▸ je n'arrive pas à dormir I can't sleep [aï kante slip]

dos **back** [bak] ▸ j'ai mal au dos I've got backache [aïv gott bakèïk]

douane **customs** [keusteumz] ▸ passer la douane to go through customs [tou gow THrou keusteumz]

double *(copie)* **copy** [kopi] ▸ est-ce qu'il y a un double de la clé ? is there a copy of the key? [iz Zèr e kopi ov Ze ki?]

doubler *(dépasser)* **to overtake** [tou owveutèïk] ; *(film)* **to dub** [tou deub]
▸ est-ce qu'on peut doubler sur cette route ? can you overtake on this road? [kèn you owveutèïk onn Ziss rowd?]
▸ le film est-il doublé ? is the film dubbed? [iz Ze film deubd?]

doucement *(avec douceur)* **gently** [djènntli] ; *(avec lenteur)* **slowly** [slowli]
▸ vous pourriez conduire un peu plus doucement ? can you drive more slowly? [kèn you draïv môr slowli?]

douche **shower** [chaweu] ▶ je voudrais une chambre avec douche, s'il vous plaît I'd like a room with a shower, please [aïde laïke e roum ouiZ e chaweu, pliz]
▶ j'ai envie de prendre une douche I'd like to have a shower [aïde laïke tou Hav e chaweu]
▶ comment marche la douche ? how does the shower work? [Hao doz Ze chaweu weurk?]
▶ la douche fuit the shower is leaking [Ze chaweu iz likinng]
▶ où se trouvent les douches ? where are the showers? [ouèr âr ze chaweuz?]

douleur *(physique)* **pain** [pèïnn] ▶ j'aimerais quelque chose contre la douleur I'd like something for the pain [aïde laïke somTHinng fôr Ze pèïnn]

drap **sheet** [chit] ▶ pourriez-vous changer les draps, s'il vous plaît ? can you change the sheets, please? [kèn you tchèïnndj Ze chits, pliz?]

drapeau **flag** [flag] ▶ il symbolise quoi, le drapeau britannique ? what does the British flag symbolize? [ouate doz Ze britich flag simbelaïz?]

droit *adv (direction)* **straight** [strèït] ■ *m (études)* **law** [lô] ; *(autorisation)* **right** [raït] ▶ il faut aller tout droit you have to keep going straight on [you Hav tou kip gowinng strèït onn]
▶ on a le droit de fumer ici ? is smoking allowed here? [iz smowkinng eulaod Hir?]

droite ▶ à droite on the right [onn Ze raït] ▶ la voiture venait de la droite the car was coming from the right [Ze kâr woz kominng from Ze raït]

Dublin **Dublin** [deublinn]

dur **hard** [Hârd] ▶ mon matelas est un peu trop dur my mattress is a bit hard [maï matress iz e bit Hârd]

durer **to last** [tou lâst] ▶ combien de temps dure le voyage ? how long does the journey take? [Hao lonng doz Ze djeurni tèïk?]

duvet *(sac de couchage)* **sleeping bag** [slipinng bag] ▶ j'ai un duvet I've got a sleeping bag [aïv gott e slipinng bag]

DVD **DVD** [dividi] ▶ lecteur de DVD DVD player [dividi plèyeur]
▶ est-ce que c'est un DVD de zone 2 ? is it a zone 2 DVD? [iz itt e zown tou dividi?]

E

eau **water** [wôteu] ▶ eau gazeuse sparkling water [spârklinng wôteu]
▶ eau minérale mineral water [mineurôl wôteu]

▸ eau non potable water not fit for drinking [wôteu nott fitt fôr drinnkinng]
▸ eau plate still water [stil wôteu]
▸ eau potable drinking water [drinnkinng wôteu]
▸ eau du robinet tap water [tapp wôteu]
▸ je préférerais boire de l'eau I'd prefer water [aïd prifeu wôteu]
▸ il n'y a pas d'eau chaude there's no hot water [Zèrz nô Hott wôteu]

échalotes shallots [cheulotts]

échanger to exchange [tou extchèïnndj] ▸ on s'échange nos adresses e-mail ? shall we exchange e-mails? [cheul oui extchèïnndj imèïls?]
▸ c'est possible de l'échanger ? can it be exchanged? [kèn itt bi extchèïnndjd?]

échecs chess [tchèss] ▸ tu sais jouer aux échecs ? can you play chess? [kèn you plèï tchèss?]

école school [skoul] ▸ école de voile sailing school [sèïlinng skoul]

écouter to listen to [tou lisseun tou] ▸ écoutez-moi ! listen to me! [lisseun tou mi!]

écrire to write [tou raït] ▸ pourriez-vous l'écrire, s'il vous plaît ? could you write it down, please? [koudd you raït itt daonn, pliz?]
▸ comment s'écrit votre nom ? how is your name spelt? [Hao iz yôr nèïm spèlt?]

écrivain writer [raïteu]

égal *(identique)* equal [ikouôl] ▸ ça m'est égal I don't mind [aï donnt maïnd]

église church [tcheutch] ▸ où peut-on trouver une église catholique ? where is there a Catholic church? [ouèr iz Zèr e kaTHeulik tcheutch?]

élections election [ilèkcheun]

électricité electricity [ilèktrisiti] ▸ il y a une panne d'électricité there's a power cut [Zèrz e paweu keut]

elle *(sujet)* she [chi] ; *(complément)* her [Heur]

elles *(sujet)* they [Zè] ; *(complément)* them [Zèm]

e-mail e-mail [imèïl] ▸ je voudrais envoyer un e-mail I'd like to send an e-mail [aïde laïke tou sènd eun imèïl]
▸ où puis-je consulter mes e-mails ? where can I check my e-mail? [ouèr kèn aï tchèk maï imèïl?]
▸ tu as un e-mail ? do you have an e-mail address? [dou you Hav eun imèïl eudrèss?]

emballer to wrap (up) [tou rap (eup)] ▸ pouvez-vous me l'emballer ? can you wrap it up for me? [kèn you rap itt eup fôr mi?]

embarquement **boarding** [bôr-dinng] ▸ quelle est l'heure d'embarquement ? what time will the plane be boarding? [ouate taïm ouil Ze plèïnn bi bôrdinng?]
▸ je ne trouve plus ma carte d'embarquement I can't find my boarding card [aï kante faïnd maï bôrdinng kârd]
▸ où se trouve la salle d'embarquement ? where's the departure lounge? [ouèrz Ze dipârtcheu laonndj?]

ZOOM
enchanté

Pour ceux qui brûlent d'envie de répondre au fameux how do you do ? par very well, thank you, sachez que ce n'est pas une question ! En général, on répond également how do you do ? Si l'on vous dit pleased to meet you, reprenez la même formule.

embêter *(gêner)* **to bother** [tou boZeu] ▸ ça vous embête si je fume ? do you mind if I smoke? [dou you maïnd if aï smowk?]

embouteillage **traffic jam** [trafik djam] ▸ on a été bloqués dans un embouteillage we got stuck in a traffic jam [oui gott steuk inn e trafik djam]

embrasser **to kiss** [tou kiss] ▸ embrasse ta mère de ma part give my love to your Mum [giv maï lov tou yôr meum]

embrayage **clutch** [kleutch]

emmener **to take along** [tou tèïk eulonng] ▸ tu peux nous emmener ? can you take us? [kèn you tèïk euss?]

emplacement *(de parking)* **parking space** [pârkinng spèïss] ▸ je voudrais un emplacement pour une tente pour deux jours I'd like a space for one tent for two days [aïde laïke e spèïss fôr ouane tènnt fôr tou dèïz]
▸ vous reste-t-il des emplacements plus éloignés de la route ? do you have any spaces farther from the road? [dou you Hav èni spèïssiz fârZeu from Ze rowd?]

employé **employee** [imploïi]

emporter **to take away** [tou tèïk euwèï]

emprunter **to borrow** [tou borow] ▸ est-ce que je peux t'emprunter de l'argent ? can I borrow some money from you? [kèn aï borow som meuni from you?]

enceinte **pregnant** [prèg-neunt] ▸ je suis enceinte de … mois I'm... months pregnant [aïme ... monnTH prèg-neunt]

enchanté **delighted** [dilaïtid] ▸ enchanté, moi c'est... pleased to meet you, my name is... [plizd tou mit you, maï nèïm iz...]
▸ au revoir ! enchanté d'avoir fait votre connaissance goodbye! it was nice meeting you [gouddbaï! it woz naïss mitinng you]

encore **still** [stil] ; *(de nouveau)* **again** [euguèïnn] ▸ combien de kilomètres reste-t-il encore ? how many kilometres are there still to go? [Hao mèni kilomiteuz âr Zèr stil tou gow?]
▸ est-ce qu'on peut avoir encore du pain ? can we have some more bread? [kèn oui Hav som môr brèd?]
▸ on ne nous a pas encore servis we're still waiting to be served [oui âr stil ouèïtinng tou bi seurvd]

endormir (s') **to go to sleep** [tou gow tou slip] ▸ j'ai eu du mal à m'endormir hier I had trouble getting to sleep last night [aï Had treubeul guèttinng tou slip lâst naït]

endroit **place** [plèïs] ▸ tu peux nous conseiller un endroit à visiter ? can you recommend a place to visit? [kèn you rèkeumènnd e plèïs tou vizitt?]

enfant **child** [tchaïld] ▸ as-tu des enfants ? do you have children? [dou you Hav tchildreun?]
▸ avez-vous un menu enfant ? do you have a children's menu? [dou you Hav e tchildreuns meuniou?]
▸ deux billets adultes et deux billets enfants, s'il vous plaît two adults and two children, please [tou eudeults ènde tou tchildreun, pliz]

enfin ! **at last!** [et lâst!]

enflé **swollen** [swowleun] ▸ ma cheville est enflée depuis plusieurs jours my ankle has been swollen for a few days [maï annkeul Haz bin swowleun fôr e fiou dèïz]

enlever *(vêtement)* **to take off** [tou tèïk of] ; *(tache)* **to remove** [tou rimouv]

ennuyer (s') **to be bored** [tou bi bôrd] ▸ on ne s'ennuie pas ici there's lots to do here [Zèrs e lott tou dou Hir]

enregistrement *(des bagages)* **check-in** [tchèk-inn] ▸ à quelle heure commence l'enregistrement des bagages ? what time can we check in? [ouate taïme kèn oui tchèk-inn?]
▸ où se fait l'enregistrement des bagages pour Paris ? where is the check-in desk for Paris? [ouère iz Ze tchèk-inn dèsk fôr pâriss?]

enregistrer *(bagages)* **to check in** [tou tchèk inn] ▸ où dois-je enregistrer mes bagages ? where's the check-in desk? [ouèr iz Ze tchèk-inn dèsk ?]

enrhumé ▸ je suis enrhumé I've got a cold [aïv gott e kôld]

ensemble **together** [touguèZeu] ▸ allons-y ensemble ! let's go together! [lètss gow touguèZeu!]

ensuite **then** [Zènn] ▸ ensuite, on est allés visiter la ville then we toured the town [Zènn oui tôrd Ze taonn]

entendre to hear [tou Hir] ▸ je n'ai pas entendu ce que vous avez dit I didn't hear what you said [aï dideunt Hir ouate you sèd]
entendre (s') to get on [tou guètt onn] ▸ en général, je m'entends bien avec tout le monde as a rule, I get on well with everyone [az e roul, aï guètt onn ouèl ouiZ èvriouane]
entier complete [keumplit] ▸ en entier totally [towteli]
entorse sprain [sprèïn] ▸ je me suis fait une entorse I've sprained my ankle [aïv sprèïnd maï annkeul]
entre between [bitouinn] ▸ on se voit entre midi et deux ? shall we meet at lunchtime? [cheul oui mit et leunch taïm?]
▸ c'est entre Cambridge et Londres it's between Cambridge and London [itss bitouinn keïmbridj ènde lonndonn]
entrée *(accès)* entry [ènntri], entrance [ènntreunss] ; *(CULIN)* starter [stârteu]
▸ l'entrée est-elle payante ? do you have to pay to get in? [dou you Hav tou pèï tou guètt inn?]
▸ je vais prendre une entrée et un plat I'll have a starter and a main course [aïl Hav e stârteu ènde e mèïn kôrs]
entrer to go in [tou gow inn], to come in [tou kom inn] ▸ je peux entrer ? may I come in? [mèï aï kom inn?]
▸ entrez ! come in! [kom inn!]
enveloppe envelope [ènnveulowp]
envie desire [dizaïyeu] ▸ j'ai envie de... *(+ nom)* I'd like... [aïde laïke...]
▸ j'ai envie de... *(+ verbe)* I'd like to... [aïde laïke tou...]
environ about [eubaott] ▸ je pense rester une heure environ I think I'll stay for about an hour [aï THinnk aïl stèï fôr eubaott eun aweu]
environs surrounding area *(singulier)* [seuraonndinng èrieu] ▸ dans les environs nearby [nirbaï]
envoyer to send [tou sènnd] ▸ je voudrais envoyer ce colis à Paris par avion I'd like to send this parcel to Paris by airmail [aïde laïke tou sènnd Ziss pârsseul tou pâriss baï èrmeïl]
épaule shoulder [chowldeu] ▸ je me suis fait mal à l'épaule I've hurt my shoulder [aïv Heurt maï chowldeu]
épeler to spell [tou spèl] ▸ tu peux épeler ton nom, s'il te plaît ? can you spell your name, please? [kèn you spèl yôr nèïm, pliz?]
épicé spicy [spaïssi] ▸ c'est épicé ? is it spicy? [iz itt spaïssi?]
épicerie *(magasin)* grocer's (shop) [growsseuz (chop)] ▸ épicerie fine delicatessen [dèlikeutèsseun]
▸ il y a une épicerie dans le quartier ? is there a grocer's around here? [iz Zèr e growsseuz euraonnd Hir?]

épices spices [spaïssiz] ▸ qu'est-ce qu'il y a comme épices dans ce plat ? what kind of spices are there in this dish? [ouate kaïnd ov spaïssiz âr Zèr inn Ziss dich?]

épileptique epileptic [èpilèptik] ▸ je suis épileptique I'm epileptic [aïme èpilèptik]

épiler *(à la cire)* to wax [tou wâks] ; *(sourcils)* to pluck [tou pleuk] ▸ je voudrais me faire épiler les jambes I'd like to have my legs waxed [aïde laïke tou Hav maï lègz wâkst]
▸ je voudrais me faire épiler le maillot I'd like to have my bikini line done [aïde laïke tou Hav maï bikini laïn donn]

épinards spinach *(singulier)* [spinitch]

éponge sponge [speunndj]

équipe team [tim] ▸ quelle est ton équipe préférée ? what's your favourite team? [ouatss yôr fèïveuritt tim?]

équitation (horse-)riding [(Hôrss) raïdinng] ▸ peut-on faire de l'équitation ? can we go horse-riding? [kèn oui gow Hôrss-raïdinng?]

erreur mistake [mistèïk] ▸ je crois qu'il y a une erreur dans l'addition I think there's a mistake with the bill [aï THinnk Zèrz e mistèïk inn Ze bil]

escalade climbing [klaïminng] ▸ on peut faire de l'escalade ici ? can you go climbing here? [kèn oui gow klaïminng Hir?]

Escalator® escalator [èskeulèïteu]

escale stop [stop] ▸ j'ai fait escale à... I made a stop in... [aï mèïd e stop inn...]

escalier (flight of) stairs [(flaït ov) stèrz] ▸ escalier roulant escalator [èskeulèïteu]
▸ je suis tombé dans l'escalier I fell down the stairs [aï fèl daonn Ze stèrz]

escargot snail [snèïl]

escrime fencing [fènssinng]

Espagne Spain [spèïn]

espagnol *adj* Spanish [spanich] ■ *m (langue)* Spanish [spanich]

Espagnol Spanish person [spanich peursseun] ▸ les Espagnols the Spanish [Ze spanich]

espèces cash [kach] ▸ faut-il payer en espèces ? do I have to pay in cash? [dou aï Hav tou pèï inn kach?]

espérer to hope [tou Howp] ▸ j'espère qu'on va se revoir I hope to see you again [aï Howp tou si you euguèïnn]

essayer *(vêtement, chaussures)* to try on [tou traï onn] ; *(tenter)* to try [tou traï] ▸ je peux l'essayer ? can I try it on? [kèn aï traï itt onn?]
▸ je vais essayer I'll try [aïl traï]

essence **petrol** [pètreul] ▸ où puis-je trouver de l'essence ? where can I get petrol? [ouèr kèn aï guètt pètreul?]
▸ je suis en panne d'essence I've run out of petrol [aïv reun aott of pètreul]

essuyer *(sécher)* **to dry** [tou draï] ▸ tu veux que j'essuie la vaisselle ? shall I dry? [cheul aï draï?]
▸ où est-ce que je peux m'essuyer les mains ? where can I dry my hands? [ouèr kèn aï draï maï Hènndz?]

est **east** [ist] ▸ c'est à l'est de Liverpool ? is it east of Liverpool? [iz it ist ov livepoul?]

estomac **stomach** [stomeuk] ▸ j'ai mal à l'estomac I've got stomach ache [aïv gott stomeukèïk]

et **and** [ènde] ▸ toi et moi you and me [you ènde mi]

étage **floor** [flôr] ▸ c'est à quel étage ? which floor is it on? [ouitch flôr iz itt onn?]
▸ c'est au dernier étage it's on the top floor [itss onn Ze topp flôr]

état **state** [stèït], **condition** [keundicheun] ▸ en bon état in good condition [inn goudd keundicheun]
▸ en mauvais état in poor condition [inn pôr keundicheun]

États-Unis **United States** [younaïtid stèïts]

été **summer** [seumeu] ▸ je suis déjà venu en été I already came in (the) summer [aï ôlrèdi kèïm inn (Ze) seumeu]

éteindre *(lumière, appareil)* **to turn off** [tou teurn off] ▸ où éteint-on la lumière ? where do you switch the light off? [ouèr dou you souitch Ze laït off?]
▸ mon portable était éteint my mobile was switched off [maï mowbaïl woz souitcht off]

étoile **star** [stâr] ▸ un hôtel ... étoiles a ...-star hotel [e ...-stâr Howtèl]

étonner **to surprise** [tou seupraïz] ▸ ça m'étonne that surprises me [Zatt seupraïzis mi]

étranger *nom* **foreigner** [foreuneu] ■ *adj* **foreign** [foreun] ▸ j'habite à l'étranger I live abroad [aï liv eubrôd]
▸ il y a beaucoup de touristes étrangers ici ? are there a lot of foreign tourists here? [âr Zèr e lot ov foreun tourists Hir?]

être **to be** [tou bi] ▸ bonjour, c'est Gabriel hello, Gabriel speaking [Hèlow, gabrièl spikinng]
▸ d'où êtes-vous ? where are you from? [ouère âr you from?]
▸ je suis de Paris I'm from Paris [aïme from pâriss]
▸ quel jour sommes-nous ? what day is it? [ouate dèï iz itt?]

ZOOM
excuser

Si l'on vous dit souvent I'm sorry, ce n'est pas forcément que l'on vous a joué un mauvais tour. Et si l'on vous dit régulièrement I'm afraid, qui signifie « j'ai peur », ce n'est pas parce que vous ressemblez à Jack l'Éventreur ! Les Britanniques ont juste tendance à s'excuser pour un oui ou pour un non.

études studies [steudiz] ▶ je fais des études de... I'm studying... [aïme steudi-inng]

étudiant student [stioudeunt] ▶ tu es étudiant ? are you a student? [âr you e stioudeunt?]
▶ je suis étudiant(e) I'm a student [aïme e stioudeunt]
▶ est-ce qu'il y a des réductions pour les étudiants ? are there any concessions for students? [âr Zèr èni keunssècheunz fôr stioudeunts?]

euro euro [you-eurow] ▶ je voudrais changer des euros en livres I'd like to change euros into pounds [aïde laïke tou tchèïnndj youeurowz inntou paonndz]

Europe Europe [youereup] ▶ tu as déjà voyagé en Europe ? have you ever travelled in Europe? [Hav you èveu traveuld inn youereup?]

européen European [youereupieun]

Européen European [youereupieun]

eux them [Zèm] ▶ elle est partie avec eux she left with them [chi lèft ouiZ Zèm]

évanouir (s') to faint [tou fèïnnt] ▶ je me suis évanoui(e) I fainted [aï fèïnn-tid]

évier sink [sinnk] ▶ l'évier est bouché the sink is blocked [Ze sinnk iz blokt]

excédent surplus [seurpleuss] ▶ est-ce que j'ai un excédent de bagages ? do I have excess baggage? [dou aï Hav iksèss baguidj?]

excellent excellent [èkselent]

excursion excursion [èkskeurcheun] ▶ j'aimerais m'inscrire pour l'excursion de samedi I'd like to sign up for the excursion on Saturday [aïd laïke tou saïnn eup fôr Zi èkskeurcheun onn sateudèï]
▶ vous allez à l'excursion ? are you going on the excursion? [âr you gowinng onn Zi èkskeurcheun?]

excuser to excuse [tou èkskiouz] ▶ excusez-moi *(pour exprimer ses regrets)* I'm sorry [aïme sori]

---

s'excuser — INFO

▶ je regrette de ne pas pouvoir venir samedi I'm sorry I can't come on Saturday [aïme sori aï kante kom onn sateudèï]
▶ je suis désolé I'm sorry [aïme sori]
▶ pardon ! *(en passant près de quelqu'un)* excuse me! [èkskiouz mi]

▶ excusez-moi *(pour interrompre, pour passer)* excuse me [èkskiouz mi]
▶ excusez-moi pour mon retard sorry I'm late [sori aïme lèït]
▶ excusez-moi de vous déranger sorry to bother you [sori tou boZeu you]

exemple **example** [igzâmpeul] ▶ par exemple for example [fôr igzâmpeul]

expéditeur **sender** [sènndeu]

expliquer **to explain** [tou ekspleïnn] ▶ peux-tu m'expliquer ce que cela veut dire ? can you explain what this means? [kèn you ekspleïnn ouate Ziss minnss?]

exposition **exhibition** [èksibicheun] ▶ le ticket est valable aussi pour l'exposition ? is this ticket valid for the exhibition too? [iz Ziss tikètt vâlidd fôr Zi èksibicheun tou?]

exprès *(volontairement)* **on purpose** [onn peurpeuss] ▶ désolé, je ne l'ai pas fait exprès sorry, I didn't do it on purpose [sori, aï dideunt dou itt onn peurpeuss]

extérieur **outside** [aottsaïd] ▶ on serait mieux à l'extérieur we'd be more comfortable outside [ouid bi môr komftebeul aottsaïd]

extraordinaire **extraordinary** [ikstrôdineri] ▶ cet endroit est extraordinaire this place is extraordinary [Ziss plèïs iz ikstrôdineri]

F

fac *(fam)* **university** [youniveurssiti] ▶ tu vas à la fac ? are you a student? [âr you e stioudeunt?]

face : en face de **opposite** [opeuzit] ▶ l'hôtel est situé en face de la gare the hotel is opposite the station [Ze Howtèl iz opeuzit Ze stèïcheun]

face à **opposite** [opeuzit] ▶ est-il possible d'avoir une chambre face à la mer ? can we have a room overlooking the sea? [kèn oui Hav e roum ow-veu-loukinng Ze si?]

fâché **angry** [ènngri] ▶ j'espère qu'il n'est pas fâché I hope he's not angry [aï Howp Hiz not ènngri]

facile **easy** [izi] ▶ c'est très facile it's really easy [itts rili izi]
▶ ce n'est pas facile it's not easy [itts not izi]
▶ je voudrais quelque chose de facile à transporter I'd like something easy to carry [aïde laïke somTHinng izi tou kari]

facteur *(courrier)* **postman** [powstmeun]

facture **bill** [bil] ▶ pouvez-vous préparer la facture ? can you prepare the bill? [kèn you pripèr Ze bil?]

▸ ce n'est pas la bonne facture it's not the right bill [itss nott Ze raït bil]

faible weak [ouik] ▸ je me sens très faible I feel very weak [aï fil vèri ouik]

faim hunger [Heunggueu] ▸ j'ai super faim I'm starving [aïme stârvinng]
▸ je commence à avoir faim I'm starting to get hungry [aïme stârtinng tou guètt Heunggri]
▸ je n'ai plus faim, merci I'm quite full, thank you [aïme kouaït foul, THènnk you]

faire to do [tou dou], to make [tou mèïk] ▸ que fais-tu ce soir ? what are you doing tonight? [ouate âr you douinng tounaït?]
▸ puis-je faire quelque chose (pour vous aider) ? is there anything I can do (to help)? [iz Zèr èniTHinng aï kèn dou (tou Hèlp)?]
▸ que faites-vous comme métier ? what do you do for a living? [ouate dou you dou fôr e livinng?]
▸ je fais des études de... I'm studying... [aïme steudi-inng...]
▸ je fais du judo I do judo [aï dou djoudow]
▸ je fais du 40 *(pour les chaussures)* I take a size 40 [aï tèïk e saïz fôrti]
▸ pouvez-vous me faire une omelette ? can you make me an omelette? [kèn you mèïk mi eun omlèt?]
▸ j'ai fait une erreur I've made a mistake [aïv mèïd e mistèïk]

falaise cliff [klif]

falloir must [meust] ▸ il me faudrait... I need... [aï nid...]
▸ il faut que tu comprennes que... you must understand that... [you meust eundeustannd Zatt...]
▸ il faut que je sois à l'aéroport à ... h I have to be at the airport by ... (o'clock) [aï Hav tou bi att Zi èrpôrt baï ... (e klok)]
▸ il faut se dépêcher we must hurry [oui meust Heuri]
▸ il ne faut pas faire ça ! you mustn't do that [you meusseunt dou Zatt]

famille family [famili] ▸ j'ai de la famille à Paris I have relatives in Paris [aï Hav rèletivz inn pâriss]

farine flour [flaweu]

fatigant tiring [taïeuring] ▸ le trajet est fatigant the journey is tiring [Ze djeuni iz taïeuring]

fatigué tired [taïeud] ▸ ce soir je ne sors pas, je suis fatigué I'm not going out tonight, I'm tired [aïme nott gowinng aott tounaït, aïme taïeud]

faute mistake [mistèïk] ▸ c'est de ma faute it's my fault [itss maï fôlt]
▸ ce n'est pas de ma faute it's not my fault [itss nott maï fôlt]

fauteuil roulant wheelchair [ouiltchèr] ▸ est-ce accessible en fauteuil roulant ? is there wheelchair access? [iz Zèr e ouiltchèr euksèss?]

faux *(incorrect)* **wrong** [ronng] ▸ excusez-moi, j'ai fait un faux numéro sorry, I dialled the wrong number [sori, aï daïyeuld Ze ronng neumbeu]

fax **fax** [fax] ▸ est-il possible d'envoyer un fax d'ici ? can I send a fax from here? [kèn aï sènnd e fax from Hir?]

félicitations **congratulations** [keungratioulèïcheunz] ▸ (toutes mes) félicitations ! congratulations! [keungratioulèïcheunz!]

femme *(personne de sexe féminin)* **woman** [woumeun] ; *(épouse)* **wife** [ouaïf]
▸ c'est une très belle femme she's a very beautiful woman [chiz e vèri bioutifoul woumeun]
▸ je suis avec ma femme I'm with my wife [aïme ouiZ maï ouaïf]

fenêtre **window** [ouinndow] ▸ est-ce que je peux fermer la fenêtre ? can I close the window? [kèn aï klowz Ze ouinndow?]

fer **iron** [aïreun] ▸ en fer iron [aïeun]

fer à repasser **iron** [aïeun]

férié ▸ c'est férié aujourd'hui ? is today a bank holiday? [iz toudèï e bannk Holidèï?]

ferme *adj (fruits, légumes)* **firm** [feurm] ■ *f (exploitation agricole)* **farm** [fârm]

fermé **closed** [klowzd] ▸ l'auberge est-elle fermée la nuit ? is the hostel locked at night? [iz Ze Hossteul lokt att naït?]

fermer *(porte, magasin)* **to close** [tou klowz], **to shut** [tou cheutt] ▸ je peux fermer la porte ? can I shut the door? [kèn aï cheutt Ze dôr?]
▸ à quelle heure ferment les magasins ? what time do the shops close? [ouate taïme dou Ze chopss klôwz?]
▸ ça ne ferme pas it won't shut [itt wonte cheutt]

fermeture Éclair® **zip** [zip] ▸ j'ai cassé ma fermeture Éclair I've broken my zip [aïv browkeun maï zip]

ferry **ferry** [fèri] ▸ à quelle heure part le prochain ferry ? when does the next ferry leave? [ouènn doz Ze nèxt fèri liv?]

fesses **bottom** [boteum]

festival **festival** [fèstiveul] ▸ y a-t-il des festivals en ce moment ? are there any festivals at the moment? [âr Zèr èni fèstiveuls et Ze momeunt?]

fête *(réception)* **party** [pârti] ▸ fête nationale national holiday [nacheunôl Holidèï]
▸ on fait la fête ce soir ? shall we party tonight? [cheul oui pârti tounaït?]
▸ je vous souhaite de très bonnes fêtes de fin d'année I wish you a very Merry Christmas and an Happy New Year [aï ouich you e vèri mèri krissmeuss annd e Hapi niou yeur]

feu *(flamme, incendie)* **fire** [faïyeu] ; *(de signalisation)* **light** [laït] ▸ feu d'artifice fireworks [faïyeuweurks]
▸ feu de camp camp fire [kammp faïyeu]
▸ feu rouge red light [rèd laït]
▸ les feux de camp sont-ils autorisés ? are camp fires allowed? [âr kammp faïyeuz eulaod?]
▸ arrêtez-vous au feu stop at the lights [stop att Ze laïts]
▸ avez-vous du feu ? do you have a light? [dou you Hav e laït?]

feuille *(d'arbre)* **leaf** [lif] ; *(de papier)* **sheet** [chit] ▸ tu as une feuille et un stylo ? have you got a pen and paper? [Hav you gott e pènn ènde pèïpeu?]

février **February** [fèbroueri]

fièvre **fever** [fiveu] ▸ j'ai de la fièvre I've got a temperature [aïv gott e tèmpreutcheu]

figue **fig** [fig]

fil **thread** [THrèd] ▸ fil dentaire dental floss [dènteul floss]

fille **girl** [gueurl] ; *(descendante)* **daughter** [dôteu] ▸ je suis fille unique I'm an only child [aïme eun onnli tchaïld]
▸ je préfère les filles aux cheveux courts I prefer girls with short hair [aï prifeu gueurls wiZ chôrt Hèr]
▸ c'est pour une petite fille de ... ans it's for a little girl of ... [itss fôr e liteul gueurl ov ...]

film **film** [film] ▸ as-tu vu le dernier film de... ? have you seen ...'s latest film? [Hav you sinn ...ss lèïteust film?]

filmer **to film** [tou film] ▸ on a le droit de filmer ici ? is it OK to film here? [iz itt owkèï tou film Hir?]

fils **son** [seun] ▸ j'ai un fils de deux ans I have a two-year-old son [aïv e tou yeur ôld seun]

fin *(couche, tranche)* **thin** [THinn] ; **end** [ènde] ▸ à la fin de... at the end of... [et zi ènde ov...]
▸ c'est bientôt la fin des vacances ! the holidays will soon be over! [Ze Holidèïz ouil soun bi owveu!]
▸ on se retrouve en fin de journée ? shall we meet up this evening? [cheul oui mit eup Ziss ivninng?]

finir **to finish** [tou finich] ▸ tu as fini ? have you finished? [Hav you finicht?]

fitness **fitness** [fitneus]

flash **flash** [flach] ▸ on peut faire des photos avec flash ici ? is flash photography allowed here? [iz flach feutografi eulaod Hir?]

fleur **flower** [flaweu] ▸ où puis-je acheter des fleurs ? where can I buy flowers? [ouèr kèn aï baï flaweuz?]

fleuriste **florist** [florist]

fleuve **river** [riveu]

flûte **flute** [flout]

foie **liver** [liveu]

fois **time** [taïm] ▸ je suis déjà venu une fois I've already been here once [aïv ôlrèdi bin Hir ouannss]
▸ une autre fois, peut-être ? maybe some other time [mèïbi som oZeu taïm]
▸ j'en ai fait une ou deux fois, il y a longtemps I've done it once or twice, a long time ago [aïv donne itt ouannss ôr touaïss, e lonng taïm eugo]

foncé **dark** [dârk] ▸ le bleu foncé est ma couleur préférée dark blue is my favourite colour [dârk blou iz maï fèïveuritt koleur]

fond *(d'une salle)* **far end** [fâr ènde] ; *(de la mer)* **bottom** [boteum] ▸ fond de teint foundation [faonndèïcheun]
▸ je préfère m'asseoir au fond I prefer to sit at the back [aï prifeu tou sit att Ze bak]

football **football** [foutbôl] ▸ football américain American football [emèrikeun foutbôl]
▸ on se fait un petit foot ? fancy a game of football? [fântsi e guèïm ov foutbôl?]

footing **running** [reuninng] ▸ on fait un footing demain matin ? shall we go for a run tomorrow morning? [cheul oui gow fôr e reun toumorow môrninng?]

forêt **forest** [forist] ▸ nous aimerions faire une promenade en forêt we'd like to go for a walk in the forest [ouide laïke tou gow fôr a wôk inn ze forist]

forfait *(abonnement)* **pass** [pass] ; *(pour mobile)* **subscription** [seubscribpcheun] ▸ je n'ai plus de forfait *(téléphone)* my subscription has run out [maï seubscripcheun Haz reun aott]
▸ avez-vous des forfaits week-ends ? do you have weekend packages? [dou you Hav ouikènnd pakidjiz?]
▸ je voudrais un forfait pour une semaine I'd like a one-week pass [aïde laïke a ouane-ouik pass]

forme *(santé)* **form** [fôrm] ▸ tu as l'air en pleine forme ! you look great! [you louk grèït!]
▸ je ne suis pas en forme I don't feel very well [aï donnt fil veri ouèl]

formidable **great** [grèït] ▸ c'est formidable ! that's great/wonderful! [Zatss grèït/wonndeufoul!]

formulaire form [fôrm] ▶ pouvez-vous me donner le formulaire à remplir ? can you give me the form to fill in? [koudd you giv mi Ze fôrm tou filinn?]

fort strong [stronng] ▶ pouvez-vous parler plus fort ? can you speak up? [kèn you spik eup?]

foulard scarf [skârf]

fouler (se) to sprain [tou sprèïnn] ▶ je me suis foulé la cheville I've sprained my ankle [aïv sprèïnnd maï ènnkeul]

four oven [owveun] ▶ c'est cuit au four ? is it cooked in the oven? [iz itt koukt inn Zi owveun?]

fourchette fork [fôrk]

fourmi ant [ânt]

fourrière pound [paonnd]

fracture fracture [fraktcheu] ▶ je pense que j'ai une fracture I think I have a fracture [aï THinnk aï Hav e fraktcheu]

fragile fragile [frâdjaïl] ▶ attention, c'est fragile careful, it's fragile [kèrfoul, itss frâdjaïl]

frais *(froid)* cool [koul] ▶ ce vin n'est pas assez frais this wine isn't chilled enough [Ziss ouaïne izeunt tchild inoff]
▶ il fait frais it's chilly [itss tchili]

fraise strawberry [strôbeuri]

framboise raspberry [razbeuri]

français *adj* French [frènnch] ■ *nom* French [frènnch] ▶ je suis français(e) I'm French [aïme frènnch]
▶ est-ce que vous parlez français ? do you speak French? [dou you spik frènnch?]

Français Frenchman [frènnchmann], Frenchwoman [frènnchwoumeunn]
▶ les Français the French [Ze frènnch]

France France [frannss] ▶ j'habite en France I live in France [aï liv inn frannss]
▶ êtes-vous déjà allé en France ? have you ever been to France? [Hav you èveu binn tou frannss?]

frein brake [brèïk] ▶ frein à main handbrake [Hènndbrèïk]
▶ les freins ne marchent pas bien the brakes aren't working properly [Ze brèïkss ânt weurkinng propeuli]

fréquence frequency [frikouènnssi] ▶ quelle est la fréquence des traversées ? how often does the ferry sail? [Hao ofeun doz Ze fèri sèïl?]

frère brother [broZeu] ▶ je n'ai pas de frères et sœurs I don't have any brothers and sisters [aï donnt Hav èni broZeuz ènde sisteuz]

frigo **fridge** [fridj] ▸ est-ce qu'il y a un frigo dans la chambre ? is there a fridge in the room? [iz Zèr e fridj in Ze roum?]

frit **fried** [fraïd] ▸ c'est frit ? is it fried? [iz itt fraïd?]

frites **chips** [tchipss] ▸ c'est servi avec des frites ? does it come with chips? [doz it kom wiZ tchipss?]

froid **cold** [kôld] ▸ il fait froid it's cold [itss kôld]
▸ j'ai un peu froid I'm a bit cold [aïme e bit kôld]
▸ j'ai pris froid I've caught a cold [aïv kôt e kôld]

fromage **cheese** [tchiz]

front **forehead** [fôrhèd] ▸ le front de mer the sea front [Ze sifronnt]

frontière **border** [bôrdeu] ▸ on est loin de la frontière ? are we far from the border? [âr oui fâr from Ze bôrdeu?]

fruit **fruit** [froutt] ▸ fruit de la passion passion fruit [pâcheun froutt]
▸ fruits rouges red berries [rèd bèriz]
▸ fruits secs / *(abricots, figues, etc.)* dried fruit [draïd froutt] / *(noix, noisettes, etc.)* nuts [neuts]
▸ où puis-je acheter des fruits ? where can I buy fruit? [ouèr kèn aï baï froutt?]

fruits de mer **seafood** [sifoud]

fuite *(d'eau, d'huile, de gaz)* **leak** [lik] ▸ il y a une fuite dans le réservoir d'essence there is a leak in the petrol tank [Zèr iz e lik inn Ze pètreul tannk]

fumée **smoke** [smowk] ▸ je ne supporte pas la fumée I can't stand smoke [aï kante stènnd smowk]
▸ la fumée ne me dérange pas smoke doesn't bother me [smowk dozeunt boZeu mi]

fumer *(personne)* **to smoke** [tou smowk] ▸ est-ce que ça vous dérange si je fume ? do you mind if I smoke? [dou you maïnnd if aï smowk?]
▸ on peut fumer ici ? can I smoke here? [kèn aï smowk Hir?]
▸ non merci, je ne fume pas no thanks, I don't smoke [no THènnks, aï donnt smowk]

fumeur **smoker** [smowkeu] ▸ est-ce qu'il y a des espaces fumeurs ? is there somewhere I can smoke? [iz Zèr somouèr aï kèn smowk?]

G

gagner *(concours, course)* **to win** [tou ouinn] ; *(argent)* **to earn** [tou eurn]
▸ qui est-ce qui gagne ? who's winning? [Houz ouininng?]

▸ est-ce qu'il gagne beaucoup d'argent ? does he earn a lot of money? [doz Hi eurn e lot ov **meu**ni?]

galère ▸ quelle galère ! what a drag! [ouate e drag!]

galerie *(passage couvert)* **arcade** [**âr**kèïd] ; *(d'art)* **gallery** [**ga**leuri] ▸ cette galerie commerçante est très agréable this shopping arcade is really nice [Ziss **cho**ppinng **âr**kèïd iz **ri**li naïs]

gant *(de laine, de boxe, de cuisine)* **glove** [glov] ; *(de toilette)* **flannel** [**flân**neul]

garage **garage** [**ga**ridj] ▸ pourriez-vous me remorquer jusqu'à un garage ? could you tow me to a garage? [koudd you tow mi tou e **ga**ridj?]

garagiste *(mécanicien)* **mechanic** [mi**ka**nik] ▸ savez-vous où je pourrais trouver un garagiste ? do you know where I can find a garage? [dou you no ouèr aï kèn faïnnd e **ga**ridj?]

garantie **guarantee** [gareun**ti**] ▸ combien de temps dure la garantie ? how long is the guarantee? [**Hao** lonng iz Ze gareun**ti**?]

garçon **boy** [boï] ; *(homme)* **young man** [yeunng mann] ; *(descendant)* **son** [sonn] ; *(serveur)* **waiter** [**ouèï**teu] ▸ elle a deux garçons she has two boys [chi Haz **tou** boïz]

▸ les garçons sont restés à la maison the boys have stayed at home [Ze boïz Hav stèïd et Howm]

garde (de) *(permanence)* **on duty** [onn **diou**ti] ▸ je veux voir le médecin de garde I want to see the doctor on duty [aï wante tou si Ze **dok**teu onn **diou**ti]

▸ savez-vous où se trouve la pharmacie de garde ? do you know where the duty chemist's is? [dou you now ouèr Ze **diou**ti **kè**mists iz?]

garder *(surveiller)* **to look after** [tou **louk** afteu] ; *(conserver)* **to keep** [tou kip]

▸ pouvez-vous garder mon sac quelques instants ? can you mind my bag for a few minutes? [kèn you maïnnd maï **bag** fôr e fiou **mi**nitss?]

▸ faut-il le garder au frais ? do you have to keep it in the fridge? [dou you Hav tou **kip** it inn Ze fridj?]

gardien **caretaker** [**kèr** tèïkeu] ▸ y a t-il un gardien dans votre immeuble ? is there a caretaker in your building? [iz Zèr e **kèr** tèïkeu inn yôr **bil**dinng?]

gare **station** [**stèï**cheun] ▸ gare routière coach station [kowtch **stèï**cheun]

▸ où est la gare ? where is the station? [ouèr iz Ze **steï**cheun?]

▸ à la gare, s'il vous plaît ! to the station, please! [tou Ze **stèï**cheun, pliz!]

garer **to park** [tou pârk] ▸ où puis-je garer ma voiture ? where can I park the car? [ouèr kèn aï pârk Ze kâr?]

gastro-entérite **tummy bug** [**teu**mi beug] ▸ je crois que j'ai une gastro I think I've got a tummy bug [aï THinnk aïv gott e **teu**mi beug]

gâteau **cake** [kèïk] ▸ gâteau d'anniversaire birthday cake [**beur**THdèï kèïk]

▶ une part de gâteau au chocolat, s'il vous plaît a piece of chocolate cake, please [e piss ov tchokeuleutt kèïk, pliz]

gauche left [lèft] ▶ à gauche on the left [onn Ze lèft]
▶ la voiture venait de la gauche the car came from the left [Ze kâr kèïm from Ze lèft]

gaz gas [gass] ▶ la bonbonne de gaz est vide the gas cylinder is empty [Ze gass silinndeu iz èmpti]

INFO

gauche

Est-il utile de rappeler qu'on roule à gauche en Grande-Bretagne ? Les ronds-points (roundabouts) sont donc à prendre par la gauche. Quand vous doublez par la droite, pensez à prendre de la marge ! En ville, les piétons engagés sont prioritaires. À pied, aidez-vous des look right/look left indiqués au sol en jaune et des zebra crossing (« passages piétons »).

gel *(pour les cheveux)* (hair) gel [Hèr djèl]

gel douche shower gel [chaweu djèl]

gêner *(déranger)* to bother [tou boZeu] ▶ ça vous gêne si je pose mon sac ? do you mind if I put my bag down? [dou you maïnnd if aï pout maï bag daonn?]
▶ est-ce que la fumée vous gêne ? is the smoke bothering you? [iz Ze smowk boZeurinng you?]

Genève Geneva [djeuniveu]

génial brilliant [brilieunt] ▶ c'était génial it was great [itt woz grèït]

genou knee [ni]

gens people [pipôl] ▶ les gens sont sympas ici the people are really nice here [Ze pipôl âr rili naïss Hir]

gentil nice [naïss] ; *(serviable)* kind [kaïnnd] ▶ c'est très gentil that's very kind of you [Zatss vèri kaïnnd ov you]

gilet de sauvetage lifejacket [laïf djakit] ▶ faut-il mettre un gilet de sauvetage ? do we have to wear lifejackets? [dou oui Hav tou ouèr laïf djakits?]

gingembre ginger [djinndjeu]

glace ice [aïss] ; *(crème glacée)* ice cream [aïss krim] ▶ où peut-on manger une bonne glace ? where can we get a nice ice cream? [ouèr kèn oui guètt e naïss aïss krim?]
▶ je vais prendre une glace à la vanille I'll have a vanilla ice cream [aïl Hav e veunileu aïss]

glaçon ice cube [aïss kioub] ▶ avec des glaçons, s'il vous plaît with ice, please [ouiZ aïss, pliz]

golf *(sport)* **golf** [golf]

gommage **body scrub** [bodi skreub] ▶ j'ai fait un gommage hier I had a body scrub yesterday [aï Had e bodi skreub yèsteudèï]

gorge **throat** [THrowt] ; *(gouffre)* **gorge** [gôrdj] ▶ j'ai mal à la gorge I have a sore throat [aï Hav e ssôr THrowt]
▶ je voudrais des pastilles pour la gorge I'd like some throat lozenges [aïde laïke som THrowt lozinndjiz]

gourde **water bottle** [wôteu boteul] ▶ ma gourde est presque vide my water bottle is almost empty [maï wôteu boteul iz olmôst èmpti]

goût **taste** [tèïst] ▶ ça a très bon goût it's really tasty [itts rili tèïsti]

goûter **to taste** [tou tèïst] ▶ j'aimerais goûter la bière locale I'd like to try the local beer [aïde laïke tou traï Ze lokôl bir]

gouttes *(médicament)* **drops** [drops] ▶ avez-vous des gouttes pour les yeux ? do you have any eye drops? [dou you Hav èni aï dropss?]
▶ je voudrais des gouttes pour le nez I'd like some nose drops [aïde laïke som nowz drops]

gouvernail *(barre d'un bateau)* **tiller** [tileu] ▶ je ne sais pas me servir du gouvernail I don't know how to steer [aï donnt now Hao to stir]

grammes **grammes** [grams] ▶ vous m'en mettrez 300 grammes 300 grammes, please [THri Heundreud grams, pliz]

grand *(ville, différence)* **big** [big] ; *(personne, immeuble)* **tall** [tôl] ▶ avez-vous une plus grande taille ? do you have it in a larger size? [dou you Hav itt inn e lârdjeu saïz?]

grand magasin **department store** [dipârtmeunt stôr]

grand-mère **grandmother** [grannmoZeu]

grand-père **grandfather** [grannfaZeu]

gras **greasy** [grissi] ; *(aliment)* **fatty** [fati] ▶ c'est très gras it's very fatty [itss vèri fati]

gratte-ciel **skyscraper** [skaïskrèïpeu]

gratuit **free** [fri] ▶ c'est gratuit ? is it free? [iz itt fri?]

grave *(maladie, accident)* **serious** [sirieuss] ▶ c'est grave ? is it serious? [iz itt sirieuss?]
▶ c'est pas grave that's OK [Zatss owkèï]

Grèce **Greece** [griss]

grillé **grilled** [grild] ▶ il y a du poisson grillé ? do you have grilled fish? [dou you Hav grild fich?]

gripe flu [flou] ▸ je voudrais quelque chose pour la grippe I'd like something for the flu [aïde laïke somTHinng fôr Ze **flou**]

gris grey [grèï]

gros big [big] ▸ pouvez-vous écrire plus gros ? could you write it bigger, please? [koudd you raït itt **bi**gueu, pliz?]
▸ je trouve qu'il est un peu trop gros I think he's a bit overweight [aï Thinnk Hiz e bit ow-veu**wèït**]

groupe group [group] ▸ y a-t-il des réductions pour les groupes ? are there reductions for groups? [âr Zèr ri**deuk**cheuns fôr groups?]
▸ mon groupe sanguin est A+ my blood group is A positive [maï bleudd group iz **èï** pozitiv]

guêpe wasp [wôsp]

guichet *(de gare, de poste)* window [ouinndow] ▸ où se trouve le guichet pour acheter les billets ? where's the ticket window? [ouèrs Ze tikètt ouinndow?]
▸ à quel guichet dois-je m'adresser ? which counter do I have to go to? [ouitch **kaonn**teu dou aï Hav tou gow tou?]

guide *(livre)* guidebook [**gaïd** bouk] ; *(personne)* guide [gaïd] ▸ avez-vous un guide en français ? do you have a guidebook in French? [dou you Hav e **gaïd**-bouk inn **frènn**ch?]
▸ est-ce qu'il y a un guide des spectacles ? is there a listings magazine? [iz Zèr e listinngz magueu**zinn**?]
▸ est-ce que le guide parle français ? does the guide speak French? [doz Ze gaïd spik **frènn**ch?]

guitare guitar [gui**târ**]

gymnastique gymnastics [djim**nas**tiks]

gynécologue gynaecologist [gaïneu**ko**leudjist]

INFO

handicapé

La Grande-Bretagne a pensé à équiper les lieux publics pour les personnes handicapées (disabled) bien avant d'autres pays européens. Les offices de tourisme donnent toutes informations sur les équipements et aménagements.

H

habiller (s') to dress [tou drèss] ▸ il faut s'habiller comment ? what should I wear? [ouate choudd aï ouèr?]

habiter to live [tou liv] ▸ où est-ce que tu habites ? where do you live? [ouèr dou you liv?]

INFO
dire l'heure

En Grande-Bretagne, il y a 1 heure de moins et le cadran fait 12 heures et non 24 heures. On précise donc 'am' ou 'pm' pour ante meridiem (le matin) et post meridiem (l'après-midi). Ne donnez pas de rendez-vous pour le thé à 17 h, mais dites see you five pm. Seule exception, les horaires de transports indiquant les minutes. Le train de 19 h 04 de Waterloo se dira the nineteen-oh-four [naïnntinn-ô-fôr] *from Waterloo.*

▸ tu habites seul? do you live alone? [dou you liv eulown?]
▸ j'habite à Lille I live in Lille [aï liv inn lil]

habitude habit [Habitt] ▸ j'ai l'habitude de... I usually... [aï ioujoueuli...]

halal halal [Hâlâl]

hamburger hamburger [Hâmbeurgueu]

hammam steam room [stim roum]

hanche hip [Hip]

handball handball [Hândbôl]

handicapé *adj* disabled [dissèïbeuld] ■ *nom* disabled person [dissèïbeuld peursseun] ▸ êtes-vous équipés pour les personnes handicapées? do you have facilities for the disabled? [dou you Hav feussilitiz fôr Ze dissèïbeuld?]

haricots beans [binnz] ▸ haricots verts green beans [grinn binnz]

hasard chance [tchannss] ▸ au hasard at random [att ranndeum]
▸ par hasard by chance [baï tchannss]
▸ choisis au hasard choose one at random [tchouz ouane att ranndeum]
▸ quelqu'un aurait-il une aspirine, par hasard? would anyone have an aspirin, by any chance? [woudd èniouane Hav eun asprinn, baï èni tchannss?]

haut high [Haï] ▸ en haut / *(à l'étage supérieur)* upstairs [eupstèrz] / *(dans la partie élevée)* at the top [att ze top]

héberger ▸ tu connais quelqu'un qui pourrait m'héberger pendant quelques jours? do you know someone I could stay with for a few days? [dou you now somouann aï koudd stèï ouiZ fôr e fiou dèïz?]
▸ merci de nous avoir hébergés thanks for letting us stay [THènnks fôr lètting euss stèï]

hémorroïdes piles [païls]

hépatite hepatitis [hèpeutaïtis]

heure hour [aweu] ; *(moment)* time [taïm] ▸ à ... heures at ... o'clock [att ... e klok]
▸ à tout à l'heure! see you in a bit! [si you inn e bitt!]
▸ à quelle heure est le prochain train pour... ? when is the next train to...? [ouènn iz Ze nèxt trèïnn tou...?]
▸ quelle heure est-il? what time is it? [ouate taïme iz itt?]

▸ à quelle heure fermez-vous ? what time do you close? [ouate **taïm** dou you klowz?]
▸ on pourrait se retrouver vers ... heures we could meet at ... o'clock [oui koudd mit att ... e **klok**]
▸ le train est arrivé à l'heure ? was the train on time? [woz Ze trèïn onn taïm?]

heureusement fortunately [**fôt**cheuneutli] ▸ heureusement que tu es là it's a good job you're here [itts e goudd djob your Hir]

heureux happy [**Ha**pi] ▸ je suis heureux d'être ici I'm happy to be here [aïme **Ha**pi tou bi Hir]

hier yesterday [**yès**teudèï] ▸ hier matin yesterday morning [**yès**teudèï **môr**ninng]
▸ hier soir yesterday evening [**yès**teudèï **iv**ninng]
▸ je suis arrivé hier I arrived yesterday [aï eu**raïvd** **yès**teudèï]

hindou Hindu [**Hinn**dou]

histoire *(anecdote)* story [**stô**ri] ; *(domaine d'études)* history [**His**tri] ▸ il m'a raconté une histoire amusante he told me a funny story [Hi told mi e **feu**ni **stô**ri]
▸ l'histoire de l'Angleterre m'intéresse beaucoup I find English history very interesting [aï faïnnd **inng**lich **His**tri **ve**ri **inn**treustinng]

hiver winter [oui**nn**teu] ▸ en hiver in winter [inn oui**nn**teu]

hockey hockey [**Ho**ki]

homard lobster [**lob**steu]

homéopathique homeopathic [Howmiow**pa**THik] ▸ je préférerais des médicaments homéopathiques I prefer homeopathic medicine [aï pri**feu** Howmiow**pa**THik **mèd**sinn]

homme man [mann] ▸ où sont les toilettes pour hommes ? where are the gents? [ouèr âr Ze **djènn**tss?]

homo gay [guèï]

hôpital hospital [**Hos**pitôl] ▸ où est l'hôpital le plus proche ? where is the nearest hospital? [ouèr iz Ze nireust **Hos**pitôl?]

horaires timetable [taïm-tèïbeul] ▸ avez-vous les horaires des bus ? do you have local bus timetables? [dou you Hav lôkeul beuss taïm-tèïbeulss?]
▸ quels sont les horaires d'ouverture de la bibliothèque ? what are the opening times of the library? [ouate âr Zi **ow**peuninng taïms ov Ze **laï**breri?]

hors-d'œuvre starter [stârteu]

hors service out of order [aott-ovôrdeu] ▸ le distributeur de billets est hors service the cash machine is out of order [Ze kach meuchinn iz aott-ovôrdeu]

hôtel hotel [Howtèl] ▸ nous cherchons un hôtel we're looking for a hotel [ouir loukinng fôr e Howtèl]
▸ y a-t-il des hôtels pas trop chers par ici ? are there any reasonably priced hotels near here? [âr Zèr èni rizeuneubli praïsst Howtèlz nir Hir?]

huile oil [oïl] ▸ huile de massage massage oil [mâssaj oïl]
▸ huile d'olive olive oil [oliv oïl]
▸ huile solaire suntan oil [seuntann oïl]
▸ il y a une fuite d'huile there's an oil leak [Zers eun oïl lik]

huître oyster [oïsteu]

humide damp [dammp] ; *(pluvieux)* humid [Hioumid] ▸ il fait humide it's damp [itss dammp]

humour humour [Hioumeu] ▸ il a beaucoup d'humour he's got a great sense of humour [Hiz gott e grèït sènss ov Hioumeu]

I

ici here [Hir] ▸ tu es d'ici ? are you from around here? [âr you from euraonnd Hir?]

idée idea [aïdieu] ▸ c'est une bonne idée, pourquoi pas ? that's a good idea, why not? [Zatss e goudd aïdieu, ouaï nott?]
▸ j'ai une idée ! I've got an idea! [aïv gott eun aïdieu!]

à l'hôtel — INFO

▸ nous voudrions une chambre double/deux chambres simples we'd like a double room/two single rooms [ouid laïke e dabeul roum/tou sinngueul roumss]
▸ j'ai réservé une chambre au nom de... I have a reservation in the name of... [aï Hav e rizeuvèïcheun inn Ze nèïm ov...]
▸ à quelle heure est le petit déjeuner/dîner ? what time is breakfast/dinner served? [ouate taïm iz brèkfeust/dineu seurvd?]
▸ pourriez-vous me réveiller à ... h ? could I have a wake-up call at ... a.m.? [koudd aï Hav e ouèïkeup kôl att ... èï èm?]

il *(personne)* **he** [Hi] ; *(chose)* **it** [itt]

île **island** [aïleund] ▸ comment peut-on rejoindre l'île ? how do we get to the island? [Hao dou oui guètt to Zi aïleund?]

ils **they** [Zèï]

il y a *verbe (+ quelque chose, + quelqu'un)* **there is** *(+ singulier)* [Zèr iz], **there are** *(+ pluriel)* [Zèr âr] ; *(+ temps)* **ago** [eugow] ▸ y a-t-il… ? is there…? *(+ singulier)* [iz Zèr…?] / are there…? *(+ pluriel)* [âr Zèr…?]
▸ il y a un problème there's a problem [Zèrz e probleum]
▸ il y a des toilettes ici ? are there any toilets nearby? [âr Zèr èni toïleuss nirbaï?]
▸ qu'est-ce qu'il y a ? what is it? [ouate iz itt?]
▸ je suis venu ici il y a trois ans I came here three years ago [aï kèïm Hir THri yeurz eugow]

immatriculation *(numéro)* **registration (number)** [rèdjistrèïcheun (neumbeu)] ▸ j'ai relevé le numéro d'immatriculation I got the registration number [aï gott Ze rèdjistrèïcheun neumbeu]

immeuble **building** [bildinng] ▸ tu habites dans cet immeuble ? do you live in this building? [dou you liv inn Ziss bildinng?]

imperméable **raincoat** [rèïnkowt]

important **important** [impôrteunt] ▸ c'est super important it's really important [itts rili impôrteunt]

impossible **impossible** [impossibeul] ▸ c'est impossible it's impossible [itts impossibeul]

imprimer *(INFORM)* **to print** [tou prinnt] ▸ est-ce qu'on peut imprimer ? can I print something? [kèn aï prinnt somTHinng?]

incendie **fire** [faïyeu] ▸ je crois qu'il y a un incendie dans la cour I think there's a fire in the courtyard [aï THinnk Zers e faïyeu inn Ze kôrtiârd]

inclus **included** [inncloudid] ▸ est-ce que le petit déjeuner est inclus ? is breakfast included? [iz brèkfeust inncloudid?]

incroyable **incredible** [innkrèdibeul] ▸ c'est incroyable ! it's incredible! [itts innkrèdibeul]

Inde **India** [inndieu]

indicatif *(téléphonique)* **dialling code** [daïyeulinng kowd] ▸ quel est l'indicatif pour la France ? what's the dialling code for France? [ouatss Ze daïyeulinng kowd fôr franss?]

indien **Indian** [inndieun] ▸ j'ai envie de goûter la cuisine indienne I'd like to try some Indian food [aïde laïke tou traï som inndieun foud]

▸ vous connaissez un bon resto indien ? do you know a good Indian restaurant? [dou you now e goudd **inn**dieun **rè**ssteureunt?]

indiquer to indicate [tou **inn**dikèït] ▸ pourriez-vous m'indiquer la direction de l'autoroute ? can you point me in the direction of the motorway? [kèn you poïnnt mi inn Ze di**rèk**cheun ov Ze **mow**teuouèï?]

infecté infected [inn**fèk**tid]

infection infection [inn**fèk**cheun] ▸ j'ai une infection urinaire I have a urinary infection [aï Hav e **iou**eurineri inn**fèk**cheun]

infirmière nurse [neurss]

informations *(renseignements)* information [innfor**meï**cheun] ; (RADIO) & (TV) news [ni**ouz**] ▸ où est-ce que je peux trouver des informations sur... ? where can I find information on...? [ouère kèn aï faïnde innfor**meï**cheun onn...?] ▸ je n'ai pas eu le temps d'écouter les informations I didn't have the time to listen to the news [aï dideunt Hav taïm tou **li**sseun to ze ni**ouz**]

informatique computing [keumpi**ou**tinng]

infusion herbal tea [**Heur**bôl ti]

ingénieur engineer [ènndjinir]

inquiéter to worry [tou **wo**ri] ▸ son état m'inquiète I'm worried about his condition [aïme **wo**rid eubaott Hiz keun**di**cheun]

inscrire (s') to sign up [tou saïn eup] ▸ est-ce qu'il faut s'inscrire ? do we have to sign up? [dou oui Hav tou saïn eup?]

insecte insect [**inn**sèkt]

insecticide insecticide [inn**sèk**tisaïd]

installer *(monter)* to install [tou inn**stôl**] ▸ pouvons-nous installer notre tente ici ? can we pitch our tent here? [kèn oui pitch aweu tènnt Hir?]

instrument de musique musical instrument [**miou**zikeul **inn**streumeunt] ▸ est-ce que tu joues d'un instrument de musique ? do you play a musical instrument? [dou you plèï e **miou**zikeul **inn**streumeunt?]

insuline insulin [**inn**sioulin]

intention intention [inn**tènn**cheun] ▸ j'avais l'intention de... I've been meaning to... [aïv binn mininng tou...]

interdit forbidden [feu**bi**deun] ▸ est-il interdit de se baigner ici ? is swimming forbidden here? [iz **soui**minng feu**bi**deun Hir?]

intéressant interesting [**inn**treustinng] ▸ qu'y a-t-il d'intéressant à voir dans cette ville ? what's worth seeing in this town? [ouatss weurTH **si**inng inn Ziss taonn?]

intérieur inside [innsaïd] ▸ on se retrouve à l'intérieur ? shall we meet inside? [cheul oui mit innsaïd?]

international international [innteunâcheuneul]

Internet internet [innteunèt] ▸ j'ai besoin d'utiliser Internet I need to go on line [aï nid tou gow onnlaïnn]

interrupteur switch [souitch] ▸ l'interrupteur ne marche pas the switch doesn't work [Ze souitch dozeunt weurk]

intestin intestine [inntèstinn]

intestinal intestinal [inntèstinôl] ▸ j'ai eu un dérangement intestinal I had a stomach upset [aï Had e stomeuk eupsèt]

intoxication alimentaire food poisoning [foud poïzninng]

inutile useless [iousleus]

inviter to invite [tou innvaït] ▸ j'aimerais beaucoup vous inviter à dîner I'd really like to invite you to dinner [aïde rili laïke tou innvaït you tou dineu] ▸ c'est moi qui vous invite this is my treat [Ziss iz maï trit] ▸ je vous inviterai la prochaine fois next time it'll be my treat [nèxt taïm iteul bi maï trit]

irlandais Irish [aïrich]

Irlandais Irish [aïrich] ▸ les Irlandais the Irish [Zi aïrich]

Irlande Ireland [ayeuleund]

Italie Italy [iteuli]

italien *adj* Italian [italieun] ■ *m (langue)* Italian [italieun]

Italien Italian [italieun] ▸ les Italiens the Italians [Zi italieuns]

itinéraire route [rout] ▸ est-il possible de modifier l'itinéraire prévu dans ce circuit ? is it possible to modify the itinerary planned for this tour? [iz itt possibeul tou modifaï Zi aïtineureuri plannd fôr Ziss tôr?]

J

jacuzzi® jacuzzi® [djeukouzi]

jamais never [nèveu] ▸ je n'en ai jamais fait I've never done it before [aïv nèveu donn itt bifôr]

jambe leg [lèg] ▸ j'ai mal à la jambe I have a pain in my leg [aï Hav e pèïnn inn maï lèg]

jambon ham [Ham] ▸ jambon blanc boiled ham [boïld Ham] ▸ jambon cru raw ham [rôw Ham]

janvier January [djanioueri]

Japon Japan [djepân]

japonais *adj* Japanese [djâpeuniz] ■ *m (langue)* Japanese [djâpeuniz]

Japonais Japanese person [djâpeuniz peursseun] ▸ les Japonais the Japanese [Ze djâpeuniz]

jardin garden [gârdeun] ▸ jardin botanique botanical gardens [betânikeul gârdeuns]

jaune *adj* yellow [yèlow] ■ *m (d'œuf)* egg yolk [ègue yowk] ▸ avec le jaune d'œuf bien cuit not too runny [nott tou reuni]

je I [aï] ▸ je m'appelle... my name is... [maï nèïm iz...]

jean jeans [djinz]

jetable disposable [dispowzeubôl] ▸ je voudrais un rasoir jetable I'd like a disposable razor [aïde like e dispowzeubôl rèïzeu]
▸ je cherche un appareil photo jetable I'm looking for a disposable camera [aïme lookinng fôr e dispowzeubôl kameureu]

jeter *(mettre à la poubelle)* to throw away [tou THrow euwèï] ▸ où puis-je jeter ces papiers ? where can I throw this litter away? [ouèr kèn aï THrow Ziss liteu euwèï?]
▸ je jette juste un coup d'œil I'm just having a look [aïme djeust Havinng e louk]

jeu game [guèïm] ; *(assortiment)* set [sètt] ▸ les jeux Olympiques the Olympic Games [Zi owlimpik guèïms]
▸ jeu de société / parlour game [pârleu guèïm] / *(avec plateau)* board game [bôrd guèïm]
▸ jeu vidéo video game [vidiow guèïm]
▸ jeu de cartes card game [kârd guèïm]
▸ est-ce qu'il y a une salle de jeu pour les enfants ici ? is there a children's playroom here? [iz Zèr e tchildreunss plèïroum Hir?]

jeudi Thursday [THeurzdèï]

jeune young [yeunng]

jeunes young people [yeunng pipôl] ▸ est-ce qu'il y a des réductions pour les jeunes ? are there any discounts for young people? [âr Zèr èni diskaonnts fôr yeunng pipôl?]

jogging *(SPORT)* jogging [djoginng] ; *(vêtement)* tracksuit [traksout]
joindre (se) ▸ voulez-vous vous joindre à nous ? would you like to join us? [woudd you laïke tou djoïn euss?]
joli *(beau)* pretty [priti] ▸ quelle jolie chambre ! what a lovely room! [ouate e lovli roum!]
▸ un joli garçon a good-looking guy [e goudd loukinng gaï]
joue cheek [tchik]
jouer *(SPORT)* & *(MUS)* *(jeu)* to play [tou plèï] ▸ tu joues super bien au tennis you play tennis really well [you plèï tèniss rili ouèl]
▸ je joue du violoncelle I play the cello [aï plèï Ze tchèlow]
jouet toy [toï]
jour day [dèï] ▸ jour de l'An New Year's Day [niou yeurz dèï]
▸ jour férié public holiday [peublik Holidèï]
▸ jour ouvrable working day [weurkinng dèï]
▸ à un de ces jours see you around [si you euraonnd]
▸ c'est combien par jour ? how much is it a day? [Hao meutch iz itt e dèï?]
▸ quel est le plat du jour ? what's today's special? [ouatss toudèïz spècheul?]
▸ tous les jours everyday [èvri dèï]
journal newspaper [niouzpèïpeu] ▸ avez-vous des journaux en français ? do you have any French newspapers? [dou you Hav èni frènnch niouzpèïpeuz?]
journée day [dèï] ▸ quelle belle journée ! what a lovely day! [ouate e lovli dèï!]
▸ je voudrais faire l'aller-retour dans la journée I'd like to do a round trip in a day [aïde laïke tou dou e raonnd trip inn e dèï]
judo judo [djoudow]
juif Jewish [djouich]
juillet July [djoulaï]
juin June [djoun]
jumeau twin [touinn] ▸ j'ai un frère jumeau I've got a twin brother [aïv gott e touinn broZeu]
▸ ce sont des jumelles they're twins [Zè âr touinns]
jumelles *(longue-vue)* binoculars [binokiouleuz]
jupe skirt [skeurt] ▸ où puis-je faire nettoyer cette jupe ? where can I have this skirt cleaned? [ouèr kèn aï Hav Ziss skeurt klinnd?]
jus juice [djouss] ▸ jus d'orange orange juice [orinndj djouss]
jusqu'à until [euntil] ▸ je reste jusqu'à... I'm staying until... [aïme stèïinng euntil...]

juste *(équitable)* **fair** [fèr] ; *(vrai, correct)* **right** [raït], **correct** [keurèkt] ; *(vêtement)* **tight** [taït], **just** [djeust] ▸ c'est tout à fait juste that's quite right [Zatts kouaït raït]
▸ c'est trop juste, auriez-vous la taille au-dessus ? it's too tight, do you have the next size up? [itts tou taït, dou you Hav ze nèxt saïz eup?]

K

kaki **khaki** [kâki]
karaoké **karaoke** [kâriowki]
karaté **karate** [keurâti]
kasher **kosher** [kowcheu]
kayak **kayak** [kayak] ▸ faire du kayak to go canoeing [tou gow keunouinng]
kilo **kilo** [kilow] ▸ je fais ... kilos I weigh ... kilos [aï ouèï ... kilowz]
▸ vous m'en mettrez un kilo I'll have a kilo, please [aïl Hav e kilow, pliz]
kilométrage *(distance)* **mileage** [maïlidj] ▸ le kilométrage est-il illimité ? is there unlimited mileage? [iz Zèr eunlimitid maïlidj?]
kilomètre **kilometre** [kilomiteu] ▸ y a-t-il un tarif au kilomètre ? is there a rate per kilometre? [iz Zèr e rèït peu kilomiteu?]
kiné **physiotherapist** [fiziowTHèreupist]
kiosque à journaux **newspaper stand** [niouzpèïpeu stannd]
kitesurf **kite-surfing** [kaït seurfinng]
kiwi **kiwi fruit** [kiwi froutt]
Kleenex® **tissue** [tichou]
K-way® **cagoule** [kegoul]

L

là *(lieu)* **there** [Zèr] ▸ je suis là depuis ... jours I've been here ... days [aïv binn Hir ... dèïz]
là-bas **there** [Zèr] ▸ il est là-bas he's over there [Hiz owveu Zèr]
lac **lake** [lèïk] ▸ peut-on se baigner dans le lac ? can you go swimming in the lake? [kèn you gow souiminng inn Ze lèïk?]

lacets laces [lèïsiz]

là-haut up there [eup Zèr] ▶ on se retrouve là-haut ? shall we meet up there? [cheul oui mit eup Zèr?]

laine wool [woul]

laisser to leave [tou liv] ▶ est-ce que je peux laisser la clé sur la porte ? can I leave the key in the door? [kèn aï liv Ze ki inn Ze dôr?]

lait milk [milk] ▶ lait demi-écrémé semi-skimmed milk [sèmi skimd milk]
▶ lait écrémé skimmed milk [skimd milk]
▶ lait entier full cream milk [foul krim milk]
▶ lait de soja soya milk [soïyeu milk]

laitue lettuce [lètis]

lampe lamp [lammp] ▶ lampe de poche torch [tôrtch]
▶ la lampe de chevet ne fonctionne pas the bedside lamp doesn't work [Ze bèdsaïd lammp dozeunt weurk]

langer to change [tou tchèïnndj] ▶ y a-t-il une table à langer ? is there a changing table? [iz Zèr e tchèïnndjinng tèïbeul?]

langouste lobster [lobsteu]

langue (ANAT) tongue [teunng] ; *(langage)* language [lângouidj] ▶ je me suis mordu la langue I've bitten my tongue [aïv bitteun maï teunng]
▶ tu parles combien de langues ? how many languages do you speak? [Hao mèni lângouidjiziz dou you spik?]
▶ je l'ai sur le bout de la langue it's on the tip of my tongue [itts onn Ze tip ov maï teunng]

lapin rabbit [rabit]

large *(vêtement)* big [big] ▶ cette robe est trop large pour moi this dress is too big for me [Ziss drèss iz tou big fôr mi]

lavable washable [wocheubôl] ▶ est-ce lavable en machine ? is it machine-washable? [iz itt meuchinn wocheubôl?]

lavabo washbasin [wochbèïzinn] ▶ le lavabo est bouché the washbasin's blocked [Ze wochbèïzinns blokt]

lave-linge washing machine [wôchinng meuchinn]

laver to wash [tou wôch] ▶ où puis-je laver mes vêtements ? where can I wash my clothes? [ouèr kén aï wôch maï klowz?]

laverie laundrette [lônndritt]

laver (se) to have a wash [tou Hav e wôch] ▶ où puis-je me laver les mains ? where can I wash my hands? [ouèr kén aï wôch maï Hènndz?]
▶ se laver les dents to brush one's teeth [tou breuch ouannss tiTH]

lave-vaisselle dishwasher [dichwôcheu]

laxatif laxative [lâkseutiv]

lecteur MP3 MP3 player [èm piTHri plèyeu]

léger light [laït] ▸ mes bagages ne sont pas très légers my luggage isn't very light [maï leuguidj izeunt veri laït]
▸ faut-il prévoir des vêtements légers ? will we need light clothes? [ouil oui nid laït klowz?]

légume vegetable [vèdjteubôl] ▸ légumes secs pulses [peulssiz]
▸ légumes verts green vegetables [grin vèdjteubôlz]
▸ c'est servi avec des légumes ? does it come with vegetables? [doz itt kom ouiZ vèdjteubôlz?]

lendemain day after [dèï afteu] ▸ le lendemain de notre arrivée, il a plu the day after we arrived it started raining [Ze dèï afteu oui euraïvd itt stârtid rèïninng]

lentement slowly [slowli] ▸ pourriez-vous parler plus lentement, s'il vous plaît ? could you speak more slowly, please? [coudd you spik môr slowli, pliz?]

lentille *(légume)* lentil [lènntil] ; *(de contact)* (contact) lens [(konntakt) lènns]
▸ j'ai perdu une lentille I've lost a contact lens [aïv lost e konntakt lènns]
▸ je voudrais une solution de rinçage pour lentilles I'd like some rinsing solution for lenses [aïde laïke som rinnssinng soloucheun for lènnssiz]

lessive *(lavage)* washing [wôchinng] ; *(poudre)* washing powder [wôchinng paodeu] ; *(liquide)* washing liquid [wôchinng likouid] ▸ il faut que je fasse une lessive I've got to wash some clothes [aïv gott tou wôch som klowz]

lettre letter [lèteu] ▸ une lettre recommandée a registered letter [e rèdjisteurd lèteu]
▸ je voudrais envoyer cette lettre en France I would like to send this letter to France [aï woudd laïke tou sènd Ziss lèteu tou franss]

lever (se) *(personne)* to get up [tou guètt eup] ; *(soleil)* to rise [tou raïz] ▸ à quelle heure vous levez-vous ? what time do you get up? [ouate taïm dou you guètt eup?]
▸ je me suis levé très tôt I got up very early [aï gott eup vèri eurli]

lèvres lips [lipss] ▸ rouge à lèvres lipstick [lipstik]
▸ stick à lèvres chapstick [tchapstik]
▸ j'ai les lèvres gercées my lips are chapped [maï lipss âr tchapt]

liberté freedom [frideum]

librairie bookshop [boukchop] ▸ y a-t-il une librairie internationale ? is there an international bookshop? [iz Zèr eun innteunâcheuneul boukchop?]

libre **free** [fri] ▸ avez-vous des chambres libres ? do you have any vacancies? [dou you Hav èni vèïkeunssiz?]

lieu **place** [plèïs] ▸ au lieu de… instead of… [innstèd ov...]

ligne *(TRANSP)* **line** [laïnn] ; *(téléphone)* **line** [laïnn] ▸ quelle ligne dois-je prendre pour aller à… ? which line do I take to get to…? [ouitch laïnn dou aï tèïk tou guètt tou...?]
▸ je t'entends mal, la ligne est mauvaise I can't hear you, it's a bad line [aï kante Hir you, itts e bad laïnn]

limonade **lemonade** [lèmeunèïd]

linge **washing** [wôchinng] ▸ y a-t-il un endroit pour faire sécher le linge ? is there somewhere to dry washing? [iz Zèr somouèr tou draï wôchinng?]

lingettes **towelettes** [tao-eulètts] ▸ où peut-on trouver des lingettes rafraîchissantes ? where can I get some towelettes? [ouèr kèn aï guètt som tao-eulètts?]

liqueur **liqueur** [likioueu]

liquide *(substance)* **liquid** [likouid] ; *(argent)* **cash** [kach] ▸ je vais payer en liquide I'll pay cash [aïl pèï kach]
▸ j'ai vérifié le liquide de frein I've checked the brake fluid [aïv tchèkt Ze brèïk flouid]

liquide vaisselle **washing-up liquid** [wôchinng eup likouid]

lire **to read** [tou rid] ▸ qu'est-ce que tu lis ? what are you reading? [ouate âre you ridinng]

lit **bed** [bèd] ▸ lit de camp camp bed [kammp bèd]
▸ lit double double bed [dabeul bèd]
▸ lits jumeaux twin beds [touinn bèdz]
▸ lits superposés bunk beds [beunk bèdz]
▸ y a-t-il un grand lit dans la chambre ? does the room have a double bed? [doz Ze roum Hav e dabeul bèd?]
▸ nous préférerions deux lits simples we'd prefer two single beds [ouid prifeu tou sinngueul bèdz]
▸ avez-vous un lit pour enfant ? do you have a children's bed? [dou you Hav e tchildreuns bèd?]
▸ est-il possible de mettre un lit supplémentaire ? is it possible to add an extra bed? [iz itt possibeul tou ad eun èxtreu bèd?]

litchi **lichee** [laïtchi]

litre **litre** [liteu] ▸ un litre de lait a litre of milk [e liteu ov milk]

[1] **livre** *f (demi-kilo, monnaie)* **pound** [paonnd] ▸ livre (sterling) pound (sterling) [paonnd (steurlinng)]

²**livre** *m* book [bouk]

location renting [rènntinng] ▶ quel est le prix de la location à la semaine ? how much is the rent per week? [Hao meutch iz Ze rènnt peu ouik?]

loin far away [fâr euwèï] ; *(dans le temps)* far off [fâr off] ▶ est-ce que c'est loin à pied ? is it far to walk? [iz itt fâr tou wôk?]

Londres London [leunden] ▶ à Londres in London [inn leunden]
▶ tu es de Londres ? are you from London? [âr you from leunden?]

long long [lonng] ▶ ce pantalon est trop long these trousers are too long [Ziz traozeuz âr tou lonng]
▶ ça fait 10 mètres de long it's 10 metres long [itss tènn miteuz lonng]
▶ le long de la rivière along the river [eulonng Ze riveu]

longtemps (for) a long time [(fôr) e lonng taïm] ▶ ça fait longtemps qu'on ne s'est pas vu ! we haven't seen each other for ages! [oui Haveunt sinn itch oZeu fôr èïdjiz!]
▶ tu ne m'as pas attendu trop longtemps ? I hope you haven't been waiting too long [aï Howp you Haveunt bin ouèïtinng fôr tou lonng]

Los Angeles Los Angeles [lossândjiliz]

louer to rent [tou rènnt] ▶ est-il possible de louer un appartement pour quelques jours ? can we rent a flat for a few days? [kèn oui rènnt e flatt fôr e fiou dèïz?]
▶ ça revient à combien de louer à la semaine ? how much is it to rent on a weekly basis? [Hao meutch iz itt tou rènnt onn e ouikli bèïssiss?]
▶ où peut-on louer ... ? where can we rent...? [ouèr kèn oui rènnt...?]
▶ je voudrais louer.... I'd like to rent... [aïde laïke tou rènnt...]

lourd *(objet)* heavy [Hèvi] ; *(temps)* close [klowss] ▶ pouvez-vous m'aider, ma valise est très lourde can you help me, my case is too heavy [kèn you Hèlp mi, maï kèïs iz tou Hèvi]
▶ il fait lourd it's close [itss klowss]

loyer rent [rènnt] ▶ mon loyer est très élevé I pay a lot of rent [aï pèï e lott ov rènnt]

lui him [Him] ▶ c'est lui qui me l'a dit he told me [Hi towld mi]

lumière light [laït] ▶ où allume-t-on la lumière ? where's the light switch? [ouèrs Ze laït souitch?]
▶ la lumière ne fonctionne pas the light doesn't work [Ze laït dozeunt weurk]

lundi Monday [monndèï]

lune moon [moun] ▶ c'est la pleine lune there's a full moon [Zèrs e foul moun]
▶ on est en lune de miel we're on our honeymoon [ouir onn aweu Honimoun]

lunettes glasses [glâssiz] ▶ lunettes de soleil sunglasses [seunglâssiz]

Luxembourg Luxembourg [**leuk**seumbeurg] ▸ au Luxembourg in Luxembourg [inn **leuk**seumbeurg] ▸ je viens du Luxembourg I come from Luxembourg [aï kom from **leuk**seumbeurg]

luxembourgeois from Luxembourg [from **leuk**seumbeurg] ▸ je suis luxembourgeois I'm from Luxembourg [aïme from **leuk**seumbeurg]

Luxembourgeois person from Luxembourg [**peur**sseun from **leuk**seumbeurg] ▸ les Luxembourgeois the people of Luxembourg [Ze **pi**pôl ov **leuk**seumbeurg]

lycée high school [Haï skoul]

BON PLAN

serrer la main

N'abusez pas du serrage de main à la française. Serrer la main de quelqu'un (to shake hands with someone) ne se fait généralement pas, sauf pour une première rencontre.

M

machine *(à laver)* machine [meuchinn] ▸ il faut absolument que je fasse une machine I really must do some washing [aï **ri**li meust dou som **wô**chinng]

mâchoire jaw [djô]

madame *(devant un nom)* Mrs [missiz] ▸ bonjour, madame ! hello! [Hè**low**]

mademoiselle *(devant un nom)* Miss [miss] ▸ bonsoir, mademoiselle ! good evening! [goudd **iv**ninng!]

magasin shop [chop] ▸ je cherche un magasin de... I'm looking for a shop that sells... [aïme loukinng fôr ae chop Zat sèlz...]

magazine magazine [mâguezin]

magnifique magnificent [mag-**ni**fisseunt] ▸ il a fait un temps magnifique the weather was wonderful [Ze **wè**Zeu woz **wonn**deufoul]

mai May [mèï]

maigre thin [THinn] ; *(viande)* lean [linn] ; *(yaourt)* low-fat [low-fatt] ▸ il est un peu maigre he's a bit thin [Hiz e bit THinn]

maillot de bain *(pour homme)* swimming trunks [souiminng treunks] ; *(pour femme)* swimsuit [souimsout]

main hand [Hènnd] ▸ où puis-je me laver les mains ? where can I wash my hands? [ouèr kèn aï wôch maï Hènndz?] ▸ est-ce que c'est fait à la main ? is this handmade? [iz Ziss **Hènn**dmèïd?]

maintenant **now** [nao] ▸ vous faites quelque chose maintenant ? are you doing anything now? [âr you douinng èniTHinng nao?]

mairie *(bâtiment)* **town hall** [taonn Hôl]

mais **but** [beutt]

maïs **sweetcorn** [souit kôrn]

maison **house** [Haoss], **home** [Howm] ▸ je cherche une maison au bord de la mer I'm looking for a house on the sea [aïme loukinng fôr e Haoss on Ze si]
▸ c'est fait maison ? is it homemade? [iz itt Howmmèïd?]

mal *adv* **not well** [nott ouèl] ■ *m* **pain** [pèïnn] ▸ j'ai mal dormi I didn't sleep very well [aï dideunt slip veri ouèl]
▸ j'ai mal à... I've got a pain in... [aïv gott e pèïnn inn...]
▸ j'ai mal à la tête I have a headache [aï Hav e Hèdèïk]
▸ il a mal aux oreilles he has earache [Hi Haz irrèïk]
▸ j'ai mal là I have a pain here [aï Hav e pèïnn Hir]
▸ je me suis fait mal I hurt myself [aï Heurt maïssèlf]
▸ j'ai parfois le mal de mer I sometimes get seasick [aï somtaïmz guètt sisik]
▸ auriez-vous quelque chose contre les maux de tête ? do you have something for headaches? [dou you Hav somTHinng fôr Hèdèïks?]

malade **ill** [il], **sick** [sik] ; *(sur un bateau, en avion)* **sick** [sik] ▸ mon fils est malade my son is ill [maï sonn iz il]

malentendu **misunderstanding** [misseundeustândinng] ▸ c'est rien, c'est juste un malentendu it's OK, it was just a misunderstanding [itts owkèï, itt woz djeust e misseundeustândinng]

malheureusement **unfortunately** [eunfôtcheuneutli] ▸ malheureusement, je dois partir demain unfortunately I have to leave tomorrow [eunfôtcheuneutli aï Hav tou liv toumorow]

mandarine **tangerine** [tândjerin]

manger **to eat** [tou itt] ▸ où pouvons-nous manger ? where can we get something to eat? [ouère kèn oui guètt somTHinng tou itt?]

mangue **mango** [mângow]

manifestation *(défilé)* **demonstration** [dèmeunstrèïcheun] ; *(culturelle)* **event** [ivènnt] ▸ quelles sont les manifestations intéressantes en ce moment ? what interesting events are there on at the moment? [ouate inntreustinng ivènntss âr Zèr onn att Ze mowmeunt?]

manquer **to miss** [tou miss] ▸ il me manque deux livres I'm two pounds short [aïme tou paonndz chôrtt]
▸ il me manque une valise one of my suitcases is missing [ouane ov maï soutkèïssiz iz missinng]
▸ tu m'as manqué I missed you [aï mist you]

manteau coat [kowt]

manucure manicure [mânikioueu]

maquereau mackerel [makreul]

marchander to haggle [tou haggeul] ▸ est-ce qu'on peut marchander dans les brocantes ici ? can you haggle in the second-hand shops here? [kèn you haggeul in Ze sèkeund-Hannd chops Hir?]

marche *(action de marcher)* walk [wôk] ; *(d'escalier)* step [stèpp] ▸ j'adore la marche à pied I love walking [aï lov wôkinng]
▸ j'ai glissé sur une marche I slipped on a step [aï slipt onn e stèpp]

marché market [mârkitt] ▸ où est le marché aux puces ? where's the flea market? [ouèrz Ze fli mârkitt?]

marcher *(aller à pied)* to walk [tou wôk] ; *(fonctionner)* to work [tou weurk]
▸ j'aime bien marcher I like walking [aï laïke wôkinng]
▸ ça ne marche pas it doesn't work [it dozeunt weurk]

mardi Tuesday [tiouzdèï]

marée tide [taïd] ▸ marée basse low tide [low taïd]
▸ marée haute high tide [Haï taïd]

mari husband [Heuzbeund] ▸ je suis avec mon mari I'm with my husband [aïme ouiZ maï Heuzbeund]

mariage *(institution)* marriage [marridj] ; *(cérémonie)* wedding [ouèdinng]
▸ c'est un mariage ? is it a wedding? [iz it e ouèdinng?]

marié *adj* married [maridd] ■ *nom* *(homme)* bridegroom [braïdgroum] ; *(femme)* bride [braïd] ▸ es-tu marié(e) ? are you married? [âr you maridd?]
▸ vive les mariés ! bless the bride and groom! [blèss Ze braïd ènde groum!]

mariée bride [braïd]

marron brown [braonn]

mars March [mâtch]

martial martial [mâcheul] ▸ art martial martial art [mâcheul ârtt]

masque mask [mâsk] ▸ je voudrais acheter un masque et un tuba I'd like to buy a mask and snorkel [aïde laïke tou baï e mâsk ènde e snôrkeul]

massage massage [mâsâdj] ▸ je voudrais un massage relaxant I'd like a massage [aïde laïke e mâsâdj]

match match [match] ▸ on va à un match de foot ? shall we go to a football match? [cheul oui gow tou e foutbôl match?]

INFO
médecin

Si l'on vient de l'Union européenne, la consultation est gratuite chez le general practitioner («médecin généraliste») du quartier. Certains cabinets de médecins publics (NHS ou National Health Service) fonctionnent en open-surgery ou walk-in surgery : on y attend patiemment son tour sans rendez-vous. Avant de partir, pensez à demander la nouvelle carte européenne d'assurance maladie qui remplace le formulaire E111.

matelas mattress [matreuss]
▸ matelas pneumatique inflatable mattress [innflèïteubeul matreuss]
▸ mon matelas me fait mal au dos my mattress is giving me backache [maï matreuss iz givinng mi bakèïk]

matériel equipment [èkouipmeunt] ▸ fournissez-vous le matériel ? do you provide the equipment? [dou you provaïd Zi èkouipmeunt?]
▸ louez-vous du matériel de plongée ? do you hire out diving equipment? [dou you Hayeur aott daïvinng èkouipmeunt?]

matière material [meutiriôl] ▸ c'est en quelle matière ? what is it made out of? [ouate iz itt mèïd aott ov?]

matin morning [môrninng] ▸ ce matin this morning [Ziss môrning]
▸ le matin in the morning [inn Ze môrning]
▸ le musée est ouvert le matin the museum is open in the morning [Ze miouzieum iz owpeun inn Ze môrninng]

mauvais bad [badd] ▸ le lit est très mauvais the bed is no good at all [Ze bèd iz now goud et ôl]
▸ il fait mauvais aujourd'hui the weather's bad today [Ze ouèZeuz badd toudèï]

maximum (au) maximum [mâksimeum]

mayonnaise mayonnaise [mèïeunèïz]

mec guy [gaï] ▸ c'est vraiment un beau mec he's a really good-looking guy [Hiz e rili goudd-loukinng gaï]

médecin doctor [dokteu] ▸ appelez un médecin ! call a doctor! [kôl e dokteu!]
▸ je dois voir un médecin I have to see a doctor [aï Hav tou si e dokteu]
▸ pouvez-vous me donner le numéro de votre médecin ? can you give me your doctor's phone number? [kèn you giv mi yôr dokteuz fown neumbeu?]

médecine *(études)* medicine [mèdsinn]

médicament medicine [mèdsinn] ▸ auriez-vous un médicament contre... ? do you have something for... [dou you Hav somTHinng fôr...?]
▸ j'ai oublié mes médicaments I've forgotten my medication [aïv feugotten maï médikèïcheun]

▸ je ne prends pas d'autres médicaments en ce moment I'm not taking any other medication at the moment [aïme nott tèïkinng èni oZeu médikèïcheun att Ze momeunt]

méduse **jellyfish** [djèlifich] ▸ est-ce qu'il y a des méduses sur cette plage ? are there jellyfish on this beach? [âr Zèr djèlifich onn Ziss bitch?]

meilleur *(comparatif)* **better** [bèteu] ; *(superlatif)* **best** [bèst] ▸ c'est le meilleur aux échecs he's the best one at chess [Hiz Ze bèst ouane att tchèss]

▸ il n'y a rien de meilleur qu'une bonne tasse de thé you can't beat a nice cup of tea *(fam)* [you kante bitt e naïss keup ov ti]

melon **melon** [mèleun]

membre *(bras, jambe)* **limb** [limm] ; *(d'un club)* **member** [mèmbeu] ▸ doit-on être membre pour entrer ? do you have to be a member to get in? [dou you Hav tou bi e mèmbeu tou guètt inn?]

▸ j'ai une carte de membre I have a member's card [aï Hav e mèmbeuz kârd]

même *(identique)* **same** [sèïm] ▸ la même chose pour moi I'll have the same [aïl Hav Ze sèïm]

même si **even if** [iveun if] ▸ même s'il ne fait pas beau even if the weather's bad [iveun if Ze ouèZeuss bad]

ménage *(rangement)* **housework** [Haossweurk] ▸ est-ce qu'il y a un service de ménage ? is there a cleaning service? [iz Zèr e klininng seurviss?]

▸ faut-il faire le ménage avant de partir ? do we have to tidy up before leaving? [dou oui Hav tou taïdi eup bifôr livinng?]

mener **to lead** [tou lidd] ▸ cette route mène bien à Piccadilly Circus ? does this road lead to Piccadilly Circus? [doz Ziss rowd lidd tou pikeudili seurkeuss?]

menthe **mint** [minnt]

menton **chin** [tchinn]

menu **menu** [mèniou] ▸ avez-vous un menu en français ? do you have a French menu? [dou you Hav e frènnch mèniou?]

▸ vous avez un menu enfant ? do you have a children's menu? [dou you Hav e tchildreunss mèniou?]

INFO
menu

À midi, les pubs servent un pub-grub *(« boustifaille ») à prix raisonnable :* soup of the day, jacket potatoes *(« pommes de terre garnies ») ou encore* ploughman's lunch *(« fromages, pain frais, chutney et salade »). Les restaurants sont assez chers mais ont souvent un menu* veggie *(« végétarien ») intéressant. N'oubliez pas les menus des B&B et des restos indiens, assez bon marché.*

ZOOM
merci

Thanks, contraction de thank you, s'emploie plutôt après avoir sympathisé autour d'une bonne pinte de bière. Thank you for... doit être suivi d'un verbe en -ing comme dans thank you for coming (« merci d'être venu »). Votre hôte enfoncera le clou avec I would like to thank you for coming s'il est vraiment fou de joie de vous voir !

▶ nous prendrons le menu, s'il vous plaît we'll have the set menu, please [ouil Hav Ze sètt mèniou, pliz]

mer **sea** [si] ▶ la mer d'Irlande the Irish Sea [Zi aïrich si]
▶ la mer du Nord the North Sea [Ze nôrTH si]
▶ la mer est à combien de temps à pied ? how long does it take to walk to the sea? [Hao lonng doz itt tèïk tou wôk tou Ze si?]
▶ la mer est bonne ? what's the water like? [ouats Ze wôteu laïke?]
▶ la mer est un peu froide the sea's a bit cold [Ze siz e bit kôld]
▶ la mer est agitée the sea is rough [Ze si iz roff]

merci ! **thank you !** [THènnkiou!] ▶ merci beaucoup ! thank you very much! [THènnkiou vèri meutch!]
▶ merci pour tout (ce que vous avez fait) thanks for everything (you've done) [THènnkss for èvriTHinng (youv donn)]

mercredi **Wednesday** [ouènnzdèï]

mère **mother** [moZeu]

merveilleux **wonderful** [weundeufoul] ▶ c'est un pays merveilleux it's a wonderful country [its e weundeufoul keunntri]

message **message** [mèssidj] ▶ vous pouvez lui transmettre un message ? can you give him a message? [kèn you giv Him e mèssidj?]

remerciements **INFO**

▶ je vous remercie thank you [THènnkiou]
▶ merci, c'est très gentil à vous thanks, that's very kind of you [THènnkss, Zatss vèri kaïnnd ov you]
▶ je ne sais comment vous remercier I can't thank you enough [aï kante THènnk you inoff]
▶ je vous remercie pour votre aide thank you for your help [THènnkiou fôr yôr Hèlp]
▶ je voulais vous remercier de m'avoir invité I wanted to thank you for inviting me [aï wanntid tou THènnk you fôr innvaïtinng mi]

▸ tu as eu mon message ? *(vocal, e-mail)* did you get my message? [did you guètt maï mèssidj?]

météo *f* **weather** [ouèZeu] ▸ quelles sont les prévisions météo pour demain ? what's the weather forecast for tomorrow? [ouatss Ze ouèZeu fôrkâst fôr toumorôw?]

INFO
météo

Pour éviter dans un premier temps les sujets sensibles (politique, religion, etc.), la météo (weather) est le sujet consensuel par excellence en Grande-Bretagne. Idéal pour une conversation à l'arrêt de bus !

métier **job** [djob] ▸ tu fais quoi comme métier ? what's your job? [ouats yôr djob?]

mètre **metre** [miteu] ▸ je fais 1,75 m I'm 1.75 m tall [aïme ouane miteu sèveunti faïv tôl]

métro *(réseau)* **underground** [eundeugraonnd] ; *(train)* **train** [trèïnn] ▸ où est le métro le plus proche ? where's the nearest tube station? [ouèr Ze nirst tioub stèïcheun?]

▸ est-ce que je peux avoir un plan du métro ? can I have a map of the underground? [kèn aï Hav e mapp ov Zi eundeugraonnd?]

▸ à quelle heure est le dernier métro ? what time does the last tube leave? [ouate taïm doz Ze lâst tioub liv?]

mettre *(placer, poser)* **to put** [tou pout] ; *(vêtement)* **to put on** [tou pout onn] ; *(temps)* **to take** [tou tèïk] ▸ je peux mettre mes bagages quelque part ? is there somewhere I can put my bags? [iz Zèr somouèr aï kèn pout maï bagz?]

▸ je n'ai vraiment rien à me mettre I've got nothing to wear [aïv gott noTHinng tou ouèr]

▸ combien de temps met-on pour aller à... ? how long does it take to go to...? [Hao lonng doz itt tèïk tou gow tou... ?]

micro-ondes **microwave** [maïkrow wèïv]

midi **midday** [middèï], **noon** [noun] ▸ à midi at midday [et middèï]

miel **honey** [Honi] ▸ c'est fait avec du miel ? is it made with honey? [iz it mèïd ouiZ Honi?]

mieux **better** [bèteu] ▸ il vaut mieux... it would be better to... [it woudd bi bèteu tou...]

▸ quel est le mieux situé des deux hôtels ? which of the two hotels has the better location? [ouitchov Ze tou Howtèlss Haz Ze bèteu lowkèïcheun?]

▸ est-ce que tu te sens mieux ? do you feel better? [dou you fil bèteu?]

mignon **cute** [kiout]

milieu (au) **in the middle** [inn Ze mideul] ▸ je peux m'asseoir au milieu ? can I sit in the middle? [kèn aï sit inn Ze mideul?]

mince *(personne)* slim [slimm] ▸ elle est mince she's slim [chiz slimm]
minimum (au) minimum [minimeum]
minuit midnight [midnaït] ▸ à minuit at midnight [et midnaït]
minute minute [minit] ▸ j'arrive dans cinq minutes I'll be there in five minutes [aïl bi Zèr in faïv minitss]
▸ le train part dans dix minutes the train leaves in ten minutes [Ze trèïn livz inn tènn minitss]
miroir mirror [mireu]
mi-temps *(sport)* half-time [Haf taïm] ▸ la mi-temps a-t-elle déjà eu lieu ? have they reached half-time yet? [Hav Zè ritcht Haf taïm yètt?]
mode fashion [facheun] ▸ à la mode fashionable [facheunebeul]
modem modem [mowdèm]
moderne modern [môdeun] ▸ c'est un immeuble moderne ? is it a modern building? [iz it e môdeun bildinng?]
moi me [mi] ; *(objet indirect)* (to) me [(tou) mi] ▸ bonjour, moi c'est Olivier hello, my name's Olivier [Hèlow, maï nèïmss Olivier]
▸ c'est pour moi ? is it for me? [iz it fôr mi?]
▸ moi, je pense que... I think... [aï THinnk...]
moins less [lèss] ▸ il y a au moins trois heures de route it's at least a three-hour drive [itss ett list e THri aweu draïv]
▸ elle a deux ans de moins que moi she's two years younger than me [chiz tou yeurz yeunngeu Zeun mi]
▸ c'est moins cher qu'en France it's less expensive than in France [its lèss ikspènnsiv Zeun in frânss]
mois month [monnTH] ▸ au mois de... in... [inn...]
▸ je repars dans un mois I'm leaving in a month [aïme livinng inn e monnTH]
moitié half [Haf] ▸ on fait moitié-moitié let's go halves [lètss gow hâvz]
mollet calf [kâf]
moment moment [mowmeunt] ▸ en ce moment at the moment [ett Ze mowmeunt]
▸ pour le moment for the moment [fôr Ze mowmeunt]
monastère monastery [monestri]
monde *(planète)* world [weurld] ; *(foule)* people [pipôl] ▸ il y a beaucoup de monde there are lots of people [Zèr âr lotss ov pipôl]
▸ tout le monde est là ? is everyone here? [iz èvriouane Hir?]

moniteur *(prof)* instructor [innstreukteu] ▸ il y a un moniteur par niveau ? is there one instructor for each level? [iz Zèr ouanne innstreukteu fôr itch lèveul?]

monnaie change [tchèïnndj] ▸ pourriez-vous me faire de la monnaie ? can you give me change? [kèn you giv mi tchèïnndj?]
▸ gardez la monnaie keep the change [kip Ze tchèïnndj]
▸ je crois que vous vous êtes trompé en me rendant la monnaie I think you've given me the wrong change [aï THinnk youv guiveunn mi Ze ronng tchèïnndj]

INFO

monnaie

La Grande-Bretagne s'agrippe à sa livre sterling (pound sterling, divisible en 100 pence) bien que certains B&B, hôtels et restaurants acceptent les euros. 1 livre vaut en moyenne 1,50 euros. Billets de five/ten/twenty/fifty pounds. Pièces de one penny, two/five/ten/twenty/fifty pence et one/two pound(s). Notez que les livres écossaises sont parfois refusées en Angleterre.

monsieur Mr *(devant un nom)* [misteu] ▸ merci, monsieur ! thank you! [THannk you!]
▸ monsieur ... est-il là ? is Mr ... there? [iz misteu ... Zèr?]

montagne mountain [maonnteun] ▸ nous allons passer quelques jours à la montagne we're going to spend a few days in the mountains [ouir gowinng tou spènnd e fiou dèïz inn Ze maonnteunss]

monter *(route, avion, grimpeur)* to climb [tou klaïmm] ; *(dans un train)* to get on [tou guètt onn] ; *(dans une voiture)* to get in [tou guètt inn] ▸ est-ce que ça monte beaucoup ? is it very steep? [iz it veri stip?]
▸ combien de personnes peuvent monter dans ce bateau ? how many people will the boat hold? [Hao mèni pipôl ouil Ze bowt Howld?]
▸ pouvons-nous monter notre tente ici ? can we put up our tent here? [kèn oui pout eup aweu tènnt Hir?]
▸ tu peux monter le chauffage? can you turn the heater up? [kèn you teurn Ze hiteu eup?]
▸ tu sais monter à cheval ? can you ride a horse? [kèn you raïd e Hôrss?]
▸ la mer est en train de monter the tide's coming in [Ze taïdss kominng inn]

montre watch [wotch] ▸ je n'ai pas de montre I don't have a watch [aï donnt Hav e wotch]

montrer to show [tou chow] ▸ pourriez-vous me montrer où ça se trouve sur la carte ? could you show me where that is on the map? [koudd you chow mi ouèr Zat iz onn Ze map?]

monument monument [monioumeunt] ▶ quels sont les monuments à voir absolument ? what are the sights that are really worth seeing? [ouate âr Ze saïtss Zat âr rili weurTH siinng?]

morceau *(part)* piece [piss] ▶ je peux en reprendre un morceau ? can I have a bit more? [kèn aï Hav e bit môr?]
▶ on va manger un morceau ? shall we go and have something to eat? [cheul oui gow ènnde Hav somTHinng tou it?]

mordre to bite [tou baït] ▶ je me suis fait mordre par un chien I've been bitten by a dog [aïv binn biteun baï e dog]

mort dead [dèd] ▶ la batterie est morte the battery's dead [Ze bateuriz dèd]
▶ je suis mort de fatigue I'm dead tired [aïme dèd taïeud]

morue cod [kodd]

mosquée mosque [mosk]

mot word [weurd] ; *(message)* note [nowt] ▶ gros mot swear word [souèr weurd]
▶ je ne sais pas quel est le mot en anglais I don't know what the word is in English [aï donnt now ouate Ze weurd iz inn innglich]

moteur engine [ènndjinn] ▶ le moteur fume there's smoke coming from the engine [Zèrz smowk kominng from Zi ènndjinn]
▶ le moteur fait un drôle de bruit the engine is making a funny noise [Zi ènndjinn iz mèïkinng e feuni noïz]

moto motorbike [mowteubaïk] ▶ j'aimerais louer une moto I'd like to hire a motorbike [aïde laïke tou Hayeu e mowteubaïk]

mouche fly [flaï]

mouchoir handkerchief [Hannkeutchif] ▶ mouchoir en papier tissue [tichou]

mouillé wet [ouète] ▶ mon linge est encore mouillé my washing is still wet [maï wôchinng iz stil ouète]

moules mussels [meusseulz]

mousse à raser shaving foam [chèïvinng fowm]

moustache moustache [moustâch]

moustiquaire mosquito net [meuskitow nètt] ▶ la moustiquaire est déchirée the mosquito net is torn [Ze meuskitow nètt iz tôrn]

moustique mosquito [meuskitow] ▶ je voudrais un produit contre les moustiques / *(insecticide)* I'd like something to kill mosquitos [aïde laïke somTHinng tou kil meuskitowz] / *(répulsif)* I'd like some mosquito repellent [aïde laïke som meuskitow ripèleunt]

moutarde mustard [meusteud]

moyen *(acceptable, passable)* average [aveuridj] ■ ▸ moyen de transport means of transport [mins ov trânspôrt]
▸ le restaurant était moyen the restaurant was average [Ze rèssteureunt woz aveuridj]
▸ quel est le moyen le plus rapide pour se rendre en ville ? what's the quickest way into town? [ouats Ze kouikest ouèï intou taonn?]

multiprise adaptor [edapteu]

mur wall [wôll]

mûr ripe [raïp]

mûre *(fruit)* blackberry [blakbeuri]

muscle muscle [meusseul]

musculation body-building (exercises) [bodi bildinng (èksesaiziz)]

musée museum [miouzieum] ▸ à quelle heure ouvre le musée ? what time does the museum open? [ouate taïm doz Ze miouzieum owpeun?]
▸ où se trouve le musée d'art contemporain ? where is the museum of contemporary art? [ouèr iz Ze miouzieum ov keuntèmpeureuri ârtt?]

musique music [miouzik] ▸ on passe quel genre de musique dans cette boîte ? what kind of music do they play in that club? [ouate kaïnnd ov miouzik dou Zè plèï inn Zat kleub?]

musulman Muslim [mouzlim]

myrtille blueberry [bloubeuri]

N

nager to swim [tou souim] ▸ mon fils ne sait pas nager my son can't swim [maï sonn kante souim]
▸ peut-on nager dans la rivière ? can you swim in the river? [kèn you souim inn Ze riveu?]

naître to be born [tou bi bôrnn] ▸ je suis née en ... à ... I was born in ... in ... [aï woz bôrnn inn ... inn ...]

natation swimming [souiminng] ▸ je fais beaucoup de natation I swim a lot [aï souim e lote]

nature nature [nèïtcheur] ■ *adj* *(boisson)* with nothing added [ouiZ noTHinng adid] ▸ vous aimez la nature ? do you like nature? [dou you laïke nèïtcheur?]

▸ un thé nature, s'il vous plaît one tea, no milk or sugar, please [ouane **ti**, no milk ôr **chou**geu, pliz]

nausée nausea [**now**zieu] ▸ j'ai des nausées I feel sick [aï **fil** sik]

navet turnip [**teur**nip]

navette *(véhicule)* shuttle [**cheu**teul] ▸ est-ce qu'il y a une navette pour l'aéroport ? is there an airport shuttle? [iz Zèr eun **èr**pôrt **cheu**teul?]

nécessaire necessary [**nè**sesèri]

nectarine nectarine [**nèk**terinn]

négatifs *(photo)* negatives [**nè**guetivz]

neiger to snow [tou snôw] ▸ il neige it's snowing [itss **snô**winng]

nettoyer to clean [tou klinn] ▸ est-ce qu'il faut nettoyer l'appartement avant de partir ? do we have to clean the flat before leaving? [dou oui Hav tou klinn Ze flatt bifôr **li**vinng?]

neuf new [niou] ▸ quoi de neuf ? what's up? [ouatss **eup**?]

New York New York [**niou** yôrk]

nez nose [nowz]

ni... ni neither... nor [**naï**Zeu... nôr] ▸ je ne veux ni l'un ni l'autre I don't want either of them [aï donnt ouante **aï**Zeu ov Zèm]

niveau level [**lè**veul] ▸ j'ai un assez bon niveau en... *(langue)* I'm quite fluent in... [aïme kouaït **flou**eunt inn...]

▸ pouvez-vous vérifier le niveau d'huile ? can you check the oil, please? [kèn you tchèk Zi oïl, pliz?]

Noël Christmas [**kriss**meuss] ▸ le jour de Noël Christmas Day [**kriss**meuss dèï]

▸ joyeux Noël ! Happy OU Merry Christmas! [**Ha**pi/**mè**ri **kriss**meuss!]

noir black [blak]

noisette hazelnut [**Hèï**zeulneutt]

noix walnut [**wôll**neutt] ▸ noix de coco coconut [**kow**keuneutt]

nom name [nèïm] ▸ nom de famille surname [**seur**nèïm]

▸ j'ai réservé une chambre au nom de... I have a reservation in the name of... [aï Hav e rizeu**vèï**cheun inn Ze **nèïm** ov...]

nombril navel [**nèï**veul]

non no [now] ▸ non, merci ! no thanks! [**now** THènnkss!]

▸ je crois que non I don't think so [aï donnt THinnk sow]

nord north [nôrTH] ▸ c'est au nord de la ville ? is it north of the city? [iz it nôrTH ov Ze **si**ti?]

Norvège Norway [nôrwèï]

note *(facture)* **bill** [bil] ▸ mettez ça sur ma note put it on my bill [pout itt onn maï bil]
▸ vous pouvez préparer ma note, s'il vous plaît ? can you prepare my bill, please? [kèn you pripèr maï bil, pliz?]

noter to note [tou nowt] ▸ je vais noter ton adresse I'll write down your address [aïl raït daonn yôr eudrèss]

BON PLAN
numéros de téléphone

Si vous donnez votre téléphone à une conquête (par exemple 977240369), ne dites pas nine hundred seventy-seven, two hundreds forty, three hundred sixty nine, vous auriez l'air un peu ridicule (ou drôle, somme toute) ! Énoncez chaque chiffre : nine, double seven, two, four, oh, three, six, nine comme si vous l'aviez fait toute votre vie.

nous *(sujet)* **we** [oui] ; *(complément)* **us** [euss] ▸ nous sommes quatre there are four of us [Zèr âr fôr ov euss]

nouveau new [niou] ▸ à nouveau again [euguèïnn]
▸ regarde ma nouvelle chemise look at my new shirt [louk et maï niou cheurt]

nouvelle *(information)* **(piece of) news** [(piss ov) niouz] ▸ ça, c'est une bonne nouvelle ! that's great news! [Zatss grèït niouz!]
▸ tu as des nouvelles de Marie ? have you heard from Marie? [Hav you Heurd from mari?]

novembre November [nowvèmbeu]

noyer (se) to drown [tou draonn] ▸ il est en train de se noyer, il faut appeler de l'aide ! he's drowning, somebody call for help! [Hiz draonninng, sombodi kôl fôr Hèlp!]

nu naked [nèïkid]

nuage cloud [klaod]

nuit night [naït] ▸ il fait nuit it's dark [itss dârk]
▸ bonne nuit ! good night! [goudd naït!]
▸ je voudrais rester une nuit supplémentaire I'd like to stay an extra night [aïde laïke tou stèï eun èxtreu naït]
▸ y a-t-il des bus de nuit ? are there night buses? [âr Zèr naït beussiz?]

nul *(mauvais, idiot)* **hopeless** [Hôwplèss] ▸ je suis nulle en cuisine I'm a useless cook [aïme e ioussles kouk]
▸ ce film est vraiment nul this film is really awful [Ziss film iz rili ôwfoul]

numéro number [neumbeu] ; *(d'une revue)* **issue** [ichou] ▸ quel est le numéro des pompiers ? what's the number for the fire brigade? [ouatss Ze neumbeu fôr ze faïeu briguèïde?]

▶ je te laisse mon numéro ? shall I leave you my number? [cheul aï liv you maï neumbeu?]
▶ tu as un numéro de portable ? do you have a mobile number? [dou you Hav e mowbaïl neumbeu?]

O

objectif objective [eubjèktiv] ; *(d'appareil photo)* lens [lènnss]

objet object [eubjèkt] ▶ où se trouve le bureau des objets trouvés ? where is the lost property office? [ouèr iz Ze lost propeuti ofiss?]

obligatoire compulsory [keumpeulsseuri] ▶ la réservation est-elle obligatoire ? do we have to book? [dou oui Hav tou bouk?]

obligé obliged [eblaïdjd] ▶ je suis obligé de repasser à l'hôtel I have to go back to the hotel [aï Hav tou gow bak tou Ze Howtèl]

occasion *(événement)* occasion [ekèïjeun] ▶ d'occasion second hand [sèkeund-Hannd]
▶ j'espère qu'on aura l'occasion de se revoir I hope we'll see each other again [aï Howp ouil si ou si itch oZeu euguèïnn]

Occident West [ouèst]

occidental western [ouèsteurn]

occupé busy [bizi] ; *(place)* taken [tèïkeun] ; *(toilettes, ligne de téléphone)* engaged [ènnguèïdjd] ▶ excusez-moi, cette place est occupée sorry, this place is taken [sori, Ziss plèïss iz tèïkeun]
▶ ça sonne occupé it's engaged [itss ènnguèïdjd]

occuper de (s') *(se charger de)* to deal with [tou dil ouiZ] ▶ pourriez-vous vous occuper de mes bagages ? could you deal with my luggage, please? [koudd you dil ouiZ maï leuguidj, pliz]
▶ on s'occupe de moi, merci someone's looking after me, thank you [somouanns loukinng afteu mi, THannk you]

océan ocean [owcheun] ▶ océan Atlantique Atlantic Ocean [etlântik owcheun]

octobre October [oktowbeu]

œil eye [aï] ▶ elle a les yeux bleus she has blue eyes [chi Haz blou aïz]

œuf egg [ègue] ▶ œuf à la coque boiled egg [boïld ègue]
▶ œuf dur hard-boiled egg [Hârd-boïld ègue]
▶ œufs brouillés scrambled eggs [skrammbeuld èggz]
▶ je n'aime pas les œufs I don't like eggs [aï donnt laïk èggz]

office de tourisme tourist office [tourist ofiss] ▶ où se trouve l'office de tourisme ? where's the tourist office? [ouèrs Ze tourist ofiss?]

offrir to offer [tou ofeu] ▶ je t'offre un verre I'll buy you a drink [aïl baï you e drinnk]

oignons onions [onionnss]

oiseau bird [beurd]

olives olives [olivz]

ombre *(obscurité)* shade [chèïdd] ▶ je préférerais me mettre à l'ombre I'd rather sit in the shade [aïd raZeu sit inn Ze chèïdd]

omelette omelette [omleut]

on *(nous)* we [oui] ▶ on y va ? shall we go? [cheul oui gow?]

oncle uncle [eunkl]

ongles nails [nèïls]

opéra *(art lyrique)* opera [opreu] ; *(lieu)* opera house [opreu Haoss]

opérer to operate [tou opeurèït] ▶ je me suis fait opérer il n'y a pas longtemps I had an operation not long ago [aï Had eun operèïcheun not lonng eugow]

opinion opinion [opinionn] ▶ je ne partage pas votre opinion I disagree [aï disseugri]

opticien optician [opticheun]

or gold [gowld] ▶ c'est de l'or ? is it gold? [iz it gowld?]

orage storm [stôrm] ▶ est-ce qu'il va y avoir de l'orage ? will there be a thunderstorm? [ouil Zèr bi e THeunndeustôrm?]

orange *adj (couleur)* orange [orinndj] ■ *(fruit)* orange [orinndj] ▶ je voudrais une orange pressée I'd like a freshly squeezed orange juice [aïde laïke e frèchli skouizd orinndj djouss]

---

opinions **INFO**

▶ je pense qu'il a raison I think he's right [aï THinnk Hiz raït]
▶ franchement, je trouve que c'est mieux to be honest, I think it's better [tou bi onist, aï THinnk its bèteu]
▶ à mon avis, c'est très intéressant in my opinion, it's very interesting [inn maï opinionn, its veri inntreustinng]
▶ je ne sais pas trop I'm not sure [aïme nott chour]
▶ aucune idée ! no idea! [now aïdieu!]

---

orchestre orchestra [ôrkistreu]
orchidée orchid [ôrkid]
ordinateur computer [kompiouteu] ▸ ordinateur portable laptop [laptopp] ▸ où pourrais-je trouver un ordinateur pour consulter mes mails ? where can I find a computer to look at my e-mail? [ouèr kèn aï faïnd e kompiouteu tou louk et maï imèïls?]
ordonnance *(médicale)* prescription [prèskripcheun] ▸ délivrez-vous ce médicament sans ordonnance ? do you sell this drug over the counter? [dou you ssèl Ziss dreug owveu Ze kaonnteu?]
ordures rubbish [reubich]
oreille ear [ieur] ▸ il a mal aux oreilles he has earache [Hi Haz ieurèïk] ▸ j'ai les oreilles bouchées my ears are blocked [maï ieurz âr blokt]
oreiller pillow [pilow] ▸ pourrais-je avoir un autre oreiller ? could I have another pillow? [koudd aï Hav eunoZeu pilow?]
organiser to organize [tou ôrgueunaïz] ▸ y a-t-il des visites organisées ? are there guided tours? [âr Zèr gaïdid tôrz?]
Orient East [ist] ▸ l'Extrême-Orient the Far East [Ze fâr ist] ▸ le Moyen-Orient the Middle East [Ze mideul ist]
oriental eastern [isteurn]
origine origin [oridjin] ▸ tu es de quelle origine ? where are you from originally? [ouèr âr you from eridjineuli?]
orteil toe [tow]
os bone [bown] ▸ sans os boneless [bownlèss]
ostéopathe osteopath [ostiowpâTH]
otite ear infection [ieur innfèkcheun] ▸ j'ai une otite I have an ear infection [aï Hav eun ieur innfèkcheun]
ou or [ôr] ▸ on prend du poulet ou du poisson ? shall we have chicken or fish? [cheul oui Hav tchikeun ôr fich?]
où where [ouèr] ▸ excusez-moi, où est..., s'il vous plaît ? excuse me, where is..., please? [èkskiouz mi, ouèr iz..., pliz?] ▸ où habitez-vous ? where do you live? [ouèr dou you liv?]
oublier to forget [tou feuguètt] ; *(laisser quelque part)* to leave (behind) [tou liv (biHaïnnd)] ▸ j'ai oublié mon passeport I have forgotten my passport [aï Hav feugoteunn maï passpôrt] ▸ j'ai oublié quelque chose dans l'avion I've left something on the plane [aïv lèft somTHinng onn Ze plèïnn] ▸ n'oublie pas jeudi! don't forget Thursday! [donnte feuguèt THeurzdèï]

ouest west [ouèst] ▸ c'est à l'ouest? is it west of here? [iz it ouèst ov Hir?]

oui yes [yèss] ▸ oui, je sais yes, I know [yèss, aï now]

oursin sea urchin [si eurtchinn] ▸ attention, il y a des oursins! watch out for sea urchins! [wotch aott fôr si eurtchinns]

ouvert open [owpeun] ▸ le musée est-il ouvert toute la journée? is the museum open all day? [iz Ze miouzieum owpeun ôl dèï?] ▸ est-ce que c'est ouvert le dimanche? is it open on Sundays? [iz it owpeun on seundèïz?]

> **INFO**
>
> **heures d'ouverture**
>
> 
>
> *Heures d'ouverture (opening hours) en Grande-Bretagne: banques: de 9 h 30 à 16 h 30 en semaine (15 h 30 au pays de Galles et en Irlande du Nord), et le samedi matin. Postes: 9 h à 17 h 30 en semaine, le samedi jusqu'à 12 h. Boutiques: en général, du lundi au samedi jusqu'à 17 h 30; souvent le dimanche, particulièrement dans les centres-villes. Les épiceries et supermarchés: jusqu'à 22 h (certains 24 h sur 24). Pubs: de 11 h à 23 h (22 h 30 le dimanche).*

ouvre-boîtes tin opener [tinn owpneu]

ouvrir to open [tou owpeun]; *(robinet)* to turn on [tou teurn onn] ▸ à quelle heure ouvrez-vous? what time do you open? [ouate taïm dou you owpeun?]

P

Pacifique (le) the Pacific [Ze pesifik]

pain bread [brèd] ▸ où peut-on trouver du pain? where can I buy bread? [ouèr kèn aï baï brèd?] ▸ pourrions-nous avoir plus de pain? could we have some more bread? [koudd oui Hav seum môr brèd?]

palais palace [pâlis] ▸ palais royal royal palace [roïeul pâlis]

pâle pale [pèïl]

palmes flippers [flipeuz] ▸ combien coûte cette paire de palmes? how much is that pair of flippers? [Hao meutch iz Zat pèr ov flipeuz?]

palmier palm tree [pâm tri]

pamplemousse grapefruit [grèïpfrout]

panne breakdown [brèïkdaonn] ▸ panne d'électricité power cut [paweu keutt] ▸ ma voiture est en panne my car has broken down [maï kâr Haz browkeun daonn]

panneau sign [saïn] ▶ qu'est-ce qui est écrit sur le panneau ? what does the sign say? [ouat doz Ze saïn sèï?]

pansement *(bandage)* **bandage** [banndidj] ; *(sparadrap)* **plaster** [plasteu] ▶ je voudrais des pansements pour mes ampoules I'd like some plasters for blisters [aïde laïke som plasteuz fôr blisteuz]

pantalon **trousers** *(pluriel)* [traozeuz], **pair of trousers** [pèr ov traozeuz] ▶ je cherche un pantalon en lin I'm looking for some linen trousers [aïme loukinng fôr som lininn traozeuz]

papeterie **stationer's** [stèïchneuz]

papier **paper** [pèïpeu] ; *(feuille)* **piece of paper** [piss ov pèïpeu] ; *(document)* **paper** [pèïpeu] ▶ papier alu aluminium foil [aliouminieum foïl]
▶ papier cadeau wrapping paper [rapinng pèïpeu]
▶ papiers d'identité identity papers [aïdènntiti pèïpeuz]
▶ papier toilette toilet paper [toïleutt pèïpeu]
▶ avez-vous du papier et un crayon ? have you got a pen and paper? [Hav you gott e pènn èndde pèïpeu?]
▶ il n'y a plus de papier toilette there's no toilet paper [Zèrs now toïleutt pèïpeu]

papillon **butterfly** [beuteuflaï]

Pâques **Easter** [isteu] ▶ les vacances de Pâques the Easter holidays [Zi isteu Holidèïz]

paquet *(colis)* **parcel** [pârsseul] ; *(de cigarettes, de chewing-gums)* **packet** [pakitt] ; *(de cartes)* **pack** [pak] ▶ je voudrais envoyer ce paquet I'd like to send this parcel [aïde laïke tou sènnd Ziss pârsseul]
▶ pourriez-vous me faire un paquet cadeau ? could you gift-wrap it for me? [koudd you guiftrap itt feu mi?]

paracétamol **paracetamol** [pareussiteumôl] ▶ je voudrais un médicament avec du paracétamol I'd like something containing paracetamol [aïde laïke somTHinng keuntèïninng pareussiteumôl]

parachutisme **parachuting** [pârechoutinng]

paraître **to appear** [tou eupieur] ▶ il paraît qu'il va faire beau demain I hear it's going to be fine tomorrow [aï Hir its gowinng tou bi faïnn toumorow]

parapente **paragliding** [pâreglaïdinng]

parapluie **umbrella** [eumbrèleu]

parasol **parasol** [pareussôl] ▶ est-il possible de louer un parasol? can we hire a beach umbrella? [kèn oui Hayeu e bitch eumbrèleu?]

parc **park** [pârk] ▶ on va se promener dans le parc ? shall we go for a walk in the park? [cheul oui gow fôr e wôk inn Ze pârk?]

parc d'attractions theme park [THimm pârk]

parce que because [bikeuz] ▸ je pars parce qu'il est tard I'm leaving because it's late [aïme livinng bikeuz itss lèït]

parcours *(de golf)* course [kôrss]

pardon ! *(pour s'excuser)* (I'm) sorry! [(aïme) sori!] ; *(pour passer)* excuse me! [èkskiouz mi!] ; *(pour faire répéter)* sorry? [sori?]

pare-brise windscreen [ouinnskrinn] ▸ pourriez-vous nettoyer le pare-brise ? could you clean the windscreen? [koudd you klinn Ze ouinnskrinn?]

pare-chocs bumper [beumpeu]

parents parents [pèreunts] ▸ tu habites chez tes parents ? do you live with your parents? [dou you liv ouiZ yôr pèreunts?]

parfois sometimes [somtaïmz] ▸ je vais parfois courir le matin I sometimes go running in the morning [aï somtaïmz gow reuninng inn Ze môrninng]

parfum *(odeur)* scent [sènnt], perfume [peurfioum] ; *(goût)* flavour [flèïveu]
▸ j'adore ton parfum I love your perfume [aï lov yôr peufioum]
▸ j'aimerais une glace avec trois parfums I'd like an ice-cream with three different flavours [aïde laïke eun aïss-krim ouiZ THri difreunt flèïveuz]

parking car park [kâr pârk] ▸ le parking est-il payant ? is there a charge for the car park? [iz Zèr e tchârdj fôr Ze kâr pârk?]

parler to talk [tou tôk], to speak [tou spik] ▸ allô, bonjour, je voudrais parler à M. ..., de la part de... hello, I'd like to speak to Mr ...; this is... [Hèlow, aïde laïke tou spik tou misteu ...; Ziss iz...]
▸ je parle à peine l'anglais I speak hardly any English [aï spik Hârdli èni innglich]
▸ pourriez-vous parler plus lentement ? could you speak more slowly? [koudd you spik môr slowli?]
▸ y a-t-il quelqu'un qui parle français ? is there anyone here who speaks French? [iz Zèr èniouann Hir Hou spikss frènnch?]
▸ vous parlez très bien français you speak very good French [you spik veri goudd frènnch]
▸ je ne parle pas anglais I don't speak English [aï donnt spik innglich]

part *(de gâteau)* piece [piss] ▸ une part de gâteau, s'il vous plaît a piece of cake, please [e piss ov kèïk, pliz]
▸ c'est de la part de qui ? who's calling? [Houz kôlinng?]

partager to share [tou chèr] ▸ on va partager, pouvez-vous nous apporter deux assiettes ? we're going to share it: can you bring us two plates? [ouir gowinng tou chèr itt: koudd you brinng euss tou plèïtss?]

partie *(au jeu, en sport)* **game** [guèïm] ▶ on se fait une autre partie ? shall we have another game? [cheul oui Hav eunoZeu guèïm?]

parti politique **political party** [pelitikeul pâti]

partir **to go** [tou gow], **to leave** [[tou liv] ; *(tache)* **to come out** [tou kom aott]
▶ de quel quai part le train pour... ? what platform does the train for ... leave from? [ouate platfôrm doz Ze treïnn fôr ... liv from?]
▶ je partirai demain matin à 9 h I shall be leaving at nine o'clock tomorrow morning [aï cheul bi livinng att naïnn e klok toumorow môrninng]
▶ quand part le prochain train pour... ? when is the next train to...? [ouènn iz Ze nèxt trèïnn tou...?]
▶ excuse-moi, je dois partir sorry, I have to go [sori, aï Hav tou gow]

partout **everywhere** [èvriouèr] ▶ j'ai voyagé un peu partout I've travelled all over the world [aïv trâveleud ôl owveu Ze weurld]

pas **not** [nott] ▶ je n'aime pas les épinards I don't like spinach [aï donnt laïke spinitch]
▶ ça ne me plaît pas du tout I don't like it at all [aï donnt laïke it et ôl]
▶ tu viens ou pas ? are you coming or not? [âr you komminng ôr nott?]
▶ pas du tout not at all [nott et ôl]

passage *(de livre, de film)* **passage** [passidj] ; *(chemin)* **way** [ouèï] ▶ passage piétons pedestrian crossing [pidèsstrieun krosinng]
▶ je suis seulement de passage ici I'm just passing through [aïme djeust passing THrou]

passager **passenger** [passinndjeu] ▶ c'est bien ici qu'arrivent les passagers du vol de Toulouse ? is this where the passengers from the Toulouse flight arrive? [iz Ziss ouèr Ze passinndjeuz from Ze toulouz flaït euraïv?]

passeport **passport** [passpôrt] ▶ j'ai perdu mon passeport I've lost my passport [aïv lost maï passpôrt]

passer *(TRANSP)* **to come** ; *(s'écouler)* **to pass** [tou pass] ; *(temps, vacances)* **to spend** [tou spènnd] ; *(au téléphone)* **to come** [tou kom] ; *(donner)* **to pass** [tou pass] ▶ à quelle heure passe le bus ? what time does the bus come? [ouate taïm doz ze beuss kom?]
▶ j'ai passé un mois en Angleterre il y a quelques années I spent a month in England a few years ago [aï spènnt e monnTH inn inngleund e fiou yeurz eugo]
▶ vous pouvez me passer madame Lamé ? can you put Mrs Lamé on, please? [kèn you pout missiz lamé onn, pliz?]
▶ tu peux me passer le sel ? can you pass the salt? [kèn you pass mi Ze sôlt?]

passer (se) *(arriver)* **to happen** [tou Hapeun] ▶ que s'est-il passé ? what happened? [ouate Hapeunnde?]

▶ ça se passe très bien everything's fine [èvriTHinngss faïnn]

passe-temps hobby [hobi] ▶ quel est ton passe-temps favori ? what's your favourite hobby? [ouats yôr fèïveuritt hobi?]

INFO

payer

Au pub, on commande et on paie directement au comptoir. Au resto, pour demander l'addition on dit : can I have the bill, please?

pastèque watermelon [wôteumèleun]

pâte dough [dow] ▶ comment on prépare la pâte ? how do you make the dough? [Hao dou you mèïk Ze dow?]

pâtes pasta [pasteu] ▶ on fait des pâtes ? shall we make some pasta? [cheul oui mèïk som pasteu?]

patinage ice skating [aïss skèïtinng]

patinoire skating rink [skèïtinng rinnk]

patins ice skates [aïss skèïts] ▶ patins à roulettes roller skates [roleurskèïts] ▶ j'aimerais louer des patins à glace I'd like to hire some ice skates [aïde laïke tou Hayeu som aïss skèïts]

pâtisserie *(gâteau)* cake [kèïk] ; *(magasin)* cake shop [kèïk chop]

paupière eyelid [aïlidd]

pause break [brèïk] ▶ on fait une pause ? shall we take a break? [cheul oui tèïk e brèïk?]

pauvre poor [pôr] ▶ oh, le pauvre ! poor thing! [pôr THinng]

payant ▶ c'est payant ? do you have to pay? [dou you Hav tou pèï?]

payer to pay (for) [tou pèï (fôr)] ▶ est-ce que je peux payer avec ma carte bleue ? can I pay by credit card? [kèn aï pèï baï krèditt kârd?] ▶ on va payer séparément we're going to pay separately [oui âr gowinng tou pèï sèpreutli] ▶ est-ce qu'il faut payer maintenant ? do I have to pay now? [dou aï Hav tou pèï nao?]

pays country [keunntri] ▶ de quel pays viens-tu ? what country do you come from? [ouate keunntri dou you kom from?]

paysage landscape [lanndskèïp] ▶ j'admire le paysage I'm admiring the landscape [aïme eudmaïeurinng Ze lanndskèïp]

Pays-Bas (les) the Netherlands [Ze nèZeulènds]

péage *(taxe)* toll [towl] ; *(lieu)* tollbooth [towlbouTH] ▶ cette autoroute est-elle à péage ? is this a toll motorway? [iz Ziss e towl mowteuouèï?]

peau skin [skinn] ▶ j'ai la peau sensible I've got sensitive skin [aïv gott sènsitiv skinn]

pêche *(activité)* **fishing** [fichinng] ; *(fruit)* **peach** [pitch] ▶ quels sont les bons coins pour la pêche ? where are some good places to fish? [ouèr âr som goudd plèissiz tou fich?]

pêcher **to fish** [tou fich] ▶ on peut pêcher ici ? is it OK to fish here? [iz it ow-kèï tou fich Hir?]

pédale **pedal** [pèdeul] ▶ les pédales sont bloquées the pedals are stuck [Ze pèdeuls âr steuk]

peigne **comb** [keumb]

peine *(effort)* **difficulty** [difikeulti] ; *(tristesse)* **sorrow** [sorôw] ▶ non, merci, ce n'est pas la peine no thanks, there's no need [no THènnks, Zèrs no nid]
▶ je ne voudrais pas lui faire de peine I don't want to upset him/her [aï donnt wannte tou eupsètt Him/Heur]

peintre **painter** [pèïnteu]

peinture *(tableau, art)* **painting** [pèïntinng]

pellicule **film** [film] ▶ je voudrais faire développer cette pellicule I'd like to have this film developed [aïde laïke tou Hav Ziss film diveulopt]

pellicules **dandruff** *(singulier)* [danndreuf] ▶ auriez-vous un shampooing contre les pellicules ? do you have an anti-dandruff shampoo? [dou you Hav eun annti-danndreuf chammpou?]

pendant **during** [diourinng] ▶ pendant mon séjour during my stay [diourinng maï stèï]

pénicilline **penicillin** [pènissilinn] ▶ je suis allergique à la pénicilline I'm allergic to penicillin [aïme euleurdjik tou pènissilinn]

penser **to think** [tou THinnk] ▶ nous pensons partir après-demain we're thinking of leaving the day after tomorrow [ouir THinnkinng ov livinng Ze dèï afteu toumorow]
▶ qu'est-ce que tu en penses ? what do you think? [ouat dou you THinnk?]

pension *(hôtel)* **guesthouse** [guèstHaoss] ▶ demi-pension half-board [Haff bôrd]
▶ pension complète full board [foul bôrd]
▶ est-ce que vous faites la demi-pension ? do you do half-board? [dou you dou Haff bôrd?]
▶ je voudrais une chambre en pension complète I'd like full board [aïde laïke foul bôrd]
▶ pouvez-vous m'indiquer une petite pension pas trop chère ? can you tell me where I can find a reasonably priced guesthouse? [kèn you tèl mi ouèr aï keun faïnnd e rizeuneubli praïst guèstHaoss?]

perdre to lose [tou louz] ▶ j'ai perdu mes bagages, qu'est-ce que je dois faire? I've lost my luggage, what should I do? [aïv lost maï leuguidj, ouate choudd aï dou?]
▶ je n'aime pas perdre au jeu I don't like losing [aï donnt laïk louzinng]

perdre (se) to get lost [tou guètt lost] ▶ pourriez-vous m'aider? je crois que je me suis perdu can you help me? I think I'm lost [kèn you Hèlp mi? aï THinnk aïme lost]

ZOOM
petit déjeuner

Il faut essayer le full English breakfast, bien plus riche que notre continental breakfast. Parmi le choix le plus fréquent : bacon, œufs, flageolets sauce tomate, saucisse, porridge, céréales, fruits, toasts, marmelade et thé. En Écosse et en Irlande, on ajoute parfois boudin noir, haddock, hareng ou saumon fumé. Idéal pour sauter le déjeuner !

père father [faZeu]

périmé out-of-date [aott-ov-dèït] ▶ ce produit est périmé this product is past its sell-by date [Ziss prodeukt iz past its sèlbaï dèït]

permis de conduire driving licence [draïvinng laïsseunns] ▶ je n'ai pas mon permis de conduire sur moi I haven't got my licence on me [aï Haveunt gott maï laïsseunns onn mi]

persil parsley [pâsli]

personne *f* person [peursseun] ■ *pron* no one [no ouann], nobody [nowbodi]
▶ je serai avec trois autres personnes I'll be with three other people [aïl bi ouiZ THri oZeu pipeul]
▶ combien ça coûte par heure et par personne ? how much is it per hour and per person? [Hao meutch iz itt peu aweu ènde peu peursseun?]
▶ il n'y a personne there's no one here [Zèrs no ouann Hir]

perte loss [loss] ▶ je voudrais signaler la perte de... I'd like to report the loss of... [aïde laïke tou ripôrt Ze loss ov...]

petit small [smôl], little [liteul] ▶ avez-vous quelque chose de plus petit ? have you anything smaller? [Hav you èniTHinng smôleu?]

petit déjeuner breakfast [brèkfeust] ▶ quel est le petit déjeuner typique ici ? what do people usually have for breakfast here? [ouat dou pipôl ioujoueuli Hav fôr brèkfeust Hir?]

petite-fille granddaughter [granndôteu] ▶ c'est votre petite-fille ? is this your granddaughter? [iz Ziss yôr granndôteu?]

petit-fils grandson [grannsonn] ▶ comment s'appelle votre petit-fils ? what's your grandson's name? [ouats yôr grannsonns nèïm?]

INFO
pharmacie

En vous adressant au pharmacien (chemist) dans sa boutique (chemist's), n'ajoutez pas de s au mot drug (médicaments), même s'il y en a plusieurs, car alors le mot signifierait « drogues » (drugs). Le nombre de médicaments sur une ordonnance étant limité, il en faut parfois une deuxième, ce qui implique un second paiement.

petits pois peas [piz]

peu not much [nott meutch], not many [nott mèni], little [liteul], few [fiou] ▸ un peu a bit [e bitt], a little, [e liteul]
▸ puis-je avoir encore un peu de... ? can I have a bit more...? [kèn aï Hav e bitt môr?]
▸ je suis un peu fatiguée I'm a bit tired [aïme e bitt taïeud]
▸ à peu près more or less [môr ôr lèss]

peur fear [fieu] ▸ j'ai peur des araignées I'm scared of spiders [aïme skèrd ov spaïdeuz]

peut-être perhaps [peuHapss], maybe [mèïbi] ▸ il s'est peut-être perdu perhaps he's lost [peuHapss Hiz lost]

phare *(sur la côte)* lighthouse [laïtHaoss]

phares *(de voiture)* headlights [Hèdlaïts] ▸ vous avez oublié d'éteindre vos phares you've left your lights on [youv lèft yôr laïts onn]

pharmacie *(magasin)* chemist's [kèmists] ▸ pharmacie de garde duty chemist's [diouti kèmists]
▸ où se trouve la pharmacie la plus proche ? where is the nearest chemist's? [ouèriz Ze nireust kèmists?]

photo photo [fowtow] ; *(art)* photography [feutografi] ▸ est-ce que je peux prendre des photos ici ? can I take photos in here? [kèn aï tèïk fowtowz inn Hir?]

à la pharmacie **INFO**

▸ je voudrais un médicament contre le mal de gorge I'd like something for a sore throat [aïde laïke somTHinng fôr e ssôr THrowt]
▸ j'aurais besoin d'un sirop pour la toux I need some cough syrup [aï nid som koff sireup]
▸ je me suis fait piquer par une guêpe I've been stung by a wasp [aïv bin steung baï e wôsp]
▸ pourriez-vous me recommander un médecin ? could you recommend a doctor? [koudd you rèkeumènnd e dokteu?]

▶ pourriez-vous nous prendre en photo ? could you take a photo of us? [koudd you teïk e **fow**tow ov euss?]
▶ quand les photos seront-elles prêtes ? when will the photos be ready? [ouènn ouil Ze **fow**towz bi **rè**di?]

photocopie **photocopy** [**fow**towkopi] ▶ où peut-on faire des photocopies ? where can we make some photocopies? [ouèr kèn oui mèïk som **fow**towkopiz?]

piano **piano** [pi**â**now]

pichet **jug** [djeug]

pièce *(de monnaie)* **coin** [koïnn] ; *(en mécanique)* **part** [pârt] ; *(spectacle)* **play** [plèï] ▶ je n'ai que des pièces I only have coins [aï **own**li Hav koïnnz]
▶ où puis-je trouver une pièce de rechange ? where can I find a spare? [ouèr kèn aï faïnnd e **spèr**?]
▶ on pourrait aller voir une pièce (de théâtre) what about going to see a play? [ouate eu**baott gow**inng tou si e plèï?]

pied **foot** [foutt] ▶ on y va à pied ? shall we walk? [cheul oui wôk?]
▶ ce n'est pas trop loin à pied it's not far to walk [its not fâr tou wôk]
▶ j'ai mal aux pieds my feet are sore [maï **fit** âr ssôr]
▶ c'était vraiment le pied it was fantastic [it woz fan**tâs**tik]

pierre **stone** [stown]

pile *(électrique)* **battery** [**ba**teuri] ▶ j'ai besoin d'une pile pour ma montre I need a battery for my watch [aï **nid** e **ba**teuri fôr maï wotch]

pilule **pill** [pil] ▶ pilule du lendemain morning-after pill [**mô**rninng-**af**teu pil]
▶ est-ce que tu prends la pilule ? are you on the pill? [âr you onn Ze pil?]
▶ je prends la pilule I'm on the pill [aïme onn Ze pil]
▶ je ne prends pas la pilule I'm not on the pill [aïme nott onn Ze pi]

piment **chilli** [**tchi**li]

pimenté **hot** [Hott] ▶ ce curry est trop pimenté this curry is too hot [Ziss **keu**ri iz tou Hott]

pince à épiler **tweezers** [**toui**zeurs]

ping-pong **table tennis** [**tèï**beul **tè**niss] ▶ est-ce qu'il y a des tables de ping-pong ? do they have table-tennis tables? [dou Zèï Hav **tèï**beul **tè**niss **tèï**beulz?]

pipe **pipe** [païp] ▶ je fume la pipe I smoke a pipe [aï smowk e païp]

pique-nique **picnic** [**pik**nik] ▶ et si on faisait un pique-nique ? let's have a picnic [lèts Hav e **pik**nik]

ZOOM
place

Eu égard à la politesse et au flegme légendaires des Britanniques, il est recommandé d'employer la formule I'm afraid I think you are (sitting) in my seat («je crains que vous ne soyez assis à ma place») plutôt qu'un sec ou un rien accusateur you are in my seat («vous avez pris ma place»).

piquer *(guêpe, ortie)* **to sting** [tou stinng] ; *(moustique)* **to bite** [tou baït] ; *(voler)* **to steal** [tou stil] ▸ je me suis fait piquer par un moustique I've been bitten by a mosquito [aïv binn biteun baï e meuskitow]
▸ on m'a piqué mon portefeuille someone's stolen my wallet [somouanns stowleun maï wôleutt]

piquet de tente **tent peg** [tènnt pèg] ▸ il manque des piquets we're short of tent pegs [ouir chôrtt ov tènnt pègz]

piqûre *(de moustique)* **bite** [baït] ▸ est-ce que vous avez une crème pour les piqûres de moustique ? do you have a cream for mosquito bites? [dou you Hav e krim fôr meuskitow baïtss?]

piscine **swimming pool** [souiminng poul] ▸ piscine olympique olympic-sized pool [owlimpik saïzd poul]
▸ y a-t-il une piscine en plein air ? is there an open-air swimming pool? [iz Zèr eun opeun èr souiminng poul?]
▸ y a-t-il une piscine couverte ? is there an indoor swimming pool? [iz Zèr eun inndôr souiminng poul?]

pistache **pistachio** [pistâchiow]

piste **track** [trak], **trail** [trèïl] ▸ piste cyclable cycle lane [saïkeul lèïnn]

pizza **pizza** [pitsseu] ▸ je voudrais une pizza aux champignons I'd like a pizza with mushrooms [aïde laïke e pitsseu ouiZ meuchroums]

place *(d'une ville)* **square** [skouèr] ; *(billet)* **ticket** [tikèt] ; *(siège)* **seat** [sit] ; *(de parking)* **space** [spèïss], **room** [roum] ▸ où se trouve la place principale ? where is the main square? [ouèr iz Ze mèïnn skouèr?]
▸ je voudrais trois places pour... I'd like three tickets for... [aïde laïke THri tikètss fôr...]
▸ vous reste-t-il de la place ? do you have any vacancies? [dou you Hav èni vèïkeunssiz?]
▸ je voudrais une place côté fenêtre I'd like a window seat [aïde laïke e ouinndow sit]
▸ cette place est-elle prise ? is anyone sitting here? [iz èniouann sitinng Hir?]
▸ excusez-moi, je crois que vous êtes assis à ma place excuse me, I think you're (sitting) in my seat [èkskiouz mi, aï THinnk your (sitinng) inn maï sit]

plage **beach** [bitch] ▸ cette plage est-elle surveillée ? is there a lifeguard on this beach? [iz Zèr e laïfgârd onn Ziss bitch?]

plaie **wound** [wounnd] ▸ il faut désinfecter cette plaie this wound needs to be disinfected [Ziss wounnd nidss tou bi dissinnfèktid]

plainte (DR) **complaint** [keumplèïnnt] ▸ je voudrais porter plainte pour vol I'd like to report a theft [aïde laïke tou ripôrt e THèft]

plaire *verbe* ▸ s'il vous plaît please [pliz]
▸ ça m'a beaucoup plu I liked it a lot [aï laïkt it e lott]
▸ tu me plais énormément I really like you [aï rili laïke you]

ZOOM
s'il vous plaît

Les Britanniques emploient le fameux please (« s'il vous plaît ») à tout bout de champ. Placé en fin de phrase, il exprime cette célèbre politesse so British comme dans will you pass the sugar, please ? (« tu pourrais me passer le sucre, s'il te plaît ? »). En début de phrase, il se fait plus hargneux, comme dans please, give me my Teddy back ! (« s'il te plaît, rends-moi mon ours en peluche ! »).

plaisanter **to joke** [tou djowk] ▸ tu plaisantes ? you're joking! [your jowkinng!]

plaisir **pleasure** [plèjeur] ▸ avec plaisir ! with pleasure! [ouiZ plèjeur!]
▸ ça me fait plaisir de vous revoir it's very nice to see you again [itss veri naïss tou si you euguèïnn]

plan **plan** [plann] ; *(carte)* **map** [mapp] ; *(niveau)* **level** [lèveul] ▸ je voudrais un plan de la ville I'd like a map of the city [aïde laïke e mapp of Ze siti]

planche à voile *(objet)* **sailboard** [sèïlbôrd] ; *(sport)* **windsurfing** [ouinndseurfinng] ▸ est-ce que l'on peut faire de la planche à voile par ici ? is there anywhere round here I can go windsurfing? [iz Zèrèniouère raonnd Hir aï keun gow ouinnd-seurfinng?]

plaintes — INFO

▸ je voudrais voir le directeur, s'il vous plaît I'd like to see the manager, please [aïde laïke tou si Ze manidjeu, pliz]
▸ j'ai une réclamation à faire I have a complaint [aï Hav e keumplèïnnt]
▸ il y a un problème avec le chauffage there's a problem with the heating [Zèrz e probleum ouiZ Ze Hitinng]
▸ je compte sur vous pour régler ce problème I am relying on you to sort this problem out [aï am rilaïinng onn you tou ssôrt Ziss probleum aott]
▸ j'exige le remboursement intégral de l'appareil photo I expect the cost of the camera to be fully reimbursed [aï ikspèkt Ze kost ov Ze kameureu tou bi fouli réimmbeurst]

planche de surf surfboard [seurfbôrd]
plante plant [plânnt]
plaque d'immatriculation number plate [neumbeu plèït]
plaque électrique hob [Hob]
plastique plastic [plastik]
[1]**plat** flat [flatt] ; *(eau)* still [stil]
[2]**plat** *(dans un menu)* dish [dich] ▸ plat du jour dish of the day [dich ov Ze dèï]
▸ plat principal main course [mèïnn kôrss]
▸ avez-vous un plat à me recommander ? can you recommend anything? [kèn you rèkeumènnd èniTHinng?]
plat (à) flat [flatt] ▸ le pneu est à plat the tyre's flat [Ze taïyeuz flatt]
▸ la batterie est à plat the battery's flat [Ze bateuriz flatt]
plein full [foul] ▸ le bus était plein à craquer the bus was full to bursting [Ze beuss woz foul tou beurstinng]
▸ c'est plein de touristes it's full of tourists [its foul ov tourists]
▸ le plein, s'il vous plaît fill it up, please [fil itt eup, pliz]
pleuvoir to rain [tou rèïnn] ▸ il pleut souvent ici ? does it often rain here? [doz it ofeun rèïn Hir?]
▸ vous croyez qu'il va pleuvoir ? do you think it's going to rain? [dou you THinnk its gowinng tou rèïn?]
plomb *(AUTO)* spark plug [spârk pleug] ; *(fusible)* fuse [fiouz] ▸ essence sans plomb lead-free petrol [lèd fri pètreul]
▸ le plein sans plomb, s'il vous plaît fill it up with lead-free petrol, please [fil itt eup ouiZ lèd fri pètreul, pliz]
▸ les plombs ont sauté the fuses have blown [Ze fiouziz Hav blown]
plombage *(d'une dent)* filling [filinng] ▸ j'ai un plombage qui a sauté I've lost a filling [aïv lost e filinng]
plombier plumber [pleumeu]
plongée diving [daïvinng] ▸ plongée sous-marine diving [daïvinng]
▸ j'aimerais prendre des cours de plongée I'd like to take diving lessons [aïde laïke tou tèïk daïvinng lèsseunss]
▸ quel est le meilleur endroit pour faire de la plongée ? where's the best place to go diving? [ouèrs Ze bèst plèïs tou gow daïvinng?]
plonger to dive [tou daïv] ▸ peut-on plonger de nuit ? is it possible to do a night dive? [iz itt possibeul tou dou e naït daïv?]
plus more [môr] ; *(dans une négation)* no longer [no lonngueu] ; *(superlatif)* most [mowst] ▸ un peu plus, s'il vous plaît a bit more, please [e bit môr, pliz]

▸ je ne veux pas dépenser plus I don't want to spend any more [aï donnt wante tou spènnd èni môr]
▸ est-il possible de rester une nuit de plus ? is it possible to stay an extra night? [iz itt possibeul tou stèï eun èxtreu naït?]
▸ je n'en veux plus, merci I don't want any more, thank you [aï donnt wante èni môr, THènnkiou]
▸ je n'habite plus à Paris I no longer live in Paris [aï now lonngueu liv inn pâriss]
▸ moi non plus me neither [mi naïzeu]
▸ elle est plus grande que lui she's taller than him [chiz tôleu Zeun Him]
▸ elle est plus intelligente que lui she's more intelligent than him [chiz môr inntèlidjeunt Zeun Him]

plusieurs several [sèvreul] ▸ je suis déjà venu plusieurs fois I've already been here several times [aïv ôlrèdi bin Hir sèvreul taïms]

plutôt rather [raZeu] ▸ je vais plutôt prendre celui-là I'm going to take that one [aïme gowinng tou tèïk Zat ouann]
▸ tu veux celui-ci plutôt que celui-là ? do you want this one rather than that one? [dou you wante Ziss ouane raZeu Zeun Zatt ouane?]

pneu tyre [tayeu] ▸ le pneu est crevé the tyre's punctured [Ze tayeuz peunkt-cheud]

poêle frying pan [fraïinng pann]

poignet wrist [rist] ; *(de vêtement)* cuff [keuf] ▸ je me suis foulé le poignet I've sprained my wrist [aïv sprèïnnd maï rist]

point *(jeu, sport)* point [poïnnt] ▸ tu comptes les points ? are you keeping score? [âr you kipinng skôr?]
▸ à point, s'il vous plaît ! medium, please [midieum, pliz]

poire pear [pèeu]

poireau leek [lik]

poisson fish [fich] ▸ tu connais un endroit où on peut manger du poisson ? do you know somewhere we can eat fish? [dou you now somouèr oui keun it fich?]
▸ c'est quoi comme poisson ? what kind of fish is it? [ouat kaïnd ov fich iz it?]

poissonnerie fishmonger's [fichmeunggueuz]

poitrine chest [tchèst]

poivre pepper [pèpeu] ▸ poivre et sel pepper-and-salt [pèpeu ènnde sôlt]

poivron pepper [pèpeu]

police police *(pluriel)* [peuliss] ▸ appelez la police ! call the police! [kôl Ze peu-liss!]

INFO
police

Même si les voitures de patrouille les supplantent de plus en plus, les célèbres bobbies britanniques sont toujours de faction dans les centres-villes et les zones rurales. Contrairement à nombre de leurs collègues européens, ils ne portent pas d'arme. Pour joindre la police, composer le 999.

▸ quel est le numéro de la police ? what's the number for the police? [ouatss Ze **neum**beu fôr Ze peu**liss**?]
▸ où est le poste de police ? where is the police station? [ouèr iz Ze peu**liss** **stèï**cheun?]

policier policeman [peu**lis**meun]

pollution pollution [peu**lou**cheun] ▸ il y a beaucoup de pollution dans cette ville this city is very polluted [Ziss **si**ti iz **vè**ri peu**liou**tid]

pommade ointment [**oïnn**tmeunt] ▸ avez-vous de la pommade pour les brûlures ? do you have an ointment for burns? [dou you Hav eun **oïnt**meunt fôr beurnss?]

pomme apple [**a**peul]

pomme de terre potato [peu**tèï**tow]

pompe à vélo bicycle pump [**baï**ssikeul peump]

pompiers fire brigade [faïeu bri**guèï**de] ▸ appelez les pompiers ! call the fire brigade! [kôl Ze faïeu bri**guèï**de!]

pont *(sur un fleuve, une rivière)* bridge [bridj] ; *(de bateau)* deck [dèk] ▸ y a-t-il un pont pour traverser la rivière ? is there a bridge across the river? [iz Zèr e bridj eu**kross** Ze **ri**veu?]

porc *(viande)* pork [pôrk] ▸ je ne mange pas de porc I don't eat pork [aï donnt itt pôrk]

port *(petit)* harbour [**Har**beu] ; *(grand)* port [pôrt]

portable *(ordinateur)* portable [**pôr**teubôl] ; *(téléphone)* mobile [**mow**baïl]
▸ je te laisse mon numéro de portable I'll leave you my mobile number [aïl liv you maï **mow**baïl **neum**beu]
▸ est-ce qu'il y a une prise pour que je recharge mon portable ? is there a socket so that I can recharge my mobile? [iz Zèr e **so**kitt so Zat aï keun rit**chârdj** maï **mow**baïl?]

porte *(d'une maison)* door [dôr] ; *(à l'aéroport)* gate [guèït] ▸ je n'arrive pas à ouvrir la porte I can't open the door [aï kante **ow**peun Ze dôr]
▸ où se trouve la porte d'embarquement du vol pour Paris ? where's the gate for the Paris flight? [ouèrz Ze guèït fôr Ze **pâ**riss flaït?]

portefeuille wallet [**wô**leutt] ▸ j'ai perdu mon portefeuille I've lost my wallet [aïv lost maï **wô**leutt]

porte-monnaie purse [peurss]

porter to carry [tou kari] ▶ pourriez-vous m'aider à porter mes bagages ? could you help me with my bags? [koudd you Hèlp mi ouiZ maï bagz?]

portugais *adj & m* Portuguese [pôtcheugiz]

Portugais Portuguese person [pôtcheugiz peursseun] ▶ les Portugais the Portuguese [Ze pôtcheugiz]

Portugal Portugal [pôtcheugeul]

poser *(question)* to ask [tou ask] ; *(problème)* to pose [tou powz] ▶ je peux vous poser une question ? can I ask you a question? [kèn aï ask you e kouèst-cheun?]
▶ ça ne me pose aucun problème that's not a problem for me [Zats nott e probleum fôr mi]

possible possible [possibeul] ▶ serait-il possible de rester une nuit supplémentaire ? would it be possible to stay an extra night? [woud it bi possibeul tou stèï eun èxtreu naït?]

[1] **poste** *nom f (administration)* post [powst] ; *(bureau)* post office [powst ofiss] ▶ où est-ce que je peux trouver un bureau de poste ? where can I find a post office? [ouère kèn aï faïnnd e powst ofiss?]

[2] **poste** *nom m (emploi)* post [powst] ; *(de ligne téléphonique)* extension [iks-tènncheun] ▶ poste (de police) police station [peuliss stèïcheun]
▶ poste de radio radio [rèïdio]

pot *(AUTO)* exhaust pipe [igzôwst païp] ; *(verre)* drink [drinnk] ▶ le pot d'échappement fait un drôle de bruit the exhaust pipe is making a funny noise [Zi igzôwst païp iz mèïkinng e feuni noïz]

au bureau de poste — INFO

▶ je voudrais dix timbres pour le Canada I'd like ten stamps for Canada [aïde laïke tènn stammpss fôr kaneudeu]
▶ je voudrais envoyer ce paquet en recommandé I'd like to send this parcel by registered post [aïde laïke tou sènnd Ziss pârsseul baï rèdjissteud powst]
▶ combien de temps mettra la lettre pour arriver en France ? how long will it take for the letter to get to France? [Hao lonng ouil itt tèïk fôr Ze lèteu tou guètt to franss]
▶ est-il possible de faire des photocopies ? can I make some photocopies? [kèn aï mèïk som fowtowkopiz?]
▶ je voudrais consulter l'annuaire I'd like to look at the phone book [aïde laïke tou louk et Ze fown bouk]

BON PLAN
pourboire

En Grande-Bretagne, l'usage veut qu'on laisse 10 à 15 % de la note dans les restaurants et 10 % dans les taxis. Ne négligez pas ces pourboires (tips), sous peine de passer pour un grossier personnage !

▸ on va boire un pot ? shall we go and have a drink? [cheul oui gow ènnde Hav e drinnk?]

potable drinkable [drinnkeubeul]
▸ cette eau est-elle potable ? is this water OK to drink? [iz Ziss wôteu owkèï tou drinnk?]

potiron pumpkin [peumpkinn]

poubelle dustbin [deustbinn] ▸ ça va dans quelle poubelle, ça ? which bin does that go in? [ouitch binn doz Zat gow inn?]

poule chicken [tchikeun]

poulet chicken [tchikeun] ▸ poulet rôti roast chicken [rowst tchikeun]

poulpe octopus [okteupeuss]

poumon lung [leung]

pour *(exprime le but, la destination, exprime la durée)* for [fôr] ; *(exprime le but devant un verbe)* tou [tou] ; *(exprime l'approbation)* for [fôr] ▸ à quelle heure part le prochain train pour... ? what time is the next train for.... ? [ouat taïm iz Ze nèxt trèïn fôr...?]
▸ je suis là pour deux mois I'm staying for two months [aïme stèïinng fôr tou monnTH]
▸ je suis pour ! I'm all for it! [aïme ôl fôr it!]

pourboire tip [tip] ▸ combien je dois laisser de pourboire ? how much should I leave as a tip? [Hao meutch choudd aï liv az e tip?]

pourquoi why [ouaï] ▸ pourquoi tu ne viens pas avec nous ? why don't you come with us? [ouaï donnt you kommouiZ euss?]
▸ pourquoi pas ? why not? [ouaï not?]

pousser to push [tou pouch] ; *(déplacer)* to move [tou mouv] ▸ pouvez-vous nous aider à pousser la voiture ? can you help us to push the car? [kèn you Hèlp euss tou pouch Ze kâr?]

poussette pushchair [pouch-tchèr]

pouvoir *(être capable de)* can [keun], to be able [tou bi èïbeul] ▸ pourriez-vous... ? could you...? [koudd you...?]
▸ je ne suis pas sûre de pouvoir venir I'm not sure I can come [aïme not chour aï keun kom]
▸ je n'en peux plus *(je suis fatigué)* I'm exhausted [aïme igzôwstid]
▸ je n'en peux plus *(j'ai trop mangé)* I'm full up [aïme foul eup]

▸ je n'y peux rien there's nothing I can do about it [Zèrz noTHinng aï keun dou eubaott itt]

préféré **favourite** [fèïveuritt] ▸ c'est mon plat préféré it's my favourite dish [itss maï fèïveuritt dich]
▸ quel est ton auteur préféré ? who's your favourite author? [Houz yôr fèïveuritt ôTHeu?]

préférer **to prefer** [tou prifeu] ▸ je préfère la mer à la campagne I prefer the seaside to the countryside [aï prifeu Ze sissaïd tou Ze keunntrissaïd]
▸ je préférerais qu'on aille se promener I'd rather we went for a walk [aïd raZeu oui ouènnt fôr e wôk]

premier **first** [feurst] ▸ c'est la première fois que je viens ici it's the first time I've been here [itss Ze feurst taïm aïv binn Hir]

prendre *(TRANSP)* **to take** [tou tèïk] ; *(route)* **to take** [tou tèïk] ; *(repas, boisson, douche, bain)* **to have** [tou Hav] ▸ je préfère prendre l'avion I'd rather fly [aïde raZeu flaï]
▸ quelle route dois-je prendre ? which road should I take? [ouitch rowd choudd aï tèïk?]
▸ où pouvons-nous prendre le petit déjeuner ? where can we have breakfast? [ouèr kèn oui Hav brèkfeust?]
▸ ça te dit d'aller prendre un verre ? do you fancy a drink? [dou you fântsi e drinnk?]
▸ tu prends quoi ? what are you having? [ouate âr you Havinng?]
▸ je vais prendre... I'll have... [aïl Hav...]

prénom **first name** [feurst nèïm] ▸ c'est quoi ton prénom ? what's your first name? [ouats yôr feurst nèïm?]

préparer *(CULIN)* **to prepare** [tou pripèr] ▸ comment ce plat est-il préparé ? how is this dish made? [Hao iz Ziss dich mèïd?]

préparer (se) **to get ready** [tou guètt rèdi] ▸ attends, je me prépare! wait a minute, I'm getting ready! [ouèït e minit, aïme guèttinng rèdi]

préférence **INFO**

▸ plutôt que de prendre le bus, on pourrait y aller à pied we could walk rather than taking the bus [oui koudd wôk raZeu Zeun tèïkinng Ze beuss]
▸ samedi me conviendrait mieux Saturday would suit me better [sateudèï woudd sout mi bèteu]
▸ ça m'arrangerait qu'on se retrouve ailleurs it would be better for me if we met somewhere else [it woudd bi bèteu fôr mi if oui mèt somouèr èls]

près near (to) [nir (tou)] ▶ c'est tout près de la gare it's very near the station [itss veri nir Ze stèïcheun]
▶ près d'ici near here [nir Hir]

présenter *(personne)* to introduce [tou inntreudiouss] ▶ je te présente M. Darmont I'd like you to meet Mr Darmont [aïde laïke you tou mit misteu darmont]

préservatif condom [konndeum] ▶ où peut-on acheter des préservatifs ? where can I buy condoms? [ouèr kèn aï baï konndeumss?]

presque almost [ôlmowst] ▶ il est presque 13 h it's almost one o'clock [its ôlmowst ouann e klok]

pressé *(personne)* in a hurry [inn e Heuri] ; *(fruit)* freshly squeezed [frèchli skouizd] ▶ excusez-moi, je suis pressé sorry, I'm in a hurry [sori, aïme inn e Heuri]
▶ un jus d'oranges pressées, s'il vous plaît a glass of freshly squeezed orange juice, please [e glass ov frèchli skouizd orinndj djouss, pliz]

pressing dry cleaner's [draï klineuz]

pression *(bière)* draught beer [drâft bir] ; *(AUTO)* pressure [prècheur]
▶ pourriez-vous vérifier la pression des pneus ? could you check the tyre pressure? [koudd you tchèk Ze taïyeu prècheu?]

prêt ready [rèdi] ▶ ça sera prêt quand ? when will it be ready? [ouènn ouil itt bi rèdi?]
▶ je serai prête dans 10 minutes I'll be ready in ten minutes [aïl bi rèdi in tènn minits]

prêter to lend [tou lènnd] ▶ pourriez-vous me prêter... ? could you lend me...? [koudd you lènnd mi...?]

prévenir *(avertir)* to warn [tou wôrn] ▶ pourriez-vous me prévenir quand on arrivera à la bonne station ? can you tell me when we get to my station? [kèn you tel mi ouènn oui guètt tou maï stèïcheun?]

prévoir *(anticiper)* to anticipate [tou anntissipèït], to expect [[tou ikspèkt] ; *(organiser, envisager)* to plan [tou plann] ▶ combien de temps faut-il prévoir ? how much time should we allow for? [Hao meutch taïm choudd oui eulao fôr?]
▶ tu as quelque chose de prévu ce soir ? are you doing anything this evening? [âr you doinng èniTHinng Zis ivninng?]

prier to pray [tou prèï] ▶ je vous en prie don't mention it [donnt mènncheun itt]
▶ je vous prie d'accepter mes excuses please accept my apologies [pliz euksèpt maï epolodjiz]

prière prayer [prèïeu]

primeurs fruit and vegetables [froutt ènnde vèdjteubôls]

printemps spring [sprinng] ▶ au printemps in the spring [inn Ze sprinng]

priorité *(sur la route)* right of way [raït ov ouèï] ▶ il n'a pas respecté la priorité he didn't give way [Hi dideunt giv ouèï]

prise ▶ prise de courant *(fiche)* plug [pleug]
▶ prise de courant *(dans le mur)* socket [sokitt]

privé private [praïveutt] ▶ c'est une plage privée ? is it a private beach? [iz itt e praïveutt bitch?]

prix price [praïss] ; *(récompense)* prize [praïz] ▶ quel est le prix de la chambre pour une nuit ? how much is the room for a night? [Hao meutch iz Ze roum fôr e naït?]
▶ vous pourriez me faire un prix ? can you give me something off? [kèn you giv mi somTHinng of?]

problème problem [probleum] ▶ nous avons un gros problème ! we've got a big problem! [ouiv gott e big probleum!]
▶ pas de problème ! no problem! [now probleum!]

prochain next [nèxt] ▶ à quelle heure est le prochain train pour... ? when is the next train to...? [ouènn iz Ze nèxt trèïnn tou...?]
▶ à l'année prochaine ! see you next year! [si you nèxt yeur!]

proche near [nir] ▶ le... le plus proche the nearest... [Ze nireust...]

produit product [prodeukt] ▶ j'ai besoin d'un produit pour enlever cette tache I need something to remove this stain [aï nid somTHinng tou rimouv Zis stèïn]

prof teacher [titcheu]

profiter de to make the most of [tou mèïk Ze mowst ov] ▶ j'ai envie de profiter à fond de mes vacances I really want to make the most of my holiday [aï rili wante tou mèïk Ze mowst ov maï Holidèï]

profond deep [dip] ▶ est-ce que c'est profond ? is it deep? [iz it dip?]

profondeur depth [dèpTH] ▶ quelle est la profondeur ? how deep is it? [Hao dip iz it?]

programme programme [prowgrâm] ▶ quel est le programme pour ce soir ? what's the programme for this evening? [ouats Ze prowgrâm fôr Ziss ivninng?]
▶ j'aime bien les programmes sur la nature I like nature programmes [aï laïke nèïtcheu prowgrâms]

promenade walk [wôk] ▸ y a-t-il des promenades sympas à faire dans les environs ? are there any nice walks nearby? [âr Zèr èni naïs wôkss nirbaï?]

promener (se) to go for a walk [tou gow fôr e wôk] ▸ tu viens te promener avec moi ? do you want to go for a walk with me? [dou you wante tou gow fôr e wôk ouiZ mi?]
▸ j'adore me promener I love walking [aï lov wôkinng]

prononcer *(mot)* to pronounce [tou pronaonnss] ▸ je prononce bien ? am I pronouncing it right? [am aï pronaonnssinng it raït?]
▸ comment ça se prononce ? how is that pronounced? [Hao iz Zat pronaonnsst?]

proposer to propose [tou prôpowz] ▸ je propose qu'on aille boire un verre ? shall we go and have a drink? [cheul oui gow ènnde Hav e drinnk?]
▸ auriez-vous autre chose à me proposer ? do you have anything else you can suggest? [dou you Hav èniTHinng èlss you keun seug-djèst?]

propre clean [klinn] ▸ l'eau est-elle propre ? is the water clean? [iz Ze wôteu klinn?]

propriétaire owner [owneu] ▸ je voudrais parler au propriétaire I'd like to speak to the landlord [aïde laïke tou spik tou Ze lanndlôrd]

protection protection [preutèkcheun] ▸ quel est l'indice de protection de cette crème solaire ? what's the protection factor of this sun cream? [ouatss Ze preutèkcheun fakteu ov Ziss seunkrim?]

protéger (se) to protect [tou preutèkt] ▸ protège-toi, le soleil tape protect yourself, the sun's really strong [preutèkt yôrssèlf, Ze seuns rili stronng]

protestant Protestant [protisteunt]

prune plum [pleum]

pruneau prune [proun]

public public [peublik] ▸ le château est-il ouvert au public ? is the castle open to the public? [iz Ze kasseul owpeun tou Ze peublik?]

publicité *(métier)* advertising [âdveutaïzinng] ; *(annonce)* advertisement [edveurtaïzmeunt]

pull sweater [souèteu]

pyjama pyjamas [pidjâmeuz]

INFO
faire la queue

Les Britanniques font la queue (queue, prononcer [kiou]) pour tout, même à l'arrêt de bus. C'est presque un sport national. Alors, ne faites pas votre vilain Frenchy, ne doublez pas et apprenez à patienter !

Q

quai *(de gare, de métro)* **platform** [platfôrm] ; *(de port)* **quay** [ki] ▸ de quel quai part le train pour... ? what platform does the train for... leave from? [ouate platfôrm doz Ze trèïnn fôr... liv from?]

qualité **quality** [kwoliti] ▸ de qualité good quality [goudd kwoliti] ▸ c'est de mauvaise qualité it's poor quality [itts pôr kwoliti]

quand *(au moment où)* **when** [ouènn] ▸ on rentre quand tu veux we can come home when you want [oui keun kom Howm ouènn you wante]

quart d'heure **quarter of an hour** [kouôrteu ov eun aweu] ▸ je serai de retour d'ici un quart d'heure I'll be back in a quarter of an hour [aïl bi bak inn e kouôrteu ov eun aweu]

quartier *(d'une ville)* **area** [èrieu], **district** [distrikt] ▸ ce quartier est sûr ? is this area safe? [iz Ziss èrieu sèïf?]

Québec **Quebec** [kouèbèk]

québécois **from Quebec** [from kouèbèk]

Québécois **person from Quebec** [peursseun from kouèbèk] ▸ les Québécois the people of Quebec [Ze pipeul of kouèbèk]

quel **which** [ouitch], **what** [ouate] ▸ quel hôtel nous recommandez-vous ? which hotel would you recommend? [ouitch Howtèl woudd you rèkeumènnd?]

quelque chose **something** [somTHinng] ; *(dans les questions, les négations)* **anything** [èniTHinng] ▸ est-ce que je peux faire quelque chose pour vous aider ? is there anything I can do to help? [iz Zèr èniTHinng aï kèn dou tou Hèlp?]

quelques *(plusieurs)* **some** [som], **a few** [e fiou] ▸ j'ai passé un mois en Angleterre il y a quelques années I spent a month in England a few years ago [aï spènnt e monnTH inn inngleund e fiou yeurz eugow]

quelqu'un **someone** [somouann], **somebody** [sombodi] ; *(dans les questions, les négations)* **anyone** [èniouann], **anybody** [ènibodi] ▸ il y a quelqu'un ? is there anyone there? [iz Zèr èniouann Zèr?]

question **question** [kouèstcheun] ▸ je peux vous poser une question ? can I ask you a question? [kèn aï ask you e kouèstcheun?] ▸ pas question ! no way! [now ouèï!]

queue *(file d'attente)* **queue** [kiou] ▶ pendant combien de temps faut-il faire la queue ? how long will we have to queue? [Hao lonng ouil oui Hav tou kiou?]

qui *(personne)* **who** [Hou] ▶ à qui dois-je m'adresser ? who should I speak to? [Hou choudd aï spik tou?]

quitter **to leave** [tou liv] ▶ à quelle heure faut-il quitter l'hôtel ? what time do you have to check out? [ouate taïm dou you Hav tou tchèk aott?]
▶ ne quittez pas hold the line [Howld Ze laïnn]

quoi **what** [ouate] ▶ quoi ? *(pour faire répéter)* what? [ouate?]
▶ c'est quoi ? what is it? [ouate iz itt?]
▶ il n'y a pas de quoi you're welcome [yôr ouèlkom]

quotidien **newspaper** [niouzpèïpeu] ▶ avez-vous des quotidiens français ? do you have any French newspapers? [dou you Hav èni frènnch niouzpèïpeuz?]

R

raccommoder **to mend** [tou mènd] ▶ où puis-je faire raccommoder ma jupe ? where can I have my skirt mended? [ouèr kèn aï Hav maï skeurt mèndid?]

raccompagner **to take home** [tou tèïk Howm] ▶ pourriez-vous me raccompagner ? could you walk/drive me home? [koudd you wôk/draïv mi Howm?]

raccourci **shortcut** [chôrtkeutt] ▶ y a-t-il un raccourci ? is there a shortcut? [iz Zèr e chôrtkeutt?]

raconter **to tell** [tou tèl] ▶ je te raconterai I'll tell you later [aïl tèl you lèïteu]
▶ ne raconte pas de bêtises ! don't be silly! [donnt bi sili!]

radiateur **radiator** [rèïdièïteu] ▶ il y a une fuite dans le radiateur there is a leak in the radiator [Zèr iz e lik inn Ze rèïdièïteu]
▶ auriez-vous un radiateur électrique ? do you have an electric fire? [dou you Hav eun ilèktrik fayeu?]

radio *(station)* **radio station** [rèïdiow stèïcheun] ; *(MÉD)* **X-ray** [èx-rèï] ▶ tu peux me conseiller des radios sympas ? do you know any good radio stations? [dou you now èni goudd rèïdiow stèïcheuns?]
▶ croyez-vous que je doive passer une radio ? do you think I should have an X-ray? [dou you THinnk aï choudd Hav eun èx-rèï?]

radis **radish** [radich]

raisin **grapes** [grèïpss] ▶ raisins secs raisins [rèïzeunss]

raison **reason** [rizeun] ▶ vous avez raison you're right [yôr raït]

rallonge *(électrique)* **extension (lead)** [ikstènncheun (lid)]

randonnée **hike** [Haïk] ▶ où peut-on faire de la randonnée ? where can we go hiking? [ouèr kèn oui gow Haïkinng?]
▶ j'adore la randonnée I love hiking [aï lov Haïkinng]

rappeler *(au téléphone)* **to call back** [tou kôl bak] ▶ pouvez-vous lui demander de me rappeler ? could you ask her to call me back? [koudd you ask Heur tou kôl mi bâk?]
▶ je rappellerai plus tard I'll call back later [aïl kôl bâk lèïteu]

rappeler (se) *(se souvenir)* **to remember** [tou rimèmbeu] ; *(se téléphoner)* **to call each other back** [tou kôl itch oZeu bak] ▶ je ne me rappelle plus le chemin I don't remember the way [aï donnt rimèmbeu Ze wèï]
▶ on se rappelle, ok ? we'll talk again soon, OK? [ouil tôk euguèïnn soun, owkèï?]

rapport *(relation)* **relationship** *(singulier)* [rilèïcheunchipp] ▶ avoir des rapports sexuels to have sex [tou Hav sèks]
▶ j'ai eu un rapport non protégé I had unprotected sex [aï Had eunpreutèktid sèks]

raquette *(de tennis)* **racket** [rakitt] ; *(de ping-pong)* **bat** [batt]

rarement **rarely** [rèeuli] ▶ je vais rarement au cinéma I rarely go to the cinema [aï rèeuli gow tou Ze sineumeu]

raser (se) **to shave** [tou chèïv]

rasoir **razor** [rèïzeu] ▶ y a-t-il une prise pour mon rasoir électrique ? is there a shaver socket? [iz Zèr e chèïveu sokitt?]
▶ il faut que j'achète des lames de rasoir I have to buy some razor blades [aï Hav tou baï som rèïzeu blèïdss]

rater (TRANSP) **to miss** [tou miss] ▶ j'ai raté ma correspondance I've missed my connection [aïv misst maï keunèkcheun]
▶ on va rater le train we're going to miss the train [ouir gowinng tou miss Ze trèïnn]

ravi **delighted** [dilaïtid] ▶ je suis ravi d'avoir fait ta connaissance I'm delighted to have met you [aïme dilaïtid tou Hav mèt you]

rayon *(de grand magasin)* **department** [dipârtmeunt] ▶ je cherche le rayon hommes I'm looking for the men's department [aïme loukinng fôr Ze mènnss dipârtmeunt]

réception **reception** [rissèpcheun] ▶ est-ce que je peux laisser mon sac à dos à la réception ? can I leave my rucksack at reception? [kèn aï liv maï reukssak att rissèpcheun?]

recette *(CUISINE)* **recipe** [rèssipi] ▸ pourriez-vous me donner la recette ? can you give me the recipe? [kèn you giv me Ze rèssipi?]

recevoir *(colis, lettre, message)* **to receive** [tou rissiv] ; *(accueillir)* **to welcome** [tou ouèlkom] ▸ je n'ai pas reçu votre mail I didn't get your e-mail [aï dideunt guètt yôr imèïl]
▸ merci de m'avoir reçu si gentiment chez vous thank you for your kind hospitality [THènnkiou fôr yôr kaïnnd Hosspitaleuti]

rechange (de) **spare** [spèr] ▸ savez-vous où je pourrais trouver une pièce de rechange pour… ? do you know where I can get a spare part for…? [dou you now ouèr aï kèn guètt e spèr pârt fôr...?]
▸ est-ce qu'il y a des draps de rechange ? are there any spare sheets? [âr Zèr èni spèr chits?]

recharger **to charge** [tou tchâdj] ▸ il faut que je recharge mon portable I've got to charge my mobile [aïv gott tou tchâdj maï mowbaïl]

réclamation **complaint** [keumplèïnnt] ▸ je voudrais faire une réclamation I'd like to make a complaint [aïde laïke tou mèïk e keumplèïnnt]

recommandé *(lettre, paquet)* **registered** [rèdjissteud] ▸ une lettre recommandé avec accusé de réception a registered letter [e rèdjissteud lèteu]
▸ j'aimerais envoyer un recommandé I'd like to send a registered letter [aïde laïke tou sènnd e rèdjissteud lèteu]

recommander **to recommend** [tou rèkeumènnd] ▸ pourriez-vous me recommander un autre hôtel ? could you recommend another hotel? [koudd you rèkeumènnd eunoZeu Howtèl?]

reconnaître *(se rappeler)* **to recognize** [tou rèkeug-naïz] ; *(admettre)* **to admit** [tou eudmitt] ▸ je ne t'avais pas reconnu ! I didn't recognize you! [aï dideunt rèkeug-naïzd you]

reçu **receipt** [rissitt] ▸ puis-je avoir un reçu, s'il vous plaît ? can I have a receipt, please? [kèn aï Hav e rissitt, pliz?]

récupérer *(reprendre)* **to get back** [tou guètt bak] ; *(se reposer)* **to recover** [tou rikoveu] ▸ quand pourrai-je récupérer ma voiture ? when can I pick the car up? [ouènn kèn aï pik Ze kâr eup?]
▸ ces petites vacances vont me permettre de récupérer this little holiday will allow me to recover [Ziss liteul Holidèï ouil eulao mi tou rikoveu]

réduction **reduction** [rideukcheun] ▸ faites-vous des réductions pour les étudiants ? do you do student discounts? [dou you dou stioudeunt diskaonntss?]

réduit *(chiffre, vitesse)* **low** [low] ▸ y a-t-il des billets de train à tarif réduit ? do you have reduced-price train tickets? [dou you hav ridiousst-praïss trèïnn tikètss?]

réfléchir **to think** [tou THinnk] ▸ je vais réfléchir I'll think about it [aïl THinnk eubaott it]

regarder **to look at** [tou louk att] ; *(concerner)* **to concern** [tou keunsseurn]
▸ non, merci, je regarde seulement no, thanks, I'm just looking [now, THènnks, aïme djeust loukinng]
▸ ça ne te regarde pas it's none of your business [itss nonn ov yôr biznèss]

régime *(alimentaire)* **diet** [daïeutt] ▸ je fais un régime I'm on a diet [aïme onn e daïeutt]

région **region** [ridjieun] ▸ je visite la région I'm visiting the area [aïme vizitinng Zi èrieu]
▸ de quelle région êtes-vous ? whereabouts are you from? [ouèreubowts âr you from?]

régler *(un appareil)* **to adjust** [tou eudjeust] ; *(un problème)* **to sort out** [tou sôrt aott] ; *(payer)* **to pay** [tou pèï] ▸ je n'arrive pas à régler les chaînes de la télé I can't set the TV channels [aï kante sètt Ze tivi tchaneulss]
▸ j'aimerais que ce problème soit réglé au plus vite I'd like this problem to be dealt with quickly [aïde laïke Ziss probleum tou bi dèlt ouiZ kouikli]
▸ je voudrais régler, s'il vous plaît I'd like to pay, please [aïde laïke tou pèï, pliz]
▸ j'ai déjà réglé I've already paid [aïv ôlrèdi pèïd]

règles **period** [piriod] ▸ j'ai mes règles I'm on my period [aïme onn maï piriod]

regretter *(se repentir de)* **to regret** [tou rigrètt] ; *(déplorer)* **to regret** [tou rigrètt] ▸ je regrette ce que j'ai fait I regret what I did [aï rigrètt ouate aï did]
▸ je regrette de ne pas pouvoir rester plus longtemps I'm sorry I can't stay longer [aïme sori aï kante stèï longueu]

reine **queen** [kouine]

reins **kidneys** [kidniz] ▸ j'ai mal aux reins my back hurts [maï bak heurts]

rejoindre *(une personne)* **to join** [tou djoïnn] ; *(un lieu)* **to get to** [tou guètt tou] ▸ je dois rejoindre mon ami à 9 h I have to meet my friend at nine o'clock [aï Hav tou mit maï frènnd att naïnn e klok]
▸ comment est-ce que je peux rejoindre l'autoroute ? how do I get to the motorway? [hao dou aï guètt tou Ze mowteuouèï?]

relaxation **relaxation** [rilâksèïcheun]

religion **religion** [rilidjeun]

rembourser **to pay back** [tou pèï bak] ▸ les billets peuvent-ils être remboursés ? are the tickets refundable? [âr Ze tikètss rifeundeubôl?]

remercier **to thank** [tou THènnk] ▸ je ne sais pas comment vous remercier I don't know how to thank you [aï donnt now Hao tou THènnk you]

remorquer to tow [tou tow] ▸ pourriez-vous me remorquer jusqu'à un garage ? could you tow me to a garage? [koudd you tow mi tou e garidj?]

rencontrer to meet [tou mit] ▸ il me semble t'avoir déjà rencontré, je me trompe ? I think we've met before, haven't we? [aï THinnk ouiv mètt bifôr, Haveunnt oui?]

rendez-vous *(d'affaires)* appointment [eupoïnntmeunt] ; *(amoureux)* date [dèït] ; *(lieu)* meeting place [mitinng plèïss] ▸ faut-il prendre rendez-vous ? do you have to make an appointment? [dou you Hav tou mèïk eun eupoïnntmeunt?]
▸ j'ai rendez-vous avec le Docteur... I have an appointment with Doctor... [aï Hav eun eupoïtmeunt ouiZ dokteu...]
▸ rendez-vous à 9 h devant l'hôtel de ville meet you at 9 o'clock in front of the town hall [mit you att naïnn e klok inn fronnt ov Ze taonn Hôl]

rendre to give back [tou giv bak] ▸ à quelle heure faut-il rendre les clés de la chambre ? what time do we have to give the room keys back? [ouat taïm dou oui Hav to giv Ze roum kiz bak?]

rendre (se) *(aller)* to go to... [tou gow tou] ▸ comment puis-je me rendre dans le centre-ville ? how do I get to the town centre? [Hao dou aï guètt tou Ze taonn sènnteu?]

renseignement piece of information [pis ov innfeumèïcheun] ▸ les renseignements téléphoniques directory enquiries [dirèkteuri innkouaïriz]
▸ je voudrais des renseignements sur... I'd like some information on... [aïde laïke seum innfeumèïcheun onn...]
▸ je peux vous demander un renseignement ? may I ask you for some information? [mèï aï ask you fôr seum innfeumèïcheun?]

renseigner *verbe* to find out [tou faïnnd aott] ▸ pourriez-vous me renseigner sur les traversées Calais-Douvres ? could you give me some information about crossings between Calais and Dover? [koudd you giv mi seum innfeumèïcheun eubaott krossinngss bitouinn kalèï ènde dôveu?]

rentrer *(chez soi)* to go home [tou gow Howm], to come home [tou kom Howm] ▸ ne m'attendez pas pour dîner, je rentrerai tard have dinner without me, I'll be back late [Hav dineu ouiZaott mi, aïl bi bak lèït]
▸ je rentre en France le mois prochain I'm going back to France next month [aïme gowinng bak tou franns nèxt monnTH]

renverser *(liquide)* to spill [tou spil] ; *(piéton)* to knock down [tou nok daonn] ▸ attention, j'ai renversé du café be careful, I spilt some coffee [bi kèrfoul, aï spilt seum kofi]

▸ mon ami s'est fait renverser par une moto my friend was knocked down by a motorbike [maï frènnd woz nokt **d**aonn baï e **m**owteubaïk]

réparations *(AUTO)* **repairs** [rip**è**rz] ▸ pourrez-vous faire les réparations dans la journée ? will you be able to carry out the repairs today? [ouil you bi èïbeul tou **k**ari **a**ott Ze rip**è**rz toud**è**ï?]

réparer **to repair** [tou rip**è**r] ▸ pouvez-vous me réparer ça ? can you repair this for me? [kèn you rip**è**r Zis fôr mi?]

repas **meal** [mil] ▸ les repas sont-ils compris ? are meals included? [âr milss innkl**ou**did?]

▸ à quelle heure les repas sont-ils servis ? what times are meals served at? [ouate taïmss âr milss seurvd att?]

▸ merci pour cet excellent repas ! thanks for a lovely meal [THannks fôr e **l**ovli mil]

repasser *(passer à nouveau)* **to come back** [tou kom bak] ; *(linge)* **to iron** [tou **a**ïeun] ▸ je repasserai plus tard I'll come back later [aïl kom bak **l**èïteu]

▸ je voudrais faire repasser mon linge I'd like to have some ironing done [aïde laïke tou Hav som **a**ïeuninng donn]

répéter **to repeat** [tou ripit] ▸ vous pouvez répéter, s'il vous plaît ? can you repeat that, please? [kèn you ripit Zat, pliz?]

répondeur **answering machine** [**ann**seurinng meuch**inn**] ▸ j'ai laissé un message sur ton répondeur I left a message on your answering machine [aï lèft e m**è**ssidj onn yôr **ann**seurinng meuch**inn**]

répondre **to answer** [tou **ann**sseu] ▸ ça ne répond pas there's no answer [Zèrz now **ann**sseu]

reposer (se) **to rest** [tou rèst] ▸ je suis venu ici pour me reposer I came here to rest [aï kèïm Hir tou rèst]

reprendre *(activité)* **to continue** [tou keuntiniou] ▸ le spectacle reprend dans combien de temps ? when does the show start again? [ouènn doz Ze chow stârt eugu**è**ïnn?]

▸ pourrais-je reprendre un peu de vin ? could I have a little more wine? [koudd aï Hav e **l**iteul môr ouaïne?]

représentation *(spectacle)* **performance** [peuf**ô**rmeunss] ▸ à quelle heure commence la représentation ? what time does the performance begin? [ouate taïm doz Ze peuf**ô**rmeunss bigu**inn**?]

réseau *(de téléphone portable)* **network** [n**è**tweurk] ▸ il n'y a pas de réseau there's no reception [Zèrz now riss**è**pcheun]

réservation reservation [rizeuvèïcheun], booking [boukinng] ▶ faut-il faire une réservation ? do you have to make a reservation? [dou you Hav tou mèïk e rizeuvèïcheun?]
▶ est-ce que je peux changer ma réservation ? can I change my booking? [kèn aï tchèïnndj maï boukinng?]

réserver *(billet, chambre)* to reserve [tou rizeurv], to book [tou bouk] ▶ je voudrais réserver un billet pour... I'd like to book a ticket for... [aïde laïke tou bouk e tikètt fôr...]
▶ est-ce qu'il faut réserver ? do you need to book? [dou you nid tou bouk?]
▶ j'ai réservé une chambre au nom de... I have a reservation in the name of... [aï Hav e rizeuvèïcheun inn Ze nèïm ov...]
▶ nous n'avons pas réservé we haven't got a reservation [oui Haveunt gott e rizeuvèïcheun]

réservoir *(à essence)* tank [tannk] ▶ il y a une fuite dans le réservoir d'essence the petrol tank is leaking [Ze pètreul tannk iz likinng]

respirer to breathe [tou briZ]

responsable *(coupable)* responsible [risponnssibôl] ; *(d'une administration, d'un magasin)* person in charge [peursseun inn tchârdj] ▶ je ne suis pas responsable de ce qui est arrivé I am not responsible for what happened [aï am nott risponnssibôl fôr ouate Hapeunnde]
▶ c'est moi qui suis responsable I'm responsible [aïme risponnssibôl]
▶ je voudrais parler au responsable de l'établissement I'd like to speak to the person in charge [aïde laïke tou spik tou Ze peursseun inn tchârdj]

ressembler à to look like [tou louk laïke], to be like [tou bi laïke] ▶ tu ressembles à ton père you look like your father [you louk laïke yôr faZeu]

restaurant restaurant [rèssteureunt] ▶ pouvez-vous nous recommander un bon restaurant dans le quartier ? can you recommend a good restaurant in the area? [kèn you rèkeumènnd e goud rèssteureunt in Zi èrieu?]

au restaurant — **INFO**

▶ je voudrais réserver une table pour ce soir I'd like to reserve a table for tonight [aïde laïke tou rizeurv e tèïbeul fôr tounaït]
▶ pouvons-nous voir la carte ? can we see the menu? [kèn oui si Ze mèniou?]
▶ pourriez-vous nous conseiller un bon vin ? can you recommend a good wine? [kèn you rèkeumènnd e goud ouaïne?]
▶ l'addition, s'il vous plaît can I have the bill, please? [kèn aï Hav Ze bil, pliz?]

rester *(dans un lieu)* **to stay** [tou stèï] ▶ nous pensons rester deux nuits we're planning to stay for two nights [ouir planinng tou stèï fôr tou naïtss]
▶ est-ce qu'il vous reste des places pour... ? are there any tickets left for...? [âr Zèr èni tikètss lèft fôr...?]

retard **delay** [dilèï] ▶ je suis désolé d'être en retard sorry I'm late [sori aïme lèït]
▶ l'avion a eu deux heures de retard the plane was two hours late [Ze plèïnn woz tou aweuz lèït]
▶ pourriez-vous me dire si le train a du retard ? can you tell me if the train is running late? [kèn you tèl mi if Ze trèïn iz reuninng lèït?]

retirer *(de l'argent)* **to withdraw** [tou ouiZdrô] ; *(des billets, des bagages)* **to collect** [tou keulèkt] ▶ il faut absolument que je retire de l'argent I really must withdraw some cash [aï rili meust ouiZdrô som kach]
▶ je viens retirer le billet que j'ai réservé par téléphone I've come to collect the ticket I booked by phone [aïv kom tou keulèkt Ze tikètt aï boukt baï fown]

retour **return** [riteurn] ▶ je serai de retour dans une demi-heure I'll be back in half an hour [aïl bi bak in Haf eun aweu]
▶ je t'appellerai dès mon retour en France I'll call as soon as I get back to France [aïl kôl az soun az aï guètt bak tou franss]
▶ je voudrais un aller-retour pour... I'd like a return ticket to... [aïde laïke e riteurn tikètt tou...]

retraite **retirement** [ritaïmeunt] ▶ je suis à la retraite I'm retired [aïme ritayeud]

retrouver *(rejoindre)* **to meet** [tou mit] ▶ je dois retrouver quelqu'un à l'intérieur I'm supposed to meet someone inside [aïme seupowzd tou mit somouann innssaïd]

retrouver (se) **to meet** [tou mit] ▶ on se retrouve où ? where shall we meet? [ouèr cheul oui mit?]

réussir **to succeed** [tou seukssid] ▶ je n'ai pas réussi à le joindre I couldn't reach him [aï koudeunt ritch Him]

rêve **dream** [drim] ▶ j'ai fait un rêve bizarre I had a strange dream [aï Had e strènnj drim]
▶ bonne nuit, fais de beaux rêves good night, sweet dreams [goud naït, souit drims]

réveil *(pendule)* **alarm clock** [eulârm klok] ▶ j'ai mis le réveil à neuf heures I set the alarm for nine o'clock [aï sètt Zi eulârm fôr naïnn e klok]

réveiller **to wake up** [tou ouèïk eup] ▶ pourriez-vous me réveiller à 6 h 45 ? could you wake me at 6.45? [koudd you ouèïk mi att sikss fôrti faïv?]

ZOOM
au revoir

À savoir : on dit good afternoon et good evening quand on se rencontre et non lorsqu'on se quitte. On dira donc bye bye (ou bye, plus familièrement) dans la journée et good night (« bonsoir » ou « bonne nuit ») en soirée.

réveiller (se) to wake up [tou ouèïk eup] ▸ je dois me réveiller très tôt demain I have to wake up very early tomorrow [aï Hav tou ouèïk eup vèri eurli toumorow]

revenir to come back [tou kom bak] ▸ je reviens tout de suite I'll be back in a minute [aïl bi bak inn e minit]
▸ je n'en reviens pas ! I don't believe it! [aï donnt biliv it!]

rêver to dream [tou drim] ▸ j'ai rêvé que... I dreamt (that)... [aï drèmmt (Zat)...]
▸ j'ai toujours rêvé de.... I've always dreamt of... [aïv ôlouèïz drèmmt ov...]
▸ ça fait rêver ! it's fantastic! [its fantâstik]
▸ non, mais je rêve ! I don't believe it! [aï donnt biliv it!]

revoir (au) bye! [baï] ▸ au revoir, madame Palmer ! goodbye, Mrs Palmer [goudbaï, missiz pâmeu]

revoir (se) *(retrouver)* to see again [tou si euguèïnn] ▸ j'aimerais beaucoup qu'on se revoie I'd really like to see you again [aïde rili laïke tou si you euguèïnn]
▸ j'espère qu'on se reverra bientôt I hope to see you again soon [aï Howp tou si you euguèïnn soun]

rez-de-chaussée ground floor [graonnd flôr] ▸ notre chambre est au rez-de-chaussée our room is on the ground floor [aweu roum iz onn Ze graonnd flôr]

rhum rum [reum]

rhumatismes rheumatism [roumeutizeum]

rhume cold [kôld] ▸ j'ai attrapé un rhume I've caught a cold [aïv kôtt e kôld]

riche rich [ritch]

rien nothing [noTHinng] ▸ je ne comprends rien I don't understand a word [aï donnt eundeustannd e weurd]
▸ ça ne fait rien it doesn't matter [itt dozeunt mateu]
▸ de rien you're welcome [yôr ouèlkom]

rire to laugh [tou laff] ▸ j'ai dit ça pour rire I was just joking [aï woz djeust djowkinng]
▸ ça ne me fait pas rire I don't find that funny [aï donnt faïnd Zat feuni]

risqué risky [riski] ▸ ce n'est pas risqué de plonger par ici ? isn't it risky to dive here? [izeunt it riski tou daïv Hir?]

ZOOM

route

Petit lexique du parfait conducteur :
road = « route nationale »
dual carriageway = « route à quatre voies ».
motorway = « autoroute ». En G.-B., elles sont gratuites. Par exemple, la M25 fait le tour du greater London, c'est-à-dire Londres et sa banlieue.
North Circular ou South Circular désignent un périphérique.

risques risks [risks] ▶ le véhicule est-il assuré tous risques ? does the car have comprehensive insurance? [doz Ze kâr Hav kommpriHènnsiv innchoureunss?]

rive bank [bannk]

rivière river [riveu]

riz rice [raïs] ▶ riz au lait rice pudding [raïss poudinng]

robe dress [drèss]

robinet tap [tap] ▶ le robinet fuit the tap is leaking [Ze tap iz likinng]

rocher rock [rok]

roi king [kinng]

rollers *(en ligne)* rollerblades [roleurblèïdz]

romantique romantic [rowmântik] ▶ cet endroit est très romantique this place is really romantic [Ziss plèïs iz rili rowmântik]

rond-point *m* roundabout [raonndeubaott]

rose *adj (couleur)* pink [pinnk] ■ *f (fleur)* rose [rowz]

roue wheel [ouil] ▶ roue de secours spare wheel [spèr ouil] ▶ vous pouvez m'aider à changer la roue ? could you help me change the wheel? [koudd you Hèlp mi tchèïnndj Ze ouil?]

rouge *(couleur, vin)* red [rèd] ▶ pouvez-vous me conseiller un bon vin rouge ? can you recommend a good red wine? [kèn you rèkeumènnd e goud rèd ouaïne?]

rouler *(conduire)* to drive [tou draïv] ; *(escroquer)* to swindle [tou souinndôl] ▶ ne roule pas trop vite ! don't drive too fast! [donnte draïv tou fâst!] ▶ je me suis fait rouler I was swindled [aï woz souinndôld]

route road [rowd] ; *(itinéraire)* route [rout] ▶ la route sera-t-elle dégagée rapidement ? will the road be cleared soon? [ouil Ze rowd bi klir soun?] ▶ quelle route dois-je prendre pour aller à... ? which road do I take for...? [ouitch rowd dou aï tèïk fôr...?]

roux *(cheveux)* red [rèd] ▶ c'est une grande rousse she's a tall redhead [chiz e tôl rèd-Hèd]

Royaume-Uni United Kingdom [younaïtid kinngdeum]

rue street [strit] ▶ excusez-moi, je cherche la rue... excuse me, I'm looking for... Street [èkskiouz mi, aïme loukinng fôr... strit]

▸ c'est une rue piétonne ? is it a pedestrianised street? [iz itt e pidèsstrieunaïzd strit?]

rugby rugby [reugbi] ▸ rugby à treize Rugby League [reugbi lig]
▸ rugby à quinze Rugby Union [reugbi younionne]

ruines ruins [roui-ins]

russe *adj* Russian [reucheun] ■ *m (langue)* Russian [reucheun]

Russe Russian [reucheun] ▸ les Russes the Russians [Ze reucheuns]

Russie Russia [reucheu]

S

sable sand [sând]

sac bag [bag] ▸ sac à dos rucksack [reukssak]
▸ sac à main handbag [Hènndbag]
▸ sac de couchage sleeping bag [slipinng bag]
▸ sac en plastique plastic bag [plastic bag]
▸ sac-poubelle bin bag [binn bag]

sachet *(de produit, soupe)* sachet [sachèï] ; *(sac)* bag [bag] ▸ sachet de thé teabag [tibag]

saignant *(viande)* rare [rèr] ▸ saignant, s'il vous plaît ! rare, please [rèr, pliz]

saigner to bleed [tou blid] ▸ ça n'arrête pas de saigner it won't stop bleeding [itt wonte stop blidinng]

saison season [sizeun] ▸ quelle est la meilleure saison pour visiter la région ? what's the best time of year to visit the area? [ouatts ze bèst taïm ov yeur tou vizit Zi èrieu?]
▸ les prix augmentent-ils en haute saison ? do prices go up in the high season? [dou praïssiz gow eup inn Haï sizeun?]
▸ nous reviendrons en basse saison we'll come back in low season [ouil kom bak in low sizeun]

salade *(plante)* lettuce [lètiss] ; *(plat)* salad [saleud] ▸ salade composée mixed salad [mikst saleud]
▸ salade de fruits fruit salad [frout saleud]

sale dirty [deurti] ; *(temps)* filthy [filTHi] ; *(journée, mentalité)* nasty [nassti]
▸ le lavabo est sale the washbasin is dirty [Ze wochbèïsinn iz deurti]
▸ quel sale temps ! what horrible weather! [ouate Horibeul ouèZeu!]

salé salty [sôlti] ▸ ce n'est pas assez salé it doesn't have enough salt [itt dozeunt Hav inoff sôlt]
▸ c'est trop salé it's too salty [ittss tou sôlti]

salle room [roum] ▸ salle de bains bathroom [bâTHroum]
▸ salle d'embarquement departure lounge [dipârtcheu laonndj]
▸ salle de sports gym [djim]

salon *(coiffeur)* **salon** [salonn] ; *(pièce)* **living room** [livinng roum] ▸ salon de coiffure hairdressing salon [Hèrdrèssinng salonn]
▸ je peux dormir dans le salon I can sleep in the living room [aï keun slip inn Ze livinng roum]

salut ! *(bonjour)* **hi!** [Haï] ; *(au revoir)* **bye!** [baï] ▸ salut, ça va ? hi, how are you? [Haï Hao âr you?]

samedi Saturday [sateudèï]

SAMU ambulance service [ammbioulannss seurviss] ▸ quel est le numéro du SAMU ? what's the number for the ambulance service? [ouatss Ze neumbeu fôr Ze ammbioulannss seurviss?]

sandales sandals [sândeuls]

sandwich sandwich [sanndouitch] ▸ un sandwich au poulet, s'il vous plaît a chicken sandwich, please [e tchikeun sanndouitch, pliz]

sang blood [bleud]

sanitaires toilets [toïleutts]

sans without [ouiZaott] ▸ sans sucre, s'il vous plaît without sugar, please [ouiZaott chougeu, pliz]

santé health [HèlTH] ▸ (à ta) santé ! cheers! [tchirz!]

sardine sardine [sârdinn] ; *(de tente)* **tent peg** [tènnt pèg]

sauce sauce [sowss] ▸ sauce tomate tomato sauce [teumatow sowss]
▸ la sauce est un peu trop piquante the sauce is a bit spicy [Ze sows iz e bit spaïssi]

saucisse sausage [sowssidj]

sauf except [èksèpt] ▸ tout le monde y est allé, sauf moi everyone went except me [èvriouane ouènnt èksèpt mi]

saumon salmon [sâmeun] ▸ saumon fumé smoked salmon [smowkt sâmeun]

sauna sauna [sowneu]

sauvage wild [ouaïld] ▸ cet endroit est très sauvage this is a very wild place [Zis iz e veri ouaïld plèïs]

savoir to know [tou now] ▸ si j'avais su... if I'd known... [if aïd nown]
▸ je n'en sais rien I've no idea [aïv now aïdieu]
▸ je ne sais pas ce que c'est I don't know what it is [aï donnt now ouate itt iz]

savon soap [sowp] ▸ il n'y a pas de savon there's no soap [Zèrz now sowp]
saxophone saxophone [sâksefown]
scooter scooter [skouteu] ▸ scooter des mers jet ski [djètt ski]
score score [skôr] ▸ quel est le score du match ? what's the score? [ouats Ze skôr?]
Scotch® *(adhésif)* sellotape® [sèleutèïp]
séance *(de gymnastique)* session [sècheun] ; *(de cinéma)* performance [peu-fôrmeunss]
seau bucket [beukit]
sec dry [draï] ▸ mes cheveux ne sont pas encore secs my hair isn't dry yet [maï Hèr izeunt draï yètt]
sèche-cheveux hair dryer [Hèr drayeu]
sèche-linge clothes dryer [klowZ drayeu]
sécher to dry [tou draï] ▸ où est-ce que je peux mettre ma serviette à sécher ? where can I put my towel to dry? [ouère kèn aï pout maï taweul tou draï?]
seconde (TRANSP) standard class [stândeud klâss] ; *(unité de temps)* second [sèkeund]
secours help [Hèlp] ▸ trousse de secours first-aid kit [feurst-èïd kitt]
▸ au secours ! help! [Hèlp!]
▸ il faut appeler les secours we have to call emergency services [oui Hav tou kôl imeurdjeunnsi seurvissiz]
sécurité safety [sèïfti] ▸ est-ce que je peux me promener seule en toute sécurité ? is it safe to walk on my own? [iz it sèïf tou wôk onn maï own?]
séjour stay [stèï] ▸ j'ai passé un séjour très agréable I had a really nice stay [aï Had e rili naïs stèï]
sel salt [sôlt]
selle *(vélo, cheval)* saddle [sâddeul] ▸ la selle ne tient pas bien the saddle is loose [Ze sâddeul iz lous]
semaine week [ouik] ▸ la semaine dernière last week [lâst ouik]
▸ combien ça coûte pour une semaine ? how much is it for a week? [Hao meutch iz itt fôr e ouik?]
▸ je repars dans une semaine I'm leaving in a week's time [aïme livinng inn e ouikss taïm]
sentier path [paTH] ▸ est-ce qu'il y a des sentiers de randonnée ? are there any hiking trails? [âr Zèr èni Haïkinng trèïlss?]
▸ le sentier est-il balisé ? is the pathway marked? [iz Ze paTHouèï mârkt?]
▸ où démarre le sentier ? where does the path begin? [ouèr doz Ze paTH biguin?]

sentir *(odeur)* **to smell** [tou smèl] ▸ qu'est-ce que ça sent bon ! that smells great! [Zatt smèlls grèït]
▸ ça ne sent pas très bon it doesn't smell very nice [it dozeunt smèll veri naïs]

sentir (se) **to feel** [tou fil] ▸ je ne me sens pas bien I don't feel well [aï donnt fil ouèl]

septembre **September** [sèptèmbeu]

serré **tight** [taït] ▸ c'est un peu trop serré it's a bit tight [itts e bit taït]

serrure **lock** [lok] ▸ la serrure est cassée the lock's broken [Ze lok iz browkeun]

serveur **waiter** [ouèïteu] ▸ tu peux appeler le serveur, s'il te plaît ? can you call the waiter, please? [kèn you kôl Ze ouèïteu, pliz?]

serveuse **waitress** [ouèïtriss]

service *(faveur)* **favour** [fèïveu] ; *(au restaurant)* **service** [seurviss] ; *(au tennis)* **service** [seurviss] ▸ je peux vous demander un service ? can I ask you a favour? [kèn aï âsk you e fèïveu?]
▸ le service est-il compris ? is service included? [iz seurviss innkloudid?]

serviette *(de toilette, de plage)* **towel** [taweul] ; *(de table)* **(table) napkin** [(tèïbeul) napkinn] ▸ serviette hygiénique sanitary towel [sanitri taweul]
▸ nous n'avons pas de serviettes de toilette we haven't got any bathroom towels [oui Havent gott èni bâTHroum taweuls]
▸ pourrions-nous avoir des serviettes en papier ? can we have some paper napkins? [kèn oui Hav som pèïpeu napkinns?]

servir *(plat, repas)* **to serve** [tou seurv] ▸ à partir de quelle heure le petit déjeuner est-il servi ? what time is breakfast served from? [ouate taïm iz brèïkfeust seurvd from?]
▸ avec quoi ce plat est-il servi ? what does this dish come with? [ouate doz Ziss dich kom ouiZ?]
▸ ça sert à quoi, ça ? what's that for? [ouatss Zat fôr?]

servir (se) ▸ je peux me servir ? can I help myself? [kèn aï Hèlp maïsèlf?]
▸ je peux me servir de votre téléphone portable ? could I use your mobile phone? [koudd aï youz yôr mowbaïl fown?]

set (SPORT) **set** [sèt] ▸ elle a gagné les deux premiers sets she won the first two sets [chi ouonn Ze feurst tou sèts]

seul *(sans personne)* **alone** [eulown] ▸ je voyage seule I'm travelling alone [aïme traveulinng eulown]

seulement **only** [ownli] ▸ il vous reste seulement une chambre ? do you only have one room left? [dou you ownli Hav ouane roum lèft?]

shampooing shampoo [chammpou]

shopping shopping [choppinng] ▸ j'adore faire du shopping I love shopping [aï lov choppinng]

short shorts [chôrtss] ▸ je peux y aller en short ? can I go in shorts? [kèn aï gow inn chôrtss?]

si *conj* if [if] ▸ si j'avais su... if I'd known... [if aïd nown] ▸ si tu veux if you want [if you wante] ▸ si seulement il pouvait arrêter de pleuvoir ! if only it would stop raining! [if ownli itt woudd stop rèïninng!]

siècle century [sènntcheuri] ▸ ça date de quel siècle ? what century is it from? [ouate sènntcheuri iz it from?]

siège seat [sit] ▸ ce siège est-il pris ? is this seat taken? [iz Ziss sit tèïkeun?] ▸ avez-vous des sièges pour enfant ? do you have child seats? [dou you Hav tchaïld sits?]

sieste nap [napp] ▸ j'aimerais bien faire une sieste cet après-midi I'd like to have a nap this afternoon [aïde laïke tou Hav e napp inn Zi afteunoun]

signaler *(faire remarquer)* to point out [tou poïnnt aott] ▸ je voudrais signaler la perte de mes cartes de crédit I'd like to report the loss of my credit cards [aïde laïke tou ripôrt Ze loss ov maï krèdit kârdz] ▸ nous devons le signaler à la police we must tell the police [oui meust tèll Ze peuliss]

signer to sign [tou saïnn] ▸ je dois signer ici ? do I sign here? [dou aï saïnn Hir?]

signifier to mean [tou min] ▸ qu'est-ce que ça signifie ? what does it mean? [ouate doz it min?]

simple *(billet, chambre)* single [sinngueul] ; *(facile)* simple [simmpeul] ▸ un aller simple pour... a single to... [e sinngueul tou...] ▸ je voudrais une chambre simple I'd like a single room [aïde laïke e sinngueul roum] ▸ c'est très simple it's very simple [its veri simmpeul]

sinon *(autrement)* otherwise [oZeuwaïz] ▸ partons maintenant, sinon on va être en retard let's go now; otherwise we'll be late [lètss gow nao; oZeuwaïz ouil bi lèït]

sinusite sinusitis [saïneussaïtiss] ▸ j'ai une sinusite I've got sinusitis [aïv gott saïneussaïtiss]

sirop (MÉD) & (CULIN) syrup [sireup]

site *(lieu)* site [saït] ; (INFORM) website [ouèb saït] ▸ site archéologique archaeological site [âkieulodjikeul saït] ▸ site touristique tourist spot [tôrist spot]

skate **skateboard** [skèïtbôrd] ▸ je ne sais pas faire du skate I can't use a skateboard [aï kante youz e skèïtbôrd]

ski *(planche)* **ski** [ski] ; *(sport)* **skiing** [skiinng] ▸ ski nautique water skiing [wôteu skiinng]

slip **pants** [pannts] ▸ slip de bain swimming trunks [souiminng treunks]

sms **SMS** [ès èm ès] ▸ je t'envoie un sms pour te dire à quelle heure on se retrouve I'll text you to tell you when we can meet up [aïl tèkst you tou tèll you ouènn oui kèn mit eup]

sœur **sister** [sisteu] ▸ j'ai deux sœurs I have two sisters [aï Hav tou sisteuz]

soie **silk** [silk]

soif **thirst** [THeurst] ▸ j'ai soif I'm thirsty [aïme THeursti]
▸ je meurs de soif I'm dying of thirst [aïme daïinng ov THeurst]

soir **evening** [ivninng] ▸ ce soir tonight [tounaït]
▸ le soir *(tous les jours)* in the evening [inn Zi ivninng]
▸ vous reste-t-il des chambres pour ce soir ? do you have any vacancies for tonight? [dou you Hav èni vèïkeunssiz for tounaït?]
▸ il y a des magasins ouverts tard le soir ? are there any late-night shops? [âr Zèr èni lèït-naït chopss?]
▸ que peut-on faire le soir ici ? what is there to do around here in the evening? [ouate iz Zèr tou dou euraonnd Hir inn Zi ivninng?]
▸ qu'est-ce que tu fais ce soir ? what are you doing tonight? [ouate âr you douinng tounaït?]

soirée **evening** [ivninng] ; *(réception)* **party** [pârti] ▸ bonne soirée ! have a nice evening! [Hav e naïs ivninng!]
▸ nous avons passé une excellente soirée we had a lovely evening [oui Had e lovli ivninng]
▸ j'organise une petite soirée pour mon départ I'm planning a little leaving party [aïme planinng e liteul livinng pârti]

soja **soy** [soï]

soldes **sales** [sèïlz] ▸ c'est quand les soldes ? when are the sales? [ouènn âr Ze sèïlz?]

soleil **sun** [seun] ▸ chouette, il y a du soleil ! great, it's sunny! [grèït, itss seuni]
▸ je ne peux pas rester en plein soleil I can't stay in the sun [aï kante stèï inn Ze seun]

solution **solution** [souloucheun] ▸ ça me paraît être la bonne solution that seems to be the best solution [Zat simss tou bi Ze bèst souloucheun]

sommeil **sleep** [slip] ▸ je n'ai pas sommeil I'm not sleepy [aïme not slipi]

sommet **top** [top] ▸ on se rejoint au sommet ? shall we meet at the top? [cheul oui mit at Ze top?]

somnifère **sleeping pill** [slipinng pil]

sonner **to ring** [tou rinng] ▸ ton téléphone sonne your phone's ringing [yôr fownss rinnginng]

sophrologie **relaxation therapy** [rilaksèïcheun THèreupi]

sortie *(d'autoroute)* **exit** [èkssit], **way out** [ouèï aott] ; *(excursion)* **outing** [aotinng] ; *(au cinéma, au restaurant)* **evening out** [ivninng aott] ▸ sortie de secours emergency exit [imeurdjeunssi èkssit]
▸ quel est le nom de la sortie d'autoroute ? what's the motorway exit called? [ouatss Ze mowteuouèï èkssit kôld?]
▸ nous avons raté la sortie we've missed the exit [ouiv mist Zi èkssit]
▸ des sorties en bateau sont-elles organisées ? are there any boat trips? [âr Zèr èni bowt-tripss]
▸ on pourrait se faire une sortie un de ces jours we could go out one of these days [oui koudd gow aott ouann ov Ziz dèïz]

sortir *(quitter un lieu, se distraire)* **to go out** [tou gow aott] ; *(livre, film)* **to come out** [tou kom aott] ▸ à quel endroit dois-je sortir de l'autoroute ? where do I get off the motorway? [ouèr dou aï guètt off Ze mowteuouèï?]
▸ y a-t-il des endroits sympas pour sortir ? are there any nice places to go out? [âr Zèr èni naïs plèïs tou gow aott?]
▸ où est-ce qu'on peut sortir ? where can you go out? [ouèr kèn you gow aott?]
▸ ce film n'est pas sorti en France that film hasn't come out in France [Zat film Hazeunt kom aott inn franss]

souhaiter **to wish** [tou ouich] ▸ je te souhaite un bon anniversaire happy birthday! [Hapi beurTHdèï]

---

souhaits et regrets — INFO

▸ j'espère qu'il n'y aura pas trop de monde I hope it won't be too busy [aï Howp itt wonte bi tou bizi]
▸ ça serait vraiment bien que tu restes it would be great if you stayed [it woudd bi grèït if you stèïd]
▸ si seulement nous avions une voiture ! if only we had a car! [if ownli oui Had e kâr!]
▸ pourvu qu'elle dise oui ! I hope she says yes! [aï Howp chi sèz yèss!]
▸ je regrette vraiment que vous n'ayez pas pu venir I'm really sorry you couldn't make it [aïme rili sori you koudeunt mèïk itt]

---

soûl drunk [dreunk] ▸ je suis complètement soûl I'm completely drunk [aïme keumplitli dreunk]

soupe soup [soup] ▸ je vais prendre une soupe de légumes I'll have a vegetable soup [aïl Hav e vèdjteubeul soup]

sourcil eyebrow [aïbrow]

sourire smile [smaïl] ▸ fais-moi un sourire give me a smile [giv mi e smaïl]

souris mouse [maoss]

sous under [eundeu] ▸ il est sous la table it's under the table [itts eundeu Ze tèïbeul]

sous-titré subtitled [seubtaïteuld]

sous-vêtements underwear [eundeuouèr]

soutien-gorge bra [bra]

souvenir memory [mèmeuri] ; *(objet)* souvenir [souvenir] ▸ où puis-je acheter des souvenirs ? where can I buy souvenirs? [ouèr kèn aï baï souveunirz?] ▸ je garderai un excellent souvenir de mon séjour ici I'll take away some lovely memories of my stay here [aïl tèïk euwèï som lovli mèmeuriz ov maï stèï Hir]

souvenir de (se) to remember [tou rimèmbeu] ▸ vous vous souvenez de moi ? do you remember me? [dou you rimèmbeu mi?] ▸ je ne me souviens plus de son nom I can't remember his/her name [aï kante rimèmbeu Hiz/Heur nèïm]

souvent often [ofeun] ▸ tu viens souvent ici ? do you come here often? [dou you kom Hir ofeun?]

spa spa [spa]

sparadrap plaster [plâssteu]

spécialiste *(médecin)* specialist [spècheulist] ▸ pourriez-vous me recommander un spécialiste ? could you recommend a specialist? [koudd you rèkeumènnd e spècheulist?]

spécialité speciality [spèchialeuti] ▸ quelle est la spécialité locale ? what is the local speciality? [ouate iz Ze lowkeul spèchialeuti?]

spectacle *(théâtre, cinéma, etc.)* show [chow] ▸ est-ce qu'il y a un guide des spectacles ? is there a listings magazine? [iz Zèr e listinngz magueuzinn?] ▸ à quelle heure commence le spectacle ? what time does the show begin at? [ouate taïm doz Ze chow biguinn att?]

sport sport [spôrt] ▸ sports nautiques watersports [wôteu spôrts] ▸ pratiques-tu un sport ? do you play any sports? [dou you plèï èni spôrtss?] ▸ je fais beaucoup de sport I do a lot of sport [aï dou e lott ov spôrt]

sportif sportsman [spôrtssmann], sportswoman [spôrtsswoumann]

sportif *(athlétique)* sporty [spôrti] ▸ je ne suis pas très sportif I'm not very sporty [aïme nott vèri spôrti]

stade *(SPORT)* stadium [stèïdieum]

stage intensive course [inntènnssiv kôrss] ▸ je voudrais faire un stage de voile I'd like to have sailing lessons [aïde laïke tou Hav sèïlinng lèsseuns]

station *(TRANSP)* station [stèïcheun] ; *(lieu de séjour)* resort [rizôrt] ▸ station de métro underground station [eundeugraonnd stèïcheun]
▸ station de taxis taxi rank [taxi rannk]
▸ station balnéaire seaside resort [sissaïd rizôrt]
▸ station thermale spa [spa]

station-service petrol station [pètreul stèïcheun] ▸ où est-ce que je peux trouver une station-service ? where can I find a petrol station? [ouère kèn aï faïnnd e pètreul stèïcheun?]
▸ est-ce qu'il y a des stations-service ouvertes 24 h /24 ? are there any petrol stations open round the clock? [âr Zèr èni pètreul stèïcheuns owpeun raonnd Ze klok?]

statue statue [stâtchou]

steak steak [stèk]

stretching stretching [strètchinng]

studio *(logement)* studio flat [stioudi-ow flat] ; *(MUS)* studio [stioudi-ow]

style style [staïl] ▸ quel style de musique préfères-tu ? what's your favourite kind of music? [ouatss yôr fèïveurit kaïnnd ov miouzik?]

stylo pen [pènn] ▸ pouvez-vous me prêter un stylo ? can you lend me a pen? [kèn you lènnd mi e pènn?]

sucre sugar [chougueu] ▸ sucre de canne cane sugar [kèïn chougueu]
▸ sucre en morceaux lump sugar *(pluriel)* [leump chougueu]
▸ sucre en poudre caster sugar [kassteu chougueu]

sucré sweet [souit] ▸ c'est un peu trop sucré pour moi it's a bit sweet for me [its e bit souit fôr mi]

sud south [saoTH] ▸ nous voudrions aller dans le sud du pays we'd like to go to the south of the country [ouide laïke tou gow tou Ze saoTH ov Ze keunntri]

Suède Sweden [souideun]

suffire to be enough [tou bi inoff] ▸ ça suffit ! that's enough! [Zatss inoff!]
▸ il suffit d'appuyer sur ce bouton you just have to press this button [you djeust Hav tou prèss Zis beutonn]

suisse *adj* Swiss [souiss] ▸ je suis suisse I'm Swiss [aïme souiss]

Suisse *f* **Switzerland** [souitzeuleund] ■ *nom* **Swiss person** [souiss peursseun]
▸ en Suisse in Switzerland [inn souitzeuleund]
▸ je viens de Suisse I'm from Switzerland [aïme from souitzeuleund]
▸ les Suisses the Swiss [Ze souiss]

super *(formidable)* **great** [grèït] ; *(carburant)* **four-star (petrol)** [fôr stâr (pè-treul)] ▸ super ! great! [grèït]
▸ c'était vraiment super ! it was really great! [itt woz rili grèït!]
▸ je voudrais 10 livres de super I'd like ten pounds worth of four-star [aïde laïke tènn paonndz weurTH ov fôr-stâr]

supérette **mini-market** [mini-mârkitt]

supermarché **supermarket** [soupeumârkitt]

supplément *(coût)* **supplement** [seuplimènnt], **extra charge** [èxtreu tchârdj]
▸ faut-il payer un supplément ? do I have to pay a supplement? [dou aï Hav tou pèï e seuplimènnt?]
▸ combien coûte le supplément pour une assurance tous risques ? how much extra is the comprehensive insurance cover? [Hao meutch èxtreu iz Ze keumpriHènnsiv innchoureunnss koveu?]

supplémentaire **additional** [eudicheunôl] ▸ est-ce qu'il est possible de mettre un lit supplémentaire ? is it possible to add an extra bed? [iz itt pos-sibeul tou âd eun èxtreu bèd?]

supporter **to bear** [tou bèr] ▸ je ne supporte pas la chaleur I can't stand hot weather [aï kante standd Hot ouèZeu]

suppositoire **suppository** [sepozitri]

sur **on** [onn] ▸ je l'ai posé sur la table I put it on the table [aï pout it onn Ze tèïbeul]

sûr *(certain)* **certain** [seurteun], **sure** [chour] ; *(pas dangereux)* **safe** [sèïf] ▸ tu es sûr que ça se dit comme ça ? are you sure that's how you say it? [âr you chour Zatss Hao you sèï itt?]
▸ je n'en suis pas sûr I'm not sure [aïme not chour]
▸ c'est un quartier sûr ? is this a safe area? [iz Ziss e sèïf èrieu?]

surf **surfing** [seurfinng] ▸ je voudrais apprendre à faire du surf I'd like to learn to surf [aïde laïke tou leurn tou seurf]
▸ y a-t-il un endroit où louer des planches de surf ? is there somewhere we can hire surfboards? [iz Zèr somouèr oui keun Hayeu seurfbôrdss?]

surgelé frozen [frowzeun] frozen food [frowzeun foud]

surprise surprise [seupraïz] ▸ quelle bonne surprise ! what a nice surprise! [ouate e naïss seupraïz!]

surveiller to watch [tou wotch] ▸ pouvez-vous surveiller mes affaires un instant ? can you look after my things for a minute? [kèn you louk afteu maï THinngz fôr e minit?]

sympa nice [naïss] ▸ on a trouvé un petit hôtel très sympa we found a really nice little hotel [oui faonnd e rili naïss liteul Howtèl]
▸ c'est vraiment sympa de ta part it's really nice of you [itss rili naïss ov you]
▸ j'ai rencontré des gens super sympas I met some really nice people [aï mèt some rili naïss pipôl]
▸ c'était très sympa it was really nice [it woz rili naïss]

synagogue synagogue [sineugog] ▸ où est la synagogue la plus proche ? where's the nearest synagogue? [ouèrz Ze nireust sineugog?]

syndicat d'initiative tourist office [tourist ofiss]

T

tabac tobacco [teubakow] ▸ vous vendez du tabac à rouler ? do you sell tobacco? [dou you sèll teubakow?]

table table [tèïbeul] ▸ j'ai réservé une table au nom de... I've reserved a table in the name of... [aïv rizeurvd e tèïbeul inn Ze nèïm ov...]
▸ une table pour quatre, s'il vous plaît ! a table for four, please! [e tèïbeul fôr fôr, pliz!]
▸ je peux vous aider à mettre la table ? can I help set the table? [kèn aï Hèlp sètt Ze tèïbeul?]
▸ à table ! it's ready! [itts rèdi!]

tache stain [stèïnn] ▸ je me suis fait une tache I've got a stain [aïv gott e stèïnn]

tai-chi t'ai chi [taïtchi]

taie d'oreiller pillowcase [pilowkèïss]

taille *(partie du corps)* waist [ouèïst] ; *(d'un vêtement)* size [saïz] ▸ c'est un peu serré à la taille it's a little bit tight at the waist [itss e liteul bitt taït att Ze ouèïst]
▸ est-ce que vous avez d'autres tailles? do you have other sizes? [dou you Hav oZeu saïziz?]

▶ est-ce que vous l'avez dans une plus grande taille ? do you have it in a bigger size? [dou you Hav itt inn e **bigg**ueu saïz?]

talon **heel** [Hil] ▶ le talon de ma chaussure est cassé I've broken one of my heels [aïv **brow**keun ouane ov maï Hils]
▶ j'ai une ampoule au talon I've got a blister on my heel [aïv gott e **blis**teu onn maï Hil]

tampon *(hygiénique)* **tampon** [**tâm**pon] ▶ tu peux me passer un tampon ? can you give me a tampon? [kèn you giv mi a **tâm**pon?]

tante **aunt** [annt]

taper *(code)* **to key in** [tou **ki** inn] ▶ je dois taper mon code ? do I have to key in my code? [dou aï Hav tou **ki** inn maï kowd?]
▶ le soleil tape fort aujourd'hui the sun's beating down today [Ze seunss **bi**tinng **dao**nn tou**dèï**]

tapis **carpet** [**kâr**peutt]

tard **late** [lèït] ▶ il est tard it's late [itts lèït]
▶ à plus tard see you later [si you **lèï**teur]
▶ il n'y a pas de train plus tard ? is there a later train? [iz Zèr e **lèï**teu trèïnn?]
▶ mieux vaut tard que jamais better late than never [**bè**teu lèït Zeun **nè**veu]

tarif *(liste des prix)* **price list** [praïss list] ▶ tarif réduit concession [keuns**sè**cheun]
▶ deux tarifs réduits et un plein tarif, s'il vous plaît two concessions and one full price, please [tou keuns**sè**cheunz ènde ouann **fou**l praïss, pliz]
▶ avez-vous un tarif étudiant ? do you do student discounts? [dou you dou sti**ou**deunt dis**kao**nntss?]

tarte **tart** [târt]

tasse **cup** [keup] ▶ je prendrais bien une tasse de thé I fancy a cup of tea [aï **fânn**tsi e keup ov ti]
▶ j'ai bu la tasse I swallowed some water [aï **soua**lowd som **wô**teu]

prendre un taxi — INFO

▶ à l'aéroport, s'il vous plaît to the airport, please [tou Zi **èr**pôrt, pliz]
▶ arrêtez-vous ici stop here, please [stop **Hir**, pliz]
▶ pourriez-vous m'attendre quelques minutes ? can you wait a few minutes? [kèn you **ouèï**t e fi**ou** minits?]
▶ combien vous dois-je ? how much is it? [**Hao** meutch iz itt?]
▶ gardez la monnaie keep the change [kip Ze tchèïnndj]

taux de change exchange rate [iks-tchèïnndj rèïte]

taxe tax [tax] ▸ le prix est-il toutes taxes comprises ? is this price inclusive of tax? [iz Ziss praïss innklouziv of tax?]
▸ doit-on payer une taxe pour annuler une réservation ? is there a charge made for cancellations? [iz Zèr e tchârdj mèïd for kannsseulèïcheunss?]
▸ où est la boutique hors taxes ? where is the duty-free shop? [ouèr iz Ze dioutifri chop?]

taxi taxi [taxi] ▸ où est la station de taxis ? where is the taxi rank? [ouèr iz Ze taxi rannk?]
▸ je voudrais réserver un taxi pour demain matin I'd like to book a taxi for tomorrow morning [aïde laïke tou bouk e taxi fôr toumorow môrninng]
▸ pourriez-vous m'appeler un taxi, s'il vous plaît ? could you order me a taxi, please? [koudd you ôrdeu mi e taxi, pliz?]
▸ combien coûte un taxi d'ici à l'aéroport ? how much does a taxi cost from here to the airport? [Hao meutch doz e taxi kost from Hir tou zi èrpôrt?]

tee-shirt t-shirt [ticheurt]

télécharger to download [tou daonnlowd] ▸ télécharger un fichier to download a file [tou daonnlowd e faïl]

télécommande remote control [rimowt keuntrowl]

téléphone phone [fown] ▸ téléphone portable mobile phone [mowbaïl fown]
▸ je voudrais acheter une carte SIM I'd like to buy a SIM card [aïde laïke tou baï e sim kârd]
▸ savez-vous où je peux trouver une recharge pour mon téléphone portable ? do you know where I can get a top-up card for my mobile? [dou you now ouèr aï kèn guètt e topp-eup kârd fôr maï mowbaïl?]
▸ nous n'avons pas utilisé le téléphone we haven't used the phone [oui Haveunnt youzd Ze fown]

au téléphone — INFO

▸ allô ? hello? [Hèlow?]
▸ Jean Henri à l'appareil Jean Henri speaking [Jean Henri spikinng]
▸ je voudrais parler à Jack Adams I'd like to speak to Jack Adams [aïde laïke tou spik tou djak adeumss]
▸ ne quittez pas hold the line [Howld Ze laïnn]
▸ je peux lui laisser un message ? can I leave a message? [kèn aï liv e mèssidj?]
▸ vous faites erreur you have the wrong number [you Hav Ze ronng neumbeu]

téléphoner **to phone** [tou fown]
▶ je voudrais téléphoner à l'étranger I'd like to make an international call [aïde laïke tou mèïk eun inteurnacheuneul kôl]
▶ je vais lui téléphoner I'll call him [aïl kôl Him]

télévision **television** [tèlèvijeun]
▶ y a-t-il la télévision dans la chambre ? is there a TV in the room? [iz Zèr e tivi inn Ze roum?]

ZOOM
téléphoner

Scène typique. Vous passez un coup de fil, on vous répond hello, Nottingham 43678, vous dites hello, this is Charles-Édouard. Could I speak to Sir Paul McCartney, please ? ou, plus familièrement, is Paul around ? On vous répond hold on puis sorry, Paul is out. Enchaînez par can I leave a message ? (« puis-je laisser un message? »), etc.

tellement *(tant)* **so much** [sow meutch] ; *(si)* **so** [sow] ▶ il y a tellement de choix que je ne sais pas quoi prendre there's so much choice I don't know what to have [Zèrz sow meutch tchoïss aï donnt now ouate tou Hav]

température **temperature** [tèmpreutcheu] ▶ la température est très agréable it's nice and warm [itts naïs ènde wôrm]
▶ quelle est la température de l'eau ? what's the water temperature? [ouatts Ze wôteu tèmpreutcheu?]

tempête **storm** [stôrm] ▶ tu crois qu'il va y avoir une tempête ? do you think there's going to be a storm? [dou you THinnk Zèrs gowinng tou bi e stôrm?]

temple *(protestant)* **church** [tcheurtch]

temps *(durée)* **time** [taïm] ; *(météo)* **weather** [ouèZeu] ▶ on ne sait pas combien de temps on va rester we're not sure how long we're going to stay [ouir nott chour Hao lonng ouir gowinng tou stèï]
▶ combien de temps dure la visite ? how long does the visit last? [Hao lonng doz Ze vizit lâst?]
▶ de temps en temps from time to time [from taïm tou taïm]
▶ j'ai tout mon temps I'm in no hurry [aïme in now Heuri]
▶ on a de la chance avec le temps we're lucky with the weather [ouir leuki ouiZ ze ouèZeu]
▶ il fait un temps magnifique aujourd'hui it's a beautiful day [itts e bioutifoul dèï]

tendance *(à la mode)* **trendy** [trènndi] ▶ t'es super tendance ! you're really trendy! [yourr rili trènndi!]

tenir *(porter)* **to hold** [tou Howld] ▶ tu veux bien tenir mon sac un instant ? can you hold my bag for a second? [kèn you Howld maï bag fôr e sèkeund?]

tennis *masculin* **tennis** [tèniss] ■ *féminin pluriel* *(chaussures)* **trainers** [trèïneuz]
▸ où peut-on jouer au tennis ? where can we play tennis? [ouère kèn oui plèï tèniss?]
▸ elles sont tendance, tes tennis ! your trainers are really trendy! [your trèïneuz âr rili trènndi!]

tension *(MÉD)* **blood pressure** [bleudd prècheu] ▸ il faut que je prenne ma tension I've got to take my blood pressure [aïv gott tou tèïk maï bleudd prècheu]

tente **tent** [tènnt] ▸ je voudrais réserver un emplacement pour une tente, s'il vous plaît I'd like to book a pitch for a tent, please [aïde laïke tou bouk e pitch for e tènnt, pliz]

tenter *(essayer)* **to try** [tou traï] ; *(attirer)* **to tempt** [tou tèmpt] ▸ je vais tenter de me garer ici I'm going to try and park here [aïme gowinng tou traï ènde pârk Hir]
▸ une partie de tennis, ça te tente ? fancy a game of tennis? [fântsi e guèïm ov tèniss?]

terminal **terminal** [teurmineul] ▸ de quel terminal part l'avion pour Paris ? what terminal does the Paris flight leave from? [ouate teurmineul doz Ze pâriss flaït liv from?]

terminus **terminus** [teurmineuss]

terrain *(de camping)* **campsite** [kammpsaït] ; *(de foot)* **pitch** [pitch]

terrasse **terrace** [tèreus] ▸ on se met en terrasse ? shall we sit outside? [cheul oui sit aottsaïd?]

terrible *(horrible)* **terrible** [tèribeul] ▸ ce restaurant n'est pas terrible this isn't a very good restaurant [Ziss izeunt e vèri goud rèssteureunt]

tétanos **tetanus** [tèteuneuss]

tête **head** [Hèd] ▸ j'ai la tête qui tourne I feel dizzy [aï fil dizi]
▸ arrête de te prendre la tête ! stop worrying! [stop weuri-inng!]

tétine **teat** [tit]

thé **tea** [ti] ▸ thé glacé iced tea [aïst ti]
▸ thé nature tea without milk [ti ouiZaott milk]
▸ thé vert green tea [grin ti]
▸ je vais prendre un thé I'm going to have some tea [aïme gowinng tou Hav som ti]

théâtre **theatre** [THièteu] ▸ j'irais bien au théâtre I'd like to go to the theatre [aïde laïke tou gow tou Ze THièteu]

théière teapot [tipott]

thermomètre thermometer [THeumomiteu] ▸ je crois que j'ai de la fièvre, auriez-vous un thermomètre ? I think I have a temperature, do you have a thermometer? [aï THinnk I Hav e tèmpreutcheu, dou you Hav e THeumomiteu?]
▸ le thermomètre indique 18 degrés (Celsius) the thermometer shows 18 degrees (Celsius) [Ze THeumomiteu chowz èïtinn digriz (sèlsieuss)]

BON PLAN
ticket

Au guichet d'une station de métro londonienne, demandez may I have a ticket/a carnet, please ? (prononcer carnay). Cela dit, si vous pouvez acheter des tickets aller-retour pour toutes les zones, les carnets de 10 tickets ne sont valables que pour la zone 1. Il peut être plus judicieux d'acheter une Travelcard. Plusieurs formules permettent de combiner plusieurs zones et plusieurs moyens de transport (métro, bus et trains de banlieue).

Thermos® Thermos flask [THeurmeuss flâsk]

thon tuna [tiouneu]

thym thyme [taïme]

ticket *(TRANSP) (exposition)* ticket [tikètt] ; *(caisse)* receipt [rissit] ▸ ticket de métro underground ticket [eundeugraonnd tikètt]
▸ je voudrais un ticket pour… I'd like a ticket to… [aïde laïke e tikètt tou...]
▸ un carnet de tickets, s'il vous plaît a book of tickets, please [e bouk ov tikètts, pliz]
▸ peut-on acheter des tickets dans le bus ? can you buy tickets on the bus? [kèn you baï tikètts onn Ze beuss?]
▸ j'ai perdu le ticket de caisse I've lost the receipt [aïv lost Ze rissit]
▸ est-ce que c'est possible avec le même ticket ? is it possible with the same ticket? [iz itt possibeul ouiZ ze sèïm tikètt?]

tiède warm [wôrm]

timbre stamp [stammp] ▸ un timbre pour la France, s'il vous plaît a stamp for France, please [e stammp fôr franss, pliz]

timide shy [chaï] ▸ je suis un peu timide I'm a bit shy [aïme e bit chaï]

tire-bouchon corkscrew [kôrkskrou]

tisane herbal tea [Heurbôl ti]

tissu material [meutiriôl] ▸ c'est quoi comme tissu ? what kind of material is this? [ouatte kaïnnd ov meutiriôl iz Ziss?]

toi you [you] ▸ je reste avec toi I'll stay with you [aïl stèï ouiZ you]

toilettes toilet [toïleutt] ▸ toilettes pour dames ladies [lèïdiz]
▸ toilettes pour hommes gents [djènnts]

INFO
timbre

À l'intérieur des îles Britanniques, on utilise deux types de timbres : tarif lent (second class stamp) et tarif rapide (first class stamp). Service plus cher et plus lent pour les courriers vers l'Europe et le reste du monde.

▶ où sont les toilettes, s'il vous plaît ? where is the toilet, please? [ouèriz Ze toïleutt, pliz?]
▶ y a-t-il des toilettes pour handicapés ? are there disabled toilets? [âr Zèr dissèïbeuld toïleuts?]

tomate **tomato** [teumatow]

tomber **to fall** [tou fôl] ▶ je suis tombé I fell over [aï fèl owveu]
▶ je tombe de fatigue I'm dead tired [aïme dèd taïeud]
▶ ça tombe bien ! that's lucky! [Zatss leuki!]
▶ laisse tomber ! forget it! [feuguètt itt!]

torchon *(de cuisine)* **teatowel** [ti taweul]

tordre (se) *(partie du corps) (bras)* **to twist** [tou touist] ▶ se tordre la cheville to twist one's ankle [tou touist ouannss ènnkeul]

Toronto **Toronto** [terontow]

tort ▶ avoir tort to be wrong [tou bi ronng] ▶ j'ai eu tort de lui parler comme ça I was wrong to speak to him like that [aï woz ronng tou spik tou Him laïke Zatt]
▶ c'est moi qui suis en tort it was my fault [itt woz maï fôlt]
▶ tu n'as pas tort ! you're right there! [your raït Zèr]

tôt **early** [eurli] ▶ je partirai tôt demain matin I'll be leaving early in the morning [aïl bi livinng eurli inn Ze môrninng]
▶ il n'y a pas un train plus tôt ? isn't there an earlier train? [izeunt Zèr eun eurlieu trèïnn?]

toucher **to touch** [tou teutch] ▶ je peux toucher ? can I touch it? [kèn aï teutch itt?]
▶ nous n'avons touché à rien we didn't touch anything [oui dideunt teutch èniTHinng]
▶ je suis très touché I'm very touched [aïme veri teutcht]

toujours *(tout le temps)* **always** [ôlouèïz] ; *(encore)* **still** [stil] ▶ je l'ai toujours sur moi I always have it with me [aï ôlouèïz Hav itt ouiZ mi]
▶ je ne sais toujours pas si je vais y aller I'm still in two minds about going [aïme stil inn tou maïnndss eubaott gowinng]

[1] **tour** *(à pied)* **walk** [wôk] ; *(à vélo)* **ride** [raïd] ; *(en voiture)* **drive** [draïv] ; *(dans un jeu)* **turn** [teurn] ▶ on va faire un tour ? shall we go for a walk/drive/ride? [cheul oui gow fôr a wôk/draïv/raïd?]

▸ je t'emmène faire un tour sur ma moto ? shall I take you for a ride on my motorbike? [cheul aï tèïk you fôr e raïd onn maï mowteubaïk?]
▸ c'est à ton tour de jouer it's your turn [itss your teurn]

[2] **tour** *(bâtiment)* **tower** [taweur] ▸ la tour de Londres the Tower of London [Ze taweu of lonndonn]

INFO

payer la tournée

Les Britanniques pratiquent pas mal le pub crawling. Un volontaire se dévoue pour payer la première tournée (round), puis un autre paie la seconde dans un autre pub, et ainsi de suite. Le but est de se rapprocher de chez soi pour être sûr de pouvoir rentrer !

touriste **tourist** [tourist] ▸ vous êtes touriste ? are you a tourist? [âr you e tourist?]
▸ c'est un attrape-touriste it's a tourist trap [itss e tourist trap]

touristique *(dépliant, ville)* **tourist** [tourist] ▸ c'est trop touristique it's too touristy [itts tou touristi]

tournée *(au bar)* **round** [raonnd] ; *(tour)* **tour** [tôr] ▸ c'est ma tournée ! it's my round! [itts maï raonnd]
▸ la prochaine tournée est pour moi I'll buy the next round [aïl baï Ze nèxt raonnd]
▸ on a fait la tournée des bars we went on a pub crawl [oui ouènnt onn e peub krôl]

tourner **to turn** [tou teurn] ▸ c'est bien ici que je dois tourner pour aller à... ? is this the right turning for...? [iz Ziss Ze raït teurninng fôr...?]
▸ il faut tourner à droite you have to turn right [you hav tou teurn raït]
▸ j'ai la tête qui tourne I feel dizzy [aï fil dizi]

tous **all** [ôl] ▸ ils sont tous partis they've all left [Zèv ôl lèft]

tousser **to cough** [tou koff] ▸ je tousse depuis plusieurs jours I've had a cough for several days [aïv Had e koff fôr sèvreul dèïz]

tout **all** [ôl] ; *(la totalité)* **everything** [èvriTHinng] ▸ on a marché toute la journée we walked all day [oui wôkt ôl dèï]
▸ on n'a pas eu le temps de tout voir we didn't have time to see everything [oui dideunt Hav taïm tou si èvriTHinng]
▸ ça ne me dérange pas du tout it doesn't bother me at all [it dozeunt boZeu mi at ôl]
▸ ça sera tout, merci that's all, thanks [Zatts ôl, THannks]

tout de suite *adv* **now** [nao] ▸ à tout de suite ! see you in a minute! [si you inn e minit!]

BON PLAN
train

Le rail anglais n'a pas été des plus performants ces dernières années : beaucoup de retards, manque de confort et puis c'est bien plus cher que le bus ! Néanmoins, on peut opter pour l'un des BritRail Pass, forfaits intéressants à condition de les acheter en France. Il y a deux classes : standard et first class.

toux cough [koff] ▶ j'aurais besoin de quelque chose pour la toux I need something for a cough [aï nid somTHinng fôr e koff]

traditionnel traditional [treudicheuneul]

traduire to translate [tou trannslèït] ▶ tu peux traduire ça ? can you translate this? [kèn you trannslèït Ziss?]

train train [trèïnn] ▶ quand part le prochain train pour... ? when is the next train to...? [ouènn iz Ze nèxt trèïnn tou...?]
▶ ce train va bien à... ? does this train go to...? [doz Ziss trèïnn gow tou...?]

traiteur (CULIN) delicatessen [dèlikeutèsseun]

trajet *(voyage)* journey [djeurni] ▶ combien de temps dure le trajet ? how long is the journey? [Hao lonng iz Ze djeurni?]

tramway tram [tram]

tranche *(morceau)* slice [slaïss] ▶ pouvez-vous le couper en tranches ? can you slice it? [kèn you slaïss itt?]

tranquille quiet [kouayeut] ▶ est-ce que c'est une plage tranquille ? is it a quiet beach? [iz itt e kouayeutt bitch?]
▶ laissez-nous tranquilles ! leave us alone! [liv euss eulown!]

transat deckchair [dèktchèr]

travailler to work [tou weurk] ▶ tu travailles dans quoi ? what do you work as? [ouate dou you weurk az?]
▶ je travaille à Paris I work in Paris [aï weurk inn pâriss]

traveller's cheques traveller's cheques [traveuleuz tchèks] ▶ vous acceptez les traveller's cheques ? do you take traveller's cheques? [dou you tèïk traveuleuz tchèks?]

traversée crossing [krossinng] ▶ combien de temps dure la traversée ? how long is the crossing? [Hao lonng iz Ze krossinng?]
▶ combien coûte la traversée avec une voiture ? how much is it to take a car across? [Hao meutch iz itt tou tèïk e kâr eukross?]

traverser to cross [tou kross]

très very [veri] ▶ je suis très content d'être là I'm very glad to be here [aïme veri glad tou bi Hir]

triste sad [sad] ▶ je suis un peu triste de vous quitter I'm a bit sad to be leaving [aïme e bit sad tou bi livinng]

tromper (se) to be wrong [tou bi ronng] ▶ j'ai dû me tromper de numéro I must have got the wrong number [aï meust Hav gott Ze ronng neumbeu]
▶ je crois que vous vous êtes trompé en me rendant la monnaie I think you've given me the wrong change [aï THinnk youv giveun mi Ze ronng tchèïnndj]

trop too [tou] ▶ il y a trop de monde there are too many people [Zèr âr tou mèni pipôl]
▶ j'ai trop mangé I've eaten too much [aïv iteun tou meutch]
▶ je suis arrivée trop tard I arrived too late [aï euraïvd tou lèït]

trottoir pavement [pèïvmeunt]

trou hole [Howl] ▶ il y a des trous dans la route there are holes in the road [Zèr âr Howlss inn Ze rowd]

trousse *(d'écolier)* pencil case [pènnssil kèïss] ▶ trousse de toilette toilet bag [toïleut bag]
▶ avez-vous une trousse de secours ? do you have a first-aid kit? [dou you Hav e feurst èïd kitt?]

trouver to find [tou faïnnd] ▶ savez-vous où je pourrais trouver... ? do you know where I can find...? [dou you now ouèr aï keun faïnnd...?]

trouver (se) to be [tou bi] ▶ où se trouve... ? where is... [ouère iz...]

truc *(objet)* thing [THinng] ▶ c'est quoi, ce truc ? what's that? [ouatts Zatt?]

truite trout [traott]

tu you [you]

tuba *(de plongeur)* snorkel [snôrkeul]

tulipe tulip [tioulip]

tunnel tunnel [teunôl] ▶ le tunnel sous la Manche the Channel Tunnel [Ze tchaneul teunôl]

TVA (taxe sur la valeur ajoutée) VAT [vi-èï-ti] ▶ la TVA est-elle comprise ? is VAT included? [iz vi-èï-ti innkloudid?]

typique typical [tipikôl] ▶ quels sont les produits typiques de la région ? what are the typical local products? [ouatte âr Ze tipikôl lowkeuls prodeukts?]

BON PLAN
urgences

Les services d'urgence de nuit des hôpitaux (Accident & Emergency) sont gratuits. On vous donnera les médicaments nécessaires pour attendre le lendemain ainsi qu'une ordonnance pour le traitement. En cas d'urgence, appeler les services de secours au 999.

U

uniforme *(vêtement)* uniform [iounifôrm]

université university [iouniveurssiti]

urgences casualty [kajeulti] ▶ il faut l'emmener aux urgences we must take him to hospital [oui meust tèïk Him tou Hospitôl]
▶ où se trouve le service des urgences ? where's the casualty department? [ouèrs Ze kajeulti dipârtmeunnt?]

urgent urgent [eurdjeunt] ▶ c'est urgent ! it's an emergency! [itss eun imeurdjeunssi!]

utile useful [iousfoul]

utiliser to use [tou youz] ▶ est-ce que je peux utiliser votre téléphone portable ? can I use your mobile? [kèn aï youz yôr mowbaïl?]

V

vacances holiday *(singulier)* [Holidèï] ▶ vous êtes ici en vacances ? are you here on holiday? [âr you Hir onn Holidèï?]
▶ bonnes vacances ! have a good holiday! [Hav e goudd Holidèï!]

vacciner to vaccinate [tou vakssinèït] ▶ je suis vacciné contre... I've been vaccinated for... [aïv binn vakssinèïtid fôr...]

vache cow [kao]

vague wave [ouèïv]

vaisselle *(assiettes à laver)* washing-up [wôchinng eup] ▶ je peux vous aider à faire la vaisselle ? can I help you with the washing up? [kèn aï Hèlp you ouiZ Ze wôchinng eup?]

valable valid [vâlidd] ▶ le ticket est-il également valable pour l'exposition ? is this ticket valid for the exhibition too? [iz Ziss tikètt vâlidd fôr Zi èksibicheun tou?]
▶ ce ticket est-il encore valable ? is this ticket still valid? [iz Ziss tikètt stil vâlidd?]

valise case [kèïss] ▸ ma valise a été abîmée pendant le transport my case was damaged in transit [maï **kèïss** woz **da**midjd inn **trann**zitt]
▸ il faut que je fasse ma valise I need to pack [aï nid tou **pak**]

vallée valley [**va**li]

valoir to be worth [tou bi weurTH] ▸ il vaut mieux… we'd better… [ouid **bè**teu…]
▸ ça en vaut la peine ? is it worth it? [iz itt weurTH itt?]

vanille vanilla [veu**ni**leu]

varicelle chickenpox [tchi**kinn**pox]

veau *(viande)* veal [vil]

végétarien vegetarian [vèdji**tè**rieun] ▸ je suis végétarien I'm a vegetarian [aïme e vèdji**tè**rieun]

veine vein [vèïn]

vélo bicycle [**baï**ssikôl], bike [baïk] ▸ je voudrais louer un vélo pour une heure I'd like to hire a bike for an hour [aïde laïke tou **Ha**yeu e baïk fôr eun aweu]
▸ y a-t-il un endroit où laisser les vélos ? is there a place to leave bicycles? [iz Zèr e **plèïss** tou **liv** **baï**ssikôlss?]

vendeur shop assistant [chop eussisteunt]

vendre to sell [tou sèl] ▸ est-ce que vous vendez des timbres ? do you sell stamps? [dou you sèl **stamm**pss?]

vendredi Friday [fraïdèï]

venir to come [tou kom] ▸ d'où venez-vous ? where do you come from? [**ouèr** dou you kom from?]
▸ je viens de Bruxelles I'm from Brussels [aïme from **breu**sseuls]
▸ tu viens souvent ici ? do you come here often? [dou you Kom Hir **o**feun?]
▸ c'est la première fois que je viens it's the first time I've been here [itss Ze feurst taïm aïv binn Hir]
▸ je suis déjà venu il y a plusieurs années I've been before, several years ago [aïv binn bi**fôr**, **sè**vreul yeurz eugo]
▸ alors, tu viens ? well, are you coming? [ouèl, âr you komminng?]
▸ désolé, je ne peux pas venir avec vous sorry, I can't come with you [**so**ri, aï kante kom ouiZ you]

vent wind [ouinnd] ▸ il y a du vent aujourd'hui it's windy today [itss **ouinn**di tou**dèï**]
▸ il n'y a pas assez de vent there's not enough wind [Zèrs not i**noff** ouinnd]

ventilateur fan [fann]

ventre stomach [stomeuk] ▶ j'ai mal au ventre I've got stomach ache [aïv gott gott stomeukèïk]

verre glass [glâss] ▶ je vais prendre un verre de vin I'm going to have a glass of wine [aïme gowinng tou Hav e glâss ov ouaïnn]
▶ ça te dit d'aller boire un verre ? fancy a drink? [fântsi e drinnk?]
▶ je peux vous offrir un verre ? can I buy you a drink? [kèn aï baï you e drinnk?]

vers *(temps)* around [euraonnd] ; *(en direction de)* towards [teuwôrdz] ; *(près de)* near [nir] ▶ je rentrerai vers minuit I'll be back around midnight [aïl bi bak euraonnd midnaït]
▶ on va marcher vers le lac we're going to walk towards the lake [ouir gowinng tou wôk teuwôrdz Ze lèïk]
▶ ça se trouve vers la gare it's near the station [itts nir Ze stèïcheun]

verser *(argent)* to pay [tou pèï] ▶ faut-il verser des arrhes ? do I have to pay a deposit? [dou aï Hav tou pèï e dipozitt?]

vert green [grin]

vertèbre vertebra [veurtibreu]

vertige vertigo [veurtigo] ▶ j'ai le vertige I'm afraid of heights [aïme eufrèïd ov Hèïts]

veste jacket [djakit]

vestiaire *(d'un musée, d'un théâtre)* cloakroom [klowkroum] ▶ je voudrais laisser mes affaires au vestiaire I'd like to leave my things in the cloakroom [aïde laïke tou liv maï THinngz inn Ze klowkroum]

vêtements clothes [klowZ] ▶ prends des vêtements chauds take warm clothes [tèïk wôrm klowZ]

vétérinaire vet [vètt]

viande meat [mit] ▶ viande hachée minced meat [minst mit]
▶ je ne mange pas de viande I don't eat meat [aï donnt it mit]

vidange *(d'une auto)* oil change [oïl tchèïnndj] ▶ il faut faire la vidange the oil needs to be changed [Zi oïl nidz tou bi tchèïnndjd]

vide empty [èmpti] ▶ la bouteille est vide the bottle is empty [Ze boteul iz èmpti]

vidéo video [vidiow] ▶ j'ai fait une vidéo de nos vacances I've made a video of our holiday [aïv mèïd e vidiow ov aweu Holidèï]

vie life [laïf] ▶ c'est la vie that's life [Zatts laïf]

vieux **old** [owld] ▶ c'est un vieux tee-shirt it's an old t-shirt [itts eun owld **ti**-cheurt]

vigne **vineyard** [vini**â**rd]

village **village** [vilidj]

ville *(petite, moyenne)* **town** [t**a**onn] ; *(importante)* **city** [siti]

vin **wine** [ouaïnn] ▶ vin blanc white wine [**ouaït** ouaïnn]
▶ vin rosé rosé (wine) [rowz**èï** (ouaïnn)]
▶ vin rouge red wine [r**è**d ouaïnn]
▶ pouvons-nous voir la carte des vins, s'il vous plaît? can we see the wine list, please? [**kèn oui si** Ze **ouaïnn** list, pliz?]

vinaigre **vinegar** [vinnigueu]

violet **purple** [**peur**pôl]

violon **violin** [vaïeu**linn**]

violoncelle **cello** [**tchè**low]

virement *(sur un compte)* **transfer** [**trann**ssfeu] ▶ je voudrais faire un virement I'd like to transfer some money [aïde laïke tou **trann**sfeu seum **meu**ni]

virus (MÉD) & (INFORM) **virus** [**vaï**reuss] ▶ je crois qu'il y a un virus dans cet ordinateur I think there's a virus on this computer [aï THinnk Zèrs e **vaï**reuss onn Ziss keumpi**ou**teur]

visite **visit** [vizitt] ▶ visite guidée guided tour [**gaï**did tour]
▶ y a-t-il une visite en français ? is there a guided tour in French? [iz Zèr e gaïdid tour inn fr**ènn**ch?]

visiter **to visit** [tou vizitt] ▶ j'aimerais bien visiter… I would like to visit… [aï woudd laïke tou vizitt...]
▶ qu'y a-t-il d'intéressant à visiter ici ? what is worth seeing in the area? [ouate iz weurTH siinng inn Zi **è**rieu?]

se déplacer en ville **INFO**

▶ quel est le bus qui va à la gare ? which bus goes to the station? [ouitch beuss gowz tou Ze st**èï**cheun?]
▶ quel est le moyen le plus rapide pour se rendre à l'aéroport ? what's the quickest way to the airport? [ouatts Ze **koui**keust ouèï tou Zi **è**rpôrt?]
▶ pourrez-vous me prévenir quand je devrai descendre ? could you tell me when I have to get off? [koudd you t**è**l mi ou**è**r aï Hav tou guètt off?]

INFO
vitesse

Loin de nos comportements latins (certes, en progrès), la Grande-Bretagne respecte d'autant mieux les limitations de vitesse (speed limits) qu'on trouve des caméras de surveillance même à la campagne !
Alors sachez vous y retrouver.
En ville : 30 miles per hour (48 km/h).
Sur route : 60 miles per hour (97 km/h).
Sur autoroute : 70 miles per hour (113 km/h).

vite fast [fast], quickly [kouikli] ▸ vous roulez trop vite you're driving too fast [your draïvinng tou fast] ▸ est-ce que vous pourriez parler un peu moins vite ? could you speak more slowly, please? [koudd you spik môr slowli, pliz?]

vitesse speed [spid]

vitre window [ouinndow] ▸ la vitre est cassée the window is broken [Ze ouinndow iz browkeun]

vitrine shop window [chop ouinndow]

vœu *(souhait)* wish [ouich] ▸ meilleurs vœux ! best wishes! [bèst ouichiz!] ▸ fais un vœu ! make a wish! [mèïk e ouich!]

voie *(de gare)* platform [plâtfôrm] ▸ de quelle voie part le train pour... ? what platform does the ... train leave from? [ouate plâtfôrm doz Ze ... trèïnn liv from?]

voilà there is [Zèr iz], there are [Zèr âr] ▸ voilà le train there's the train [Zèrz Ze trèïnn]

voile *(de bateau)* sail [sèïl] ▸ je fais de la voile I go sailing [aï gow sèïlinng] ▸ je voudrais prendre des cours de voile pour débutants I'd like to take beginners' sailing classes [aïde laïke tou tèïk biguineuz sèïlinng klâssiz] ▸ il faut régler la voile we need to adjust the sail [oui nid tou eudjeust Ze sèïl]

voir to see [tou si] ▸ je voudrais voir le Dr ... I'm here to see Dr. ... [aïme Hir tou si dokteu ...] ▸ quelles sont les choses à voir absolument dans la région ? what are the local sights? [ouate âr Ze lowkeul saïts?] ▸ je peux voir ces boucles d'oreilles ? can I see those earrings? [kèn aï si Zowz ieurinngz?]

voir (se) *(se rencontrer)* to see each other [tou si itch oZeu] ▸ nous nous sommes déjà vus quelque part we've met before [ouiv mèt bifôr] ▸ on se voit demain soir ? shall we meet tomorrow evening? [cheul oui mit toumorow ivninng?] ▸ j'espère qu'on pourra se voir quand tu viendras à Paris I hope we can see each other when you come to Paris [aï Howp oui keun si itch oZeu ouènn you kom tou pâriss]

voisin **neighbour** [nèïbeu] ▶ ils sont sympas les voisins ? are the neighbours nice? [âr Ze nèïbeuz naïss?]

voiture **car** [kâr] ; *(wagon)* **carriage** [karidj] ▶ est-ce que c'est loin en voiture ? is it a long drive? [iz itt e lonng draïv?]
▶ c'est bien la voiture 15 ? is this carriage number 15? [iz Ziss karidj neumbeu fiftin?]
▶ savez-vous s'il y a une voiture-restaurant dans ce train ? do you know if there's a dining car? [dou you now if Zèrs e daïninng kâr?]

voix **voice** [voïss] ▶ je n'ai plus de voix I'm losing my voice [aïme louzinng maï voïss]

vol *(trajet en avion)* **flight** [flaït] ; *(délit)* **theft** [THèft] ▶ combien y a-t-il de vols par jour ? how many flights a day are there? [Hao mèni flaïtss eu dèï âr Zèr?]

volaille *(poulet)* **chicken** [tchikeun]

volant *(de voiture)* **steering wheel** [stirinng ouil] ▶ j'ai trop bu, je préfère que tu prennes le volant I've had too much to drink, you drive [aïv Had tou meutch tou drinnk, you draïv]
▶ je prends le volant I'll drive now [âl draïv nao]

voler *(argent, objet)* **to steal** [tou stil] ▶ on m'a volé mes papiers my identity papers have been stolen [maï aïdènntiti pèïpeuz Hav binn stowleun]

---

louer une voiture **INFO**

▶ je voudrais louer une voiture pour une semaine I'd like to hire a car for a week [aïde laïke tou Hayeur e kâr fôr e ouik]
▶ combien coûte la location d'une voiture pour le week-end ? how much is it to rent a car for the weekend? [Hao meutch iz itt tou rènt e kâr fôr Ze ouik ènde?]
▶ avec une assurance tous risques with comprehensive insurance [ouiZ keumpriHènnssiv innchoureunss]
▶ pourrais-je rendre la voiture à l'aéroport ? can I leave the car at the airport? [kèn aï liv Ze kâr att Zi èrpôrt?]
▶ quel est le montant de la franchise ? how much is the excess? [Hao meutch iz Zi èksèss?]

---

volet *(de fenêtre)* **shutter** [cheuteu]

voleur **thief** [THif]

volley **volleyball** [volibôl] ▸ voulez-vous faire une partie de volley ? would you like to play volleyball? [woudd you laïke tou plèï volibôl?]

volontiers **willingly** [ouilinngli] ▸ j'en reprendrais volontiers ! I'd love some more! [aïde lov seum môr!]

vomir **to be sick** [tou bi sik] ▸ j'ai envie de vomir I feel sick [aï fil sik]
▸ j'ai vomi toute la nuit I was sick all night [aï woz sik ôl naït]

vouloir *(désirer, avoir envie de)* **to want** [tou wante] ; *(accepter)* **to like** [tou laïke] ▸ je voudrais... I'd like... [aïde laïke...]
▸ qu'est-ce que tu veux ? what do you want? [ouate dou you wante?]
▸ oui, je veux bien yes, please [yès, pliz]
▸ tu m'en veux ? are you angry with me? [âr you ènngri ouiZ mi?]
▸ qu'est-ce que ça veut dire ? what does it mean? [ouate doz itt minn?]
▸ est-ce que tu veux.. ? would you like...? [woudd you like ?]

vous *(pluriel et forme de politesse)* **you** [you] ; *(réciproque)* **each other**, [itch oZeur] ▸ est-ce que vous vous connaissez ? do you know each other? [dou you now itch oZeu?]
▸ c'est à vous ? is this yours? [iz Ziss yôrz?]

voyage *(déplacement)* **journey** [djeurni] ; *(trajet)* **trip** [trip] ▸ voyage organisé package tour [pakidj tour]
▸ c'est notre voyage de noces we're on our honeymoon [ouir onn aweu Honimoun]
▸ je suis en voyage d'affaires I'm here on business [aïme Hir onn biznèss]
▸ bon voyage ! have a good trip! [Hav e goudd trip!]

voyager **to travel** [tou traveul] ▸ je voyage seul(e) I'm travelling on my own [aïme traveulinng onn maï ownn]

vrai *(exact)* **true** [trou] ; *(véritable)* **real** [rieul] ▸ à vrai dire to tell the truth [tou tèl Ze trouTH]
▸ c'est pas vrai ! I don't believe it! [aï donnt biliv itt!]

vraiment **really** [rili]

VTT **mountain bike** [maonnteun baïk]

vue *(panorama)* **view** [viou] ▸ je préférerais une chambre avec vue sur la mer I'd prefer a room with a sea view [aïde prifeu e roum ouiZ e si viou]

W

Washington Washington [ouoshingteun]

W.-C. *m* **toilet** [toïleut] ▶ où sont les W.-C. ? where's the toilet? [ouèrs Ze toïleut?]

week-end **weekend** [ouik ènde] ▶ on part ce week-end we're leaving this weekend [ouir livinng Ziss ouik ènde]
▶ bon week-end have a good weekend [Hav e goudd ouik ènde]

whisky whisky [ouiski]

Wi-Fi Wifi [oui fi] ▶ est-ce qu'il y a une zone Wi-Fi par ici ? is there a Wifi connection here? [iz Zèr e oui fi keunèkcheun Hir?]

windsurf windsurfing [ouinndseurfinng]

Y

yaourt yoghurt [yogueut] ▶ y a-t-il des yaourts nature ? do you have any natural yoghurt? [dou you Hav èni natchrôl yogueut?]

yen yen [ièn]

yoga yoga [iowgueu] ▶ je fais du yoga I do yoga [aï dou iowgueu]

Z

zone area [èrieu] ▶ zone fumeurs smoking area [smowkinng èrieu]
▶ zone piétonne pedestrian precinct [pidèsstrieun prissinnkt]
▶ zone euro euro zone [youeurow zonn]

zoo zoo [zou] ▶ on va au zoo ? shall we go to the zoo? [chèl oui gô tou Ze zou]

zoom zoom lens [zoum lènss] ▶ le zoom ne fonctionne the zoom lens doesn't work [Ze zoum lènss dozeunt weurk]

L'anglais dans tous ses états

Mystères et secrets de la langue anglaise

Un peu d'histoire

L'anglais est né d'un dialecte anglo-saxon enrichi de termes issus du latin, du vieux norrois (langue germanique à l'origine des langues scandinaves) et de l'anglo-normand. Sous l'Empire britannique, la langue anglaise a également adopté des mots venus d'Inde, d'Afrique du Sud et d'Amérique du Nord. Aujourd'hui, le vocabulaire anglais compte plus d'un million de mots avec des emprunts à plus de 50 langues.

Où parle-t-on l'anglais déjà ?

C'est bien sûr aux États-Unis que l'on parle le plus l'anglais (260 millions de personnes), puis viennent le Royaume-Uni (60 millions), le Canada (20 millions), l'Australie (15 millions), la Nouvelle-Zélande (3,9 millions), l'Irlande (3,7 millions) et l'Afrique du Sud (3,6 millions). Mais l'anglais est souvent aussi la seconde langue officielle de très nombreux États, comme c'est le cas du Zimbabwe (12 millions), de la Jamaïque (2,6 millions) ou encore de Hongkong (6 millions).

L'influence de l'anglais dans le monde...

L'anglais, vous le constatez tous les jours, est une langue utilisée dans des tas de domaines, particulièrement dans le sport, l'informatique, les télécommunications, l'économie et les échanges internationaux. La plupart des travaux scientifiques et technologiques dans le monde sont même publiés en anglais ! On peut dire que c'est la principale langue de référence et d'échange sur la planète.

... et sur le français !

C'est un peu l'histoire du village gaulois qui tente de résister encore et toujours à « l'envahisseur » anglo-saxon. Avec plus ou moins de bonheur, d'ailleurs... Il y a bien quelques tentatives pour remplacer des anglicismes introduits dans l'usage courant ou dans les langues technique et scientifique : ***progiciel*** et *software*, ainsi que ***baladeur*** et *walkman* cohabitent plutôt en bonne intelligence. Mais utilisez-vous vraiment le mot ***bouteurs*** pour parler des *bulldozers* sur les chantiers et achetez-vous vos meubles en ***prêt-à-monter*** *(kit)* ? Enfin, certains mots sont totalement passés dans le langage courant : faire son *jogging* le matin, travailler pour une *start-up*, passer un *casting*... Sans parler des mots anglais introduits au beau milieu des phrases de français, style ***c'était hyper*** *hard* ou ***ça va faire vraiment*** *just* **!**

Mais l'inverse est vrai aussi

On le sait moins : comme l'anglais s'est enrichi sous l'influence du latin et des langues romanes, il n'est pas si rare de trouver certains mots et expressions tirés du français que l'anglais a fini par digérer. Cela dit, il faut se méfier des glissements de sens d'une langue à l'autre. Par exemple, *a rendez-vous*, en anglais, est uniquement galant et amoureux (voire un peu vieillot). Il est donc hors de question, sauf en cas de coup de foudre, d'espérer en obtenir un de votre dentiste ! On dira plutôt *you'll make an appointment* (***vous prendrez rendez-vous***).

Il y a aussi des mots d'origine française qui se promènent en tenue camouflée : par exemple, *an apron* (qui signifie un tablier de cuisine) vient de « ***un napperon*** » français.

D'autres mots courants, tels *introduction*, *village*, ont été empruntés au français mais ils existent dans la langue anglaise depuis si longtemps que les anglophones ne les considèrent plus comme des mots français. Ah, les ingrats !

Allez, passons l'éponge car il existe aussi une double appellation, à la fois anglo-saxonne et d'origine française. Par exemple le ***bœuf*** (vivant) est un *ox*, alors qu'à l'étal du boucher vous demanderez du *beef* ; de même que le ***veau*** vivant *calf* se mange en *veal* et le ***mouton*** *sheep* en *mutton*.

L'anglais

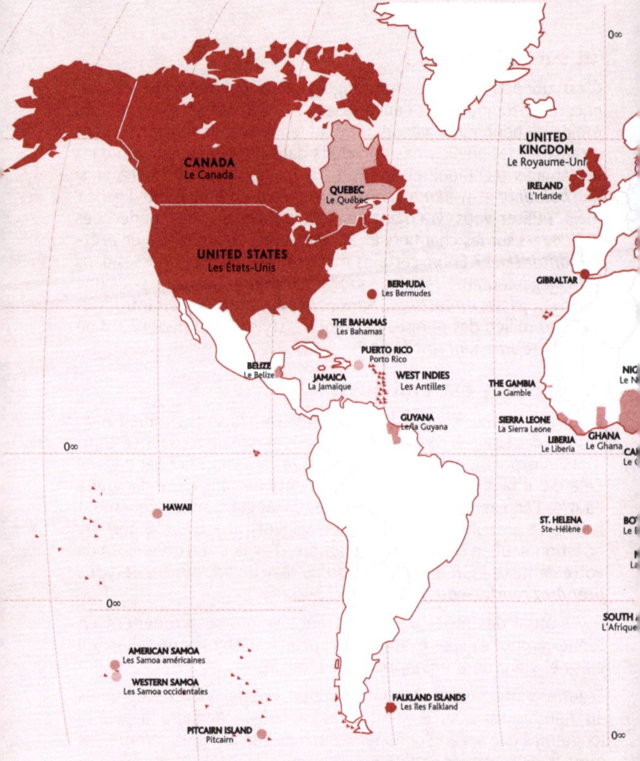

Countries or regions where English is official language and mother tongue

Pays ou régions où l'anglais est langue officielle et maternelle

Countries or regions where English is the official language

Pays ou régions où l'anglais est la langue officielle

Countries or regions where English is one of the official languages

Pays ou régions où l'anglais est l'une des langues officielles

PAKISTAN
Le Pakistan
INDIA
L'Inde
SRI LANKA
Le Sri Lanka
HONG KONG
SINGAPORE
Singapour
KENYA
Le Kenya
TANZANIA
La Tanzanie
MALAWI
Le Malawi
ZIMBABWE
Le Zimbabwe
SWAZILAND
Le Swaziland
LESOTHO
Le Lesotho
SEYCHELLES
Les Seychelles
MAURITIUS
L'île Maurice
MIDWAY
NORTHERN MARIANAS
Les Mariannes du Nord
GUAM
MARSHALL
PALAU
Belau
KIRIBATI
NAURU
TUVALU
PAPUA NEW GUINEA
La Papouasie-Nouvelle-Guinée
SOLOMON IS.
Les îles Salomon
VANUATU
FIJI
Les îles Fidji
TONGA
Les Tonga
AUSTRALIA
L'Australie
NEW ZEALAND
La Nouvelle-Zélande

Eh oui, paradoxalement, l'anglais est une excellente introduction à l'ancien français. Par exemple, le verbe *to mince*, « couper fin », vient du vieux français ***mincier, « émincer, couper en petits morceaux »***. Les étudiants anglais ont même plus de facilité à comprendre l'ancien français que les étudiants français eux-mêmes !

Faux amis

Il faut le reconnaître, il y a toujours eu quelques malentendus entre nous… Et la langue n'y a pas échappé. Ainsi, au Moyen Âge, de nombreux mots empruntés à l'ancien français ont développé en anglais un sens nouveau que le français, du coup, ignore superbement. Les ***faux amis*** sont des mots dont la forme est proche ou identique dans les deux langues mais dont le sens est toujours différent. Cela peut donner lieu à des quiproquos cocasses !

Ainsi, le mot *car* (« ***voiture*** » en anglais) est un ***autocar*** en français (*coach* en anglais).
Quelqu'un de *genial* sera affable et doux en anglais et non ***génial*** (*brilliant, great* en anglais).
Un homme impotent en français est physiquement handicapé (*disabled* ou *crippled* en anglais). *An impotent man* est ***impuissant***, au propre ou au figuré…

Le classique *library* n'est pas ***une librairie*** (*bookshop, bookstore*) mais bien ***une bibliothèque***. *A nurse* est ***une infirmière***, non ***une nounou***. *A patron* est ***un client***, non ***un patron*** ; *a prune*, ***un pruneau*** non ***une prune*** (*plum*) ; *a surname*, ***un nom de famille***, non ***un surnom*** (*nickname*) ; *a placard*, ***une grande affiche*** ; *a coin*, ***une pièce de monnaie***, etc.

Vrais amis

Malgré ces quelques épines, ne craignez tout de même pas d'embrasser la langue anglaise (c'est une image). Les mots identiques en français et en anglais, à la fois par leur forme graphique et leur signification, sont nombreux. Vous pouvez, dans une langue comme dans l'autre, arborer un *cardigan* ou un *tutu*, manger du *caviar* ou une *omelette*, vous reposer sur un *sofa* ou dans un *patio*, danser le *tango*, la *rumba* ou la *polka*, jouer au *golf* et faire du *ski*, humer le doux parfum d'un *iris* ou d'un *magnolia*, mesurer en *volt* et en *watt*, avoir mal au *coccyx* ou au *sternum*, trinquer au *whisky*, souffrir d'une *intoxication* ou de *migraines*, ou encore adopter un *python* ou un *piranha*.

Dialectes, argots et accents

Comme dans n'importe quel pays, il n'y a pas ***une*** langue anglaise parlée uniformément dans toute la Grande-Bretagne. Certains dialectes régionaux possèdent des particularités lexicales et de prononciation, par exemple la langue anglaise d'Irlande ou le dialecte écossais des Lowlands. L'anglais parlé en Angleterre varie aussi beaucoup d'une région à l'autre. La prononciation dans le nord du pays, les Midlands, l'East Anglia, le sud-ouest ou le sud-est n'est vraiment pas la même, sachez-le.

Le *Standard English* s'appuie sur un type de langue parlée cultivé dans les bonnes écoles, particulièrement dans les prestigieuses universités d'Oxford et de Cambridge. Les Anglais parlant des dialectes régionaux maîtrisent donc cette langue et sa prononciation standard (le *BBC English*, *Queen's English* ou *RP*: *registered pronunciation*) à l'école et à l'université. C'est celle-ci qui est largement diffusée par les médias, même si on est moins rigoureux à ce sujet aujourd'hui qu'il y a quelques années.

L'âge des personnes, leur milieu social entrent aussi en ligne de compte : les *Cockneys*, habitants de la banlieue est de Londres, ont leur argot, et puis, signalons qu'environ 3 % de la population britannique est d'origine sud-asiatique et parle donc une autre langue en plus de l'anglais (gujarâtî, bengali, ourdou, punjabi).
À Londres, il existe des communautés originaires de presque tous les coins du monde !

L'anglais d'outre-mer

Mentionnons bien sûr l'anglais parlé en Australie (certains mots particuliers sont issus de dialectes régionaux anglais ou empruntés à des termes indigènes australiens) et l'anglais américain (avec la colonisation de l'Amérique du Nord, l'anglais a connu un développement considérable). C'est la prononciation et le lexique qui différencient principalement l'anglais britannique de l'anglais américain.

Le *pidgin English* est un anglais entré dans certaines langues simplifiées qui se sont développées parmi des populations non anglophones. Celui qui est parlé dans les îles mélanésiennes, la Nouvelle-Guinée, certaines régions d'Australie, les Philippines et Hawaï, ainsi que sur les côtes asiatiques de l'océan Pacifique, s'est développé comme moyen de communication entre commerçants chinois et anglais. L'emploi de formes de *pidgin English* est en expansion en Afrique (Cameroun, Sierra Leone, Afrique Orientale).

Un peu de *stress* pour finir : tonique, l'accent !

Les Français ont souvent l'impression que les Anglais n'articulent pas. C'est parce que « l'accent de mot » (ou accent tonique ou *stress*) est totalement étranger aux francophones : en français, il n'existe pas. En anglais, il est très important. Il peut totalement changer la prononciation d'un mot. Si vous ne le placez pas au bon endroit, on ne vous comprendra sans doute pas, ou vous allez peut-être changer le sens de la phrase et aboutir à un drôle de résultat. Prenez le mot *record* par exemple : si vous accentuez la deuxième syllabe (*cord*), c'est le verbe « enregistrer ». Accentuez la première syllabe (*re*), c'est d'un disque qu'il s'agit. D'où la nécessité absolue d'apprendre à placer l'accent tonique.
Évidemment, on peut s'amuser à mémoriser certaines expressions anglaises en les rapprochant du français. Gageons alors que la prononciation anglaise sera, heu, spéciale...

Are you ready? (***êtes-vous prêt*** ?) : ail ou radis ? ; *more money* (***plus d'argent***) : mords mon nez ; *congratulations !* (***félicitations*** !) : qu'on gratte tous les jeunes ! ; *let's sleep together* (***dormons ensemble***) : les slips tout gais serrent...

Partez maintenant sans inquiétude : sachez que les Anglais ont plaisir à entendre parler anglais avec l'accent français.

Un peu d'argot

Et pourquoi les Britanniques ne posséderaient pas leurs hordes de « jeunes de banlieue » eux aussi ? Bien sûr, ces tribus ont une tchatche bien à eux. Car il s'agit bien d'un langage et non d'une langue : comme chez nous, ils tordent, retordent et contorsionnent la langue jusqu'à la rendre la moins compréhensible possible au commun des mortels, à travers ce qu'on appelle chez les linguistes de formation les « expressions informelles, la qualité relâchée de leur lexique » et puis, bien sûr, l'argot.

Évidemment (vous connaissez les jeunes !), une grande partie de l'argot britannique actuel a ses origines dans des domaines qu'ils sont censés maîtriser sur le bout des doigts : le sexe, le milieu homosexuel, la drogue et, *of course*, la musique. Faut-il rappeler que la Grande-Bretagne a offert à l'humanité les Beatles, les Rolling Stones, les Who et le mouvement punk avec Johnny Rotten (Johnny « Pourri ») et Sid Vicious (***Sid-le-Vicieux***) des Sex Pistols ?

Rébellion oblige, on s'exprime donc avec un langage qui défie la langue du pouvoir et l'autorité de l'anglais académique. Mais, talent et effets de mode faisant bien souvent boule de neige, leurs habitudes de langage plaisent aux autres adolescents, et même aux fils de « bourges » (la *middle class*).

Que dire alors des secteurs économiques et culturels qui récupèrent évidemment cette créativité à leur profit : la chanson, le cinéma, la publicité, la bande dessinée (riche en onomatopées et en phrases courtes) et la télévision avec ses émissions de téléréalité qui mettent en scène jusqu'à la caricature les tics les plus connus du fameux langage ***d'jeun's***.

L'argot

L'anglais argotique utilise pour commencer quelques abréviations « classiques » comme *gotta* pour *have got to* (***je dois***), *gonna* pour *going to* (futur proche) ; *I wanna* : *I want to* (***je veux***), *lotta* : *lot of* (**beaucoup de**), *gimme* : *give me* (**donne-moi**), *dunno* : *don't know* (***je ne sais pas***). Ces expressions sont surtout utilisées dans les conversations entre potes et dans les chansons.

Bien sûr, il existe plein de variations dialectales et régionales au sein du Royaume Uni, mais la mondialisation faisant son office, les frontières de l'argot s'amenuisent. L'influence des films, des séries télévisées, de la musique (le rap) et de l'informatique fait que l'argot nord-américain n'a pas eu trop de mal à pénétrer le langage des jeunes Britanniques.

Un peu de sociologie, quoi !

Comme disent les sociologues : « Évoquons plus spécifiquement quelques thèmes proches des préoccupations des populations jeunes et leur influence sur le langage » !

- **L'alcool :**

Les Britanniques lèvent bien le coude eux aussi. Le terme *booze* (substantif : ***l'alcool***, et le verbe *to booze* : « ***picoler*** ») a un rôle central, un *boozer* est un ***pub***, une soirée est *boozy* s'il y a beaucoup d'alcool à consommer. Quand on est ***ivre***, on est *legless* (***sans jambe***), *hammered* (***achevé à coups de marteau***), *pissed* (plus vulgaire, ***complètement torché***), ou encore plus vulgaire, *shit-faced*.

Vous entendrez sûrement bien d'autres expressions toutes plus imagées les unes que les autres.

- **L'argent :**

Il est souvent appelé *dough* (la pâte) ou *bread*, ou *dosh*. Un *fiver* est un billet de cinq livres ; un *tenner*, de dix ; *a quid* désigne une livre et est invariable (*a hundred quid*).

Bien sûr, les insultes sont multiples et variées. Linguistes passionnés, apprenez l'intonation adéquate lors de votre séjour ! Citons parmi les expressions les plus courantes *fucking bastard* (pour un homme), *fucking bitch* (pour une femme), et le rédhibitoire *go fuck yourself !*

Les thèmes suivants sont sans doute, comme chez nous, révélateurs des tensions et des dérives de la société. À bien y regarder, ils ne sont pas toujours si drôles, mais plutôt à double tranchant...

- **La violence et le racisme :**

Les fans de films noirs et de rap reconnaîtront certains termes. Un ***couteau*** est *a blade*, *a chib*, *a shiv*. *To give somebody a thrashing* signifie « ***rosser quelqu'un*** » ; *to bash* (***défoncer***) a donné des expressions nettement plus ambigües comme *queer-bashing* (***violences contre les homosexuels***) ou *Paki-bashing* (***violence contre les Pakistanais***). Dans le registre de la bêtise et de la folie, il y a beaucoup d'expressions très imagées pour signifier qu'une personne n'est pas très futée (*he's not the brightest star in the sky* par exemple). Le suffixe *-head* donne toute une série de mots désignant un(e) abruti(e) : *an airhead*, *a knucklehead*, et plus vulgaire *a dickhead*.

- **Le sexisme :**

La femme/meuf est *a babe* (***canon, bombe***), *a chick* (***nana, gonzesse***), ou *a ho* (***pouffiasse, grognasse***), transcription phonétique que les rappeurs américains ont empruntée à *whore* (***prostituée***).

Pour conclure, certains aspects de l'argot britannique sont donc à manier avec beaucoup de précautions par un étranger pouvant ignorer à quel point ses connotations peuvent être racistes ou sexistes. Pour le reste, la tchatche est sujette aux modes, tout comme les vêtements, les films et la musique. C'est un code d'identification dont la plupart des expressions argotiques ont la vie courte ou peuvent être régionales. Avant d'exister par écrit, les mots d'argot sont issus d'une culture orale. Et lorsqu'ils se retrouvent placardés sur les murs ou dans les spots de pub, il est déjà trop tard : ils ont disparu depuis bien longtemps des terrains vagues de la banlieue londonienne ! Alors, un conseil : affinez vos connaissances sur place...

T'as de beaux yeux, tu sais

Vous marinez chez vos harengs ?

Bon, on va pas se la raconter pendant des heures. Si on voyage, c'est pas pour rester enfermé dans sa chambre d'hôtel. Voyager, c'est aussi (et peut-être surtout ?) rencontrer des gens. Faire un brin de causette avec le gardien du musée, papoter à l'heure du thé avec une charmante mamie arborant un superbe chapeau rose fuschia ou encore tailler un rumsteack avec la jolie serveuse ou l'élégant barman. Vous reprendrez bien un peu de nos différences culturelles ? Faire connaissance, donc, et puis, qui sait, hein, pousser un peu plus loin l'intimité ? Les mots ***flirter*** et ***draguer*** vous disent toujours quelque chose ? *Ladies and gentlemen* : peut-être décrocherez-vous alors un *boyfriend* ou une *girlfriend*. Petit rappel : messieurs, sortez couverts pour être sûrs de ne rien attraper d'autre et ne pas laisser de cadeau empoisonné.

Une bonne préparation

Avant de partir, vous avez pris soin de revoir toutes les comédies romantiques anglaises et de noter les scènes clés pour tenter de les reproduire à la première occasion. Si ***À nous les petites Anglaises*** a pris quelques rides, vous avez mémorisé les répliques inoubliables de ***Quatre mariages et un enterrement***, de ***Peter's friends***, de ***Coup de foudre à Notting Hill*** ou du ***Journal de Bridget Jones***. Mais vous n'êtes pas encore tout à fait sûr d'avoir le charme de Hugh Grant, d'Andie MacDowell ou de Julia Roberts ? Nous allons tâcher de vous aider à séduire les Britanniques.

Si, on peut draguer partout !

Bien sûr, il y a les bars et les boîtes (voir plus loin). Mais tous les lieux et situations sont propices à la rencontre et il ne faut pas négliger la vie quotidienne ni les endroits aussi ordinaires qu'une épicerie, un stade de rugby ou la boutique de piercing au coin de la rue… Les parcs anglais sont nombreux et très agréables (si vous avez emmené votre petit chien-chien à son pépère, succès assuré !), tout comme les châteaux, musées, concerts, etc.

Vous êtes étudiant(e) et fréquentez librairies et bibliothèques ? Oserez-vous le *Can I borrow your card? I want to check you out* (***Je peux vous emprunter votre carte de bibliothèque ? C'est pour un petit contrôle***, (mais aussi : ***Je voudrais vous faire un petit contrôle.***)

Si vous voyagez en voiture, en moto ou en vélo, vous pouvez évidemment recourir au « coup de la panne » ou vous perdre (*Do you have a map? I just keep on getting lost in your eyes*. ***Vous avez une carte ? Je n'arrête pas de me perdre dans vos yeux***)…

Dans les transports en commun, un homme peut galamment céder sa place à une Anglaise : *Please, take my seat*, ou l'aider à trouver une place pour ses bagages : *Can I help you with your luggage?* À l'entrée d'un magasin/musée, etc., il est fortement conseillé de tenir la porte aux dames : *After you* ; (*thank you*) ; *You're welcome*. Attention aux *revolving doors* (***portes à tambour***) : l'homme se doit alors de passer le premier pour pousser la porte afin d'éviter tout effort à la dame. Évitez bien sûr de la coincer dans le mécanisme…

Un peu d'entraînement

Comme partout dans le monde, les pubs, bars et boîtes de nuit sont évidemment des lieux stratégiques. On y cible mieux le style de rencontre qu'on recherche (si on en cherche un) : amateurs de techno ou de R'n'B, boîte hétéro ou gay, etc. Dans un bar ou un pub, où les serveurs restent au bar, vous pouvez vous proposer pour aller chercher les consommations : *Shall I fetch the drinks?*

Si vous êtes du genre fébrile, rassurez-vous en guise d'*opening remarks* ou *ice breakers* (***formules pour rompre la glace***) avec ce bon vieux lieu commun des familles : *Do you come here often?* (***vous venez souvent ici ?***). Bon, le vieux truc classique, c'est bien sûr de commencer par offrir à boire (*Would you like a drink? What would you like to drink?*). Si vous vous sentez déjà un peu en verve, prenez de l'avance sur le paragraphe suivant et tentez un *What's a nice girl like you doing in a place like this?* (***qu'est-ce qu'une fille bien comme vous fabrique ici ?***). Bon sang, quel humour !

Passons aux choses sérieuses !

Allez, l'heure est venue d'être audacieux et, après quelques verres, ça y est, vous vous lancez. *Apart from being sexy, what do you do for a living?* (***à part être sexy, tu fais quoi dans la vie ?***), *I'm not drunk, I'm just intoxicated by you* (***je ne suis pas saoul(e), je suis simplement ivre de toi***). Vous voulez user de la flatterie la plus basse : *Didn't I see you on the cover of Vogue ?* (***ce n'est pas vous en couverture de Vogue ?***), la jouer macho : (*What's your name ?) Grant. Hugh Grant ;* ignoblement dramatique : *I have only three months to live* (***il ne me reste que trois mois à vivre***), très direct : *I know a great way to burn off the calories in that cake you just ate* (***je connais un super moyen de brûler les calories du gâteau que tu viens de manger***)... ?

Pour conclure

Vous l'aurez compris, les Britanniques usent et abusent de l'autodérision. Alors, mettez votre superbe dans votre poche ! Pour les sorties, n'hésitez pas à faire l'achat de journaux et de magazines correspondant à vos critères (presse ado, gay, sportive, culturelle) : vous y trouverez les événements locaux, les endroits branchés et les dernières tendances. Et puis n'oubliez pas que votre plus grand atout dans la rencontre avec les Britanniques, c'est que vous êtes étranger(ère). Les Français ont-ils particulièrement « la cote » en Angleterre ? C'est à voir, mais bon, que faites-vous de votre belle spontanéité et de votre adorable accent *frenchy ?*

Tout ce que vous avez toujours voulu savoir sur l'anglais sans jamais oser le demander

Les cours d'anglais vous paraissent un peu lointains ? Voire même très lointains ? Qu'à cela ne tienne ! Voici une grammaire simplifiée avec plein d'exemples pour vous permettre de construire rapidement vos propres phrases et d'être totalement « aware ». Inutile d'être linguiste confirmé ou docteur ès lettres. La grammaire anglaise se révèle par bien des aspects beaucoup plus facile qu'il n'y paraît. Si, si, on vous assure. *Ladies and gentlemen, are you ready? Let's go…*

Pour commencer, on vous fait l'article

Comme les noms et les adjectifs, les articles n'ont pas de genre en anglais (une vraie langue de gentleman en quelque sorte).

L'article indéfini

- L'**article indéfini** s'écrit **a** devant une consonne ou un « h » aspiré : ***a*** *restaurant* (*un restaurant*) ; ***a*** *hammer* (*un marteau*) ;
- **a** devient **an** devant une voyelle : ***an*** *apple* (*une pomme*).
- On emploie **a** ou **an** devant un nom de métier : *I am* ***a*** *painter.* (*Je suis peintre.*).

L'article défini

Il n'y a en anglais qu'un seul **article défini**, ***the***, valable aussi bien pour les noms singuliers que pluriels : ***the*** *book* (*le livre*) ; ***the*** *keys* (*les clés*) ; ***the*** *time* (*l'heure*).

Cas particuliers

Les noms propres et les titres sont employés sans article : *Doctor Allen* (*le docteur Allen*) ; *King Louis XIV* (*le roi Louis XIV*) ; *President Kennedy* (*le président Kennedy*).
Mais il y a des exceptions : *the President of the United States* (*le président des États-Unis*).

Il n'y a pas d'article non plus devant les noms de pays : *France* (*la France*), *England* (*l'Angleterre*),
sauf s'ils sont formés à partir d'un nom commun : *the British Isles* (*les îles Britanniques*), *the United States* (*les États-Unis*).
Enfin, on n'utilise pas d'article devant la plupart des notions : *happiness* (*le bonheur*).
Jusque-là tout le monde suit ? Alors continuons...

Les noms

En anglais, les noms sont tous neutres (on vous avait dit que ce serait facile).

Formation du pluriel

Au **pluriel**, la majorité des noms prennent un *-s* :

book (*livre*)	*books*
hat (*chapeau*)	*hats*

Quand le nom se termine par *-s*, *-ss*, *-sh*, *-ch* ou *-x*, il faut ajouter *-es* :

bus (*bus*)	*buses*
kiss (*baiser*)	*kisses*
bush (*buisson*)	*bushes*
watch (*montre*)	*watches*
box (*boîte*)	*boxes*

Quand le nom se termine par *-y*, on ajoute *-ies* :

baby (*bébé*)	*babies*

Mais attention, quelques noms ont un **pluriel irrégulier** (ce serait trop simple sinon) :

man (*homme*)	*men*
foot (*pied*)	*feet*
fish (*poisson*)	*fish*
child (*enfant*)	*children*
mouse (*souris*)	*mice*

Les indénombrables

Certains noms n'ont pas de pluriel ; on les appelle **indénombrables** : *water* (*eau*), *money* (*argent*), *furniture* (*meubles*), *work* (*travail*)... C'est ceux que l'on traduit avec **de** en français :

Give me some water. Donne-moi de l'eau.
I have no money left. Je n'ai plus d'argent.

Exceptions

Méfiance tout de même, apprentis linguistes, car la terminaison en *-s* n'est pas forcément la marque du pluriel. Eh oui, certains noms en *-s*, des noms de jeux, de maladies ou de matières, sont des indénombrables toujours suivis d'un verbe au singulier : *news* (*nouvelle*), *the United States* (*les États-Unis*).

The news is bad. C'est une mauvaise nouvelle.

The United States is a very big country. Les États-Unis sont un très grand pays.

Les noms qui font référence à des groupes peuvent être suivis d'un verbe singulier ou pluriel : *government* (*gouvernement*), *team* (*équipe*), *school* (*école*).

England is ou *are winning 2-0. L'Angleterre mène 2-0.*

Pour couronner le tout (sauf la reine), certains noms, qu'ils se terminent ou non par *-s*, sont toujours suivis d'un verbe au pluriel : *people* (*les gens*), *police* (*la police*), *scissors* (*les ciseaux*).

Some people are never tired! Il y a des gens qui ne sont jamais fatigués !

Les adjectifs

Bonne nouvelle, les adjectifs sont **invariables** en genre et en nombre. Ils se placent toujours **devant le nom** : *a little girl* (*une **petite** fille*), ***little** girls* (*des **petites** filles*).

S'il y a plusieurs adjectifs **épithètes**, l'ordre à retenir est généralement le suivant : 1. taille 2. âge 3. couleur 4. origine 5. matière

a large black London taxi. un grand taxi londonien noir.

a small metal toy. un petit jouet en métal.

Comparatifs et superlatifs

Le **comparatif** et le **superlatif** se forment différemment selon la longueur de l'adjectif (étonnant, non ?) :

– Adjectifs courts (une syllabe) : on ajoute ***-er*** pour le comparatif et ***-est*** pour le superlatif.

small [*petit(e)*] → *small**er*** → *the small**est***

– De même pour les adjectifs de deux syllabes qui se terminent en *-y*, *-er*, *-ow* ou *-le*.

dirty [*sale*] → *dirt**ier*** → *the dirt**iest***

Vous l'aurez remarqué, le *-y* final se transforme en *-i* :

silly [*idiot(e)*] → *sill**ier*** → *the sill**iest***

Attention ! La consonne finale redouble lorsqu'elle est précédée d'une voyelle courte :

big [*grand(e)*] → *bi**gger*** → *the bi**ggest***

– Adjectifs longs (trois syllabes ou plus) : on emploie ***more*** et ***most***.

difficult [*difficile*] → ***more*** *difficult* → *the* ***most*** *difficult*

beautiful [*beau, belle*] → ***more*** *beautiful* → *the* ***most*** *beautiful*

– De même pour les adjectifs de deux syllabes qui se terminent en *-ful*, *-less*, *-al*, *-ant*, *-ent*, *-ic*, *-ive*, *-ous*.

active [*actif(ive)*] → ***more*** *active* → *the* ***most*** *active*

Comparatifs et superlatifs irréguliers

adjectif		comparatif	superlatif
bad	mauvais(e)	*worse*	*the worst*
far	loin	*farther/further*	*the farthest/furthest*
good	bon(ne)	*better*	*the best*
little	peu de	*less*	*the least*
much/many	beaucoup de	*more*	*the most*
old	vieux, vieille	*older/elder*	*the oldest/eldest*

Les adjectifs possessifs

		singulier	pluriel
1re personne		*my*	*our*
2e personne		*your*	*your*
3e personne	– masculin	*his*	*their*
	– féminin	*her*	
	– indéfini	*one's*	
	– neutre	*its*	

Possessifs, les Anglais ? Pas tant que ça. En tout cas, ils se compliquent moins la vie que nous, puisque c'est le possesseur, et non la chose possédée, qui détermine le choix de l'adjectif possessif. Par exemple, si le possesseur est une femme : *She's my best friend.* ***Her*** *father is a doctor.* *C'est ma meilleure amie.* ***Son*** *père est médecin.*

Le possessif

Quand le possesseur est une personne, on utilise la construction *'s* pour exprimer la possession :

Martin's bicycle — *le vélo de Martin*

the children's toys — *les jouets des enfants*

Et lorsque le nom se termine déjà par un *s*, on ajoute simplement une apostrophe (souvent le cas avec les pluriels réguliers) :

the boys' father — *le père des garçons*

Quand le possesseur est une chose, on utilise ***of*** :

the tyre of the car — *la roue de la voiture*

Nationalité

Petit détail ayant son importance, les adjectifs de nationalité s'écrivent avec une majuscule : *French wine* (*du vin français*), *English humour* (*l'humour anglais*).

Les pronoms personnels

sujet		complément	
I	je	*me*	moi/me
you	tu/vous	*you*	toi/te/vous
he	il	*him*	le/lui
she	elle	*her*	la/lui
it	il/elle/cela	*it*	le/la/lui
we	nous	*us*	nous
you	vous	*you*	vous
they	ils/elles	*them*	eux/les/leur

You (*tu/vous*) désigne à la fois le singulier et le pluriel ; on l'emploie indistinctement pour tutoyer ou vouvoyer quelqu'un.

He et ***him*** s'emploient pour une personne ou un animal domestique de sexe masculin, ***she*** et ***her*** pour une personne ou un animal domestique de sexe féminin :

There's Mark's brother. ***He****'s a student. Do you know* ***him****?*

C'est le frère de Mark. ***Il*** *est étudiant. Tu* ***le*** *connais ?*

There's Lucy's mother. ***She****'s a dentist. Have you met* ***her****?*

C'est la mère de Lucy. ***Elle*** *est dentiste. Tu* ***la*** *connais ?*

It s'emploie pour une chose, une notion ou encore un animal dont on ne connaît pas le sexe :

Here is my house. ***It****'s not big. I like* ***it****.*

Voici ma maison. ***Elle*** *n'est pas grande. Je* ***l'****aime bien.*

Get it?

Les pronoms possessifs

mine	le mien / la mienne les miens / les miennes	*ours*	le nôtre / la nôtre les nôtres
yours	le tien / la tienne les tiens / les tiennes	*yours*	le vôtre / la vôtre les vôtres
his / *hers*	le sien / la sienne les siens / les siennes	*theirs*	le leur / la leur les leurs

These are not our seats, they are ***theirs****. Ce ne sont pas nos places, ce sont* ***les leurs****.*

À la troisième personne du singulier, rappelez-vous que le pronom possessif, comme l'adjectif possessif, s'accorde au genre du possesseur et non à celui de la chose possédée :
This is Mark's car. It's his car. It's ***his****.*
C'est la voiture de Mark. C'est sa voiture. C'est ***la sienne****.*

« Some » et « any »

Some et *any* s'emploient comme déterminants devant un nom pluriel dénombrable ou un nom singulier indénombrable. Ils désignent une quantité (ou éventuellement une qualité) indéterminée. On emploie ***some*** à la forme affirmative et *any* aux formes négative et interrogative.
There are ***some*** *books on the table. Il y a des livres sur la table.*
There's ***some*** *coffee in the kitchen. Il y a du café dans la cuisine.*
Are there ***any*** *good films on television tonight? Y a-t-il de bons films à la télévision ce soir ?*
I don't want ***any*** *sugar. Je ne veux pas de sucre.*

Dans les affirmations

Sachez tout de même qu'on peut employer ***some*** dans une question si la réponse attendue est affirmative :
Would you like ***some*** *cake? Tu veux du gâteau ?*

Any peut aussi avoir le sens de « n'importe lequel ». Dans ce cas, il s'emploie alors également à la forme affirmative :
Any good bookshop sells this dictionary.
N'importe quelle bonne librairie vend ce dictionnaire.

Les pronoms indéfinis

Some et *any* s'emploient également comme pronoms indéfinis. Ils peuvent alors se combiner avec *-body*, *-one*, *-thing* et *-where* pour former des pronoms indéfinis composés :

***Somebody** called last night. Quelqu'un a téléphoné hier soir.*

*Did **anyone** call while I was out? Quelqu'un a-t-il appelé pendant que j'étais sorti(e) ?*

***Something** strange happened yesterday. Quelque chose d'étrange est arrivé hier.*

*She lives **somewhere** in Milton Keynes. Elle habite quelque part à Milton Keynes.*

Les adverbes

La plupart des adverbes se forment en ajoutant le suffixe *-ly* à l'adjectif :
slow → *slowly* (*lent, lente* → *lentement*)

Quand l'adjectif se termine en *-y*, on le remplace par *-ily* :
happy→ *happily* (*heureux, heureuse* → *heureusement*)

Quand l'adjectif se termine en *-le*, on le remplace par *-ly* :
simple → *simply* (*simple* → *simplement*)

Quand l'adjectif se termine en *-ll*, on ajoute *-y* :
full → *fully* (*plein, pleine* → *pleinement*)

Quelques adverbes ont la même forme que l'adjectif :
late (*tardif, tardive, en retard, tard*), *fast* (*rapide, rapidement*), *hard* (*dur*), *wrong* (*mauvais, mauvaise, mal*), *right* (*exact, exacte, bien*).

L'adverbe de *good* (*bon, bonne*) est *well* (*bien*).

En général, les adverbes se placent directement avant l'auxiliaire ou après le verbe, ou après le complément d'objet quand il y en a un :

Mark works slowly. Mark travaille lentement.

I simply can't come. Je ne peux vraiment pas venir.

Lucy finished her homework quickly. Lucy a terminé ses devoirs rapidement.

Les verbes

La plupart des verbes anglais n'ont pas plus de cinq formes :

- Forme de base ou base verbale : *write* (*écrire*).
- Forme en *-s* (troisième personne du singulier) : *Lucy writes letters.*
- Forme en *-ing* (participe présent) : *I'm writing a letter.*

- Prétérit : *I wrote a letter.*
- Participe passé : *I have written a letter.*

Qu'il vente, qu'il neige ou qu'il pleuve, les lignes qui suivent vous narrent comment conjuguer les verbes à tous les temps.

Le présent simple
Base verbale (infinitif sans **to**) à toutes les personnes, sauf à la troisième personne du singulier, qui prend un **-s**.
Base verbale : *play* (*jouer*)

singulier	pluriel
I play	*we play*
you play	*you play*
he / she / it plays	*they play*

Le **-s** final se transforme en **-es** si le verbe se termine en *-o*, *-ss*, *-sh*, *-ch*, *-x* ou *-z*.
do → *he / she / it does*
kiss → *he / she / it kisses*
crash → *he / she / it crashes*

Le **-s** final se transforme en **-ies** si le verbe se termine en consonne + **-y**.
cry → *he / she / it cries*

Le présent simple s'emploie pour parler :
– d'une caractéristique définitive
I am from Brazil. Je viens du Brésil.
– d'une action répétée
She plays tennis every Saturday. Elle joue au tennis tous les samedis.
– de goûts et d'opinions
They love chocolate. Ils adorent le chocolat.

Le présent en be + -ING, ou « forme progressive »
Be, conjugué à toutes les personnes, + **-ing**.
La forme en **-ing** s'obtient en ajoutant **-ing** à la base verbale :
watch → *watching*
I am watching TV. Je regarde la télé.

Quand la base verbale se termine en :
– consonne + *-e*, on remplace *-e* par *-ing* : *have* → *having*
– *-ie*, on remplace *-ie* par *-ying* : *die* → *dying*
– consonne précédée d'une seule voyelle, on redouble la consonne :
sit → *sitting*

On emploie le présent en be + -ING pour parler :
– d'une action qui se déroule au moment où l'on parle
It's snowing. ***Il neige.***
– d'une action qui se déroule dans le présent pour une période de temps limitée
I'm learning English. ***J'apprends l'anglais.***
– d'un futur proche
I'm playing football tomorrow. ***Je joue au football demain.***

Le prétérit
Base verbale + *-ed*.
*I / you / he / she / it / we / you / they watch**ed** TV*

Quand la base verbale se termine en :
– consonne + *-e* : on ajoute seulement *-d*
like → *liked*
– consonne + *-y* : on remplace *-y* par *-ied*
try → *tried*
– consonne précédée d'une seule voyelle, on redouble la consonne
drop → *dropped*

On emploie le prétérit pour décrire une action ou une situation complètement terminée (un peu comme lorsqu'on a joué aux courses et qu'on a perdu).
I lived in Mexico for two years. ***J'ai habité au Mexique pendant deux ans.***
Lucy tidied her room. ***Lucy a rangé sa chambre.***

Le present perfect
Have / has + participe passé.

Le participe passé des verbes réguliers se forme comme le prétérit.

Voici quelques exemples de prétérits et de participes passés irréguliers :

to be	*être*	was *(I / he / she / it)* were *(you / we / they)*	*been*
to begin	*commencer*	*began*	*begun*
to buy	*acheter*	*bought*	*bought*
to choose	*choisir*	*chose*	*chosen*
to come	*venir, arriver*	*came*	*come*
to drink	*boire*	*drank*	*drunk*
to drive	*conduire*	*drove*	*driven*
to eat	*manger*	*ate*	*eaten*
to fly	*voler*	*flew*	*flown*
to forget	*oublier*	*forgot*	*forgotten*
to get	*recevoir*	*got*	*got*
to give	*donner*	*gave*	*given*
to go	*aller*	*went*	*gone*
to have	*avoir*	*had*	*had*
to know	*savoir*	*knew*	*known*
to leave	*partir*	*left*	*left*
to make	*faire*	*made*	*made*
to meet	*rencontrer*	*met*	*met*
to pay	*payer*	*paid*	*paid*
to say	*dire*	*said*	*said*
to see	*voir*	*saw*	*seen*
to sell	*vendre*	*sold*	*sold*
to speak	*parler*	*spoke*	*spoken*
to take	*prendre*	*took*	*taken*
to write	*écrire*	*wrote*	*written*

Le **present perfect** s'emploie pour désigner :
– une action récente

Tom has finished his homework. Tom a fini ses devoirs.

– un événement passé qui continue dans le présent, qui est toujours valable au moment où l'on parle

I have lived in Brazil for ten years. J'habite au Brésil depuis dix ans.

En revanche, lorsqu'il n'y a pas de lien avec le présent, ou qu'on emploie un marqueur de temps exprimant le passé terminé, on doit employer le

prétérit : *last year* (*l'année dernière*), *at one o'clock* (*à une heure*), *when I was young* (*quand j'étais jeune*), *in 1977* (*en 1977*)...
Tom finished his homework yesterday / two hours ago / on Tuesday.
Tom a fini ses devoirs hier / il y a deux heures / mardi.

Le present perfect s'emploie avec des repères temporels qui englobent le moment présent : *so far*, *until now* (*jusqu'à maintenant*), *since*, *for* (*depuis*), et se traduit souvent par le présent en français.
He's known Marie for five years / since 2004.
Il connaît Marie depuis cinq ans / depuis 2004.

Cependant, si le complément de temps introduit par *for* désigne une durée qui renvoie exclusivement au passé, on utilise le prétérit :
He lived in San Francisco for five years during the 1990s.
Il a vécu à San Francisco pendant cinq ans dans les années 1990.

Le present perfect est souvent employé avec des adverbes de fréquence comme *always* (*toujours*) et *never* (*jamais*), *already* (*déjà*), *yet* (*encore*), *not yet* (*pas encore*), *recently* (*récemment*), *just* (*juste*), *it's the first time* (*c'est la première fois que*) :
I've always wanted to go to Australia. J'ai toujours voulu aller en Australie.

Used to

Cette expression se traduit par l'imparfait en français. Elle s'emploie pour parler de quelque chose qui a eu lieu et a duré un certain temps dans le passé et qui a pris fin. Elle exprime l'idée de l'avant ou du autrefois.
I used to live in Paris. Avant, j'habitais à Paris.

Le futur

Un peu comme pour les prédictions de Mme Soleil, la grammaire anglaise ne propose qu'une seule forme de futur simple pour toutes les personnes :
will + base verbale
Forme contractée : ***'ll***
Forme négative contractée : ***won't***

Will you come back? Est-ce que tu reviendras ?
They'll be here soon. Ils seront bientôt là.
I won't forget. Je n'oublierai pas.

Mais il existe d'autres manières d'exprimer le futur :
– ***be going to*** + base verbale
It's going to rain. Il va pleuvoir.

– *will* + *be* + *-ing*

I'll be working late tomorrow. Je travaillerai tard demain.

– ***be about to*** + base verbale (cette forme indique que l'événement est sur le point d'avoir lieu)

They're about to leave. Ils sont sur le point de partir.

Verbes auxiliaires

Être ou **avoir**, vieille querelle philosophique. Alors, que faire ? Eh bien, rajouter une troisième option mon capitaine !

Les verbes ***to be*** (*être*), ***to have*** (*avoir*) et ***to do*** (*faire*) sont très importants, car, en plus de fonctionner comme verbes principaux, ils peuvent former un nouveau temps lorsqu'ils sont placés devant d'autres verbes, comme auxiliaires.

– ***Be*** s'utilise pour former le **présent en** *be* + *-ing* et la **forme passive** (*be* + participe passé).

Première personne du singulier : *I am*

Deuxième personne du singulier : *you are*

Troisième personne du singulier : *he/she/it is*

Première/deuxième/troisième personne du pluriel : *we/you/they are*

forme entière	forme contractée	forme négative contractée
am	*'m*	-
are	*'re*	*aren't*
is	*'s*	*isn't*

– ***Have*** s'utilise pour former le **present perfect** (*have* + participe passé).

Troisième personne du singulier : *he / she / it has*

forme entière	forme contractée	forme négative contractée
have	*'ve*	*haven't*
has	*'s*	*hasn't*

– ***Do*** s'utilise pour former les phrases **négatives** et **interrogatives** au **présent simple** et au **prétérit**.

Troisième personne du singulier : *he / she / it does*

forme entière	forme négative contractée
do	*don't*
does	*doesn't*

Do you speak English? Est-ce que vous parlez anglais ?

Jane doesn't smoke. Jane ne fume pas.

L’anglais du routard

Guide anglais-français

A

a [e], **an** [ann] article un, une
able [èïbeul] adjectif ▶ to be able to pouvoir
about [eubaott] adverbe environ ▶ to be about to go être sur le point de partir
above [eubov] préposition au-dessus de
abroad [eubrôd] adverbe à l'étranger
accident insurance [akssideunt innch (ou)reunss] nom assurance accidents
accommodation [eukomeudèïcheun] nom logement
account [eukaonnt] nom compte
ache [èïk] verbe *(personne)* avoir mal ◆ nom douleur
acquaintance [eukouèïnteunss] nom connaissance
across [eukross] préposition en travers de, de l'autre côté de
act [akt] verbe agir ; *(théâtre, film)* jouer
actually [aktcheuli] adverbe vraiment, en fait
AD [èï di] abr de **Anno Domini** ap. J-C
ad [ad] nom *(familier)* pub *(dans un journal)* petite annonce
add [ad] verbe ajouter, additionner
admission [eudmicheun] nom *(prix d'entrée)* entrée
advertisement [adveutizmeunt], **advert** [adveurt] nom *(à la télévision, radio)* publicité ; *(dans un journal)* annonce
advice [eudvaïss] nom conseils
afraid [eufrèïde] adjectif ▶ to be afraid of avoir peur de
after [afteur] préposition après
afternoon [afteunoune] nom après-midi
aftershave [afteuchèïv] nom après-rasage
aftersun [afteusseun] nom après-soleil
afterwards [afteuweudz] adverbe après
again [euguènn] adverbe encore, à nouveau
against [euguènnst] préposition contre
ago [eugô] adverbe ▶ a month ago il y a un mois
agree [eugri] verbe être d'accord
ahead [euHèd] adverbe devant ▶ go straight ahead allez tout droit
AIDS [èïdz] nom SIDA
airbed [èrbèd] nom matelas pneumatique
air-conditioned [èr-keundicheund] adjectif climatisé
aircraft [èrcraft] nom avion
airhostess [èrHostèss] nom hôtesse de l'air
airline [èrlaïne] nom compagnie aérienne
airmail [èrmèïl] nom poste aérienne

▶ by airmail par avion

airport [èrpôrt] nom aéroport

air steward [èr stioueud] nom steward

air stewardess [èr stioueudiss] nom hôtesse de l'air

aisle [èïl] nom *(dans l'avion)* couloir ; *(au cinéma, supermarché)* allée

aisle seat [èïl sitt] nom fauteuil côté couloir

alarm [eulârm] nom alarme

alarm clock [eulârm clok] nom réveil

ale [èïl] nom bière

alive [eulaïv] adjectif *(living)* vivant

all [ôl] adjectif *(avec un nom au singulier)* tout ; *(avec un nom au pluriel)* tous

all right [ôl raïte] adjectif pas mal ◆ adverbe *(de façon satisfaisante)* bien ; *(oui, ok)* d'accord

almond [almeund] nom amande

almost [olmôst] adverbe presque

alone [eulône] adjectif seul

along [eulongue] préposition le long de

aloud [eulaode] adverbe à haute voix, à voix haute

already [ôlrèdi] adverbe déjà

also [ôlsso] adverbe aussi

always [ôlouèïz] adverbe toujours

a.m. [èï èm] abr de **ante meridiem** ▶ at 2 a.m. à 2 h du matin

amount [eumaonnt] nom quantité ; *(somme)* montant

amusement park [eumiouzmeunt pârk] nom parc d'attractions

anchovy [anntcheuvi] nom anchois

and conjonction et

angling [annglinng] nom pêche (à la ligne)

ankle [annkeul] nom cheville

announcement [eunaonssmeunt] nom annonce

another [eunoTHeur] adjectif un autre

answer [annsseur] nom réponse ◆ verbe répondre

answerphone [annsseufône], **answering machine** [annsseurinng meuchine] nom répondeur

antifreeze [anntifriz] nom antigel

any [èni] adjectif ▶ have you got any money? as-tu de l'argent ? ▶ I don't want any (of it) je n'en veux pas

anyone [ènioaune], **anybody** [ènibodi] pronom n'importe qui

anything [èniTHinng] pronom n'importe quoi

anyway [ènioueï] adverbe de toute façon

anywhere [èniouère] adverbe n'importe où

APEX [èïpèx] nom *(avion)* billet APEX ; *(train)* billet à tarif réduit sur longues distances et sur certains trains seulement, la réservation devant être effectuée à l'avance

appear [eupir] verbe *(devenir visible)* apparaître ; *(paraître)* sembler

appendicitis [eupènndissaïtiss] nom appendicite

applause [euploz] nom applaudissements

apple [apeul] nom pomme

apple crumble [apeul kreumbeul] nom dessert composé d'une compote de pommes recouverte de pâte sablée

appliance [euplaïeunnss] nom appareil

appointment [eupoïnntmeunt] nom rendez-vous ▸ to have/make an appointment (with) avoir/prendre rendez-vous (avec)

April [èïpreul] nom avril

apron [èïpreun] nom tablier

area [èrieu] nom région

arm [ârm] nom bras ; *(d'un vêtement)* manche

armchair [ârmtchèr] nom fauteuil

armpit [ârmpitt] nom aisselle

arms [ârmz] nom armes

A-road [èï rôde] nom = (route) nationale

around [euraonnd] adverbe *(endroit)* dans le coin ◆ préposition autour de ; *(approximativement)* environ

arrival [euraïveul] nom arrivée

arrow [arôw] nom flèche

artery [ârteuri] nom artère

arts centre [ârtss cènnteu] nom centre culturel

as [az] adverbe *(dans une comparaison)* ▸ as ... as aussi ... que ▸ as many/much as autant que ◆ conjonction comme

ash [ache] nom *(cigarette, feu)* cendre ; *(arbre)* frêne

ashore [euchôr] adverbe à terre

ashtray [achtrèi] nom cendrier

aside [eussaïde] adverbe de côté

ask [âssk] verbe demander

asleep [euslip] adjectif endormi

asparagus [eusparеugueuss] nom asperge

assistance [eussissteunnss] nom aide

asthma [assmeu] nom asthme

at [att] préposition à

attic [atik] nom grenier

auction [ôkcheun] nom vente aux enchères

Auld Alliance [ôld eulaïeunnss] nom l'ancienne alliance entre la France et l'Écosse

ZOOM
Auld Alliance

Ce traité du XIIIe siècle liait militairement l'Écosse et la France en cas d'offensive anglaise. Il témoigne aussi de la complicité culturelle entre nos deux pays. Les commerçants écossais pouvaient acheter nos meilleurs vins de Bordeaux alors que les Anglais pouvaient toujours y croire... Preuve supplémentaire : en écossais, « assiette » se dit ashet !

audience [ôdieunns] nom *(théâtre, concert, film)* public ; *(télévision)* téléspectateurs ; *(radio)* auditeurs

August [ôgueusst] nom août

aunt [annt] nom tante
author [ôTHeu] nom auteur
autumn [ôteum] nom automne
available [euvèïleubeul] adjectif disponible
average [aveuridj] adjectif moyen ◆ nom moyenne
avoid [euvoïde] verbe éviter
away [euwèï] adverbe ▶ 10 miles away à une quinzaine de kilomètres
axle [aksseul] nom essieu

B

baby [bèïbi] nom bébé
baby carriage [bèïbi caridj] nom landau
back [bak] nom dos ▶ at the back of au fond de ▶ to be back être de retour
backache [bakèïk] nom mal au dos
backbone [bakbône] nom colonne vertébrale
backpack [bakpak] nom sac à dos
bad [bad] adjectif mauvais ; *(sérieux)* grave ; *(enfant)* méchant
bag [bag] nom sac ; bagage
baggage [baguidj] nom bagages
baggage allowance [baguidj eulaonnss] nom franchise de bagages
baggage reclaim [baguidj riclèïm] nom livraison des bagages
bagpipes [bagpaïps] nom cornemuse
bake [bèïk] verbe faire cuire (au four) ◆ nom (CUISINE) gratin
baked beans [bèïkeud binnss] nom haricots blancs à la tomate
baked potato [bèïkeud potèïto] nom pomme de terre en robe de chambre

ZOOM
Bagpipes

Longtemps interdite par les Anglais pour cause de guerre civile, la cornemuse retrouve toute sa vigueur au championnat du monde de Glasgow lorsqu'on y entonne Scotland the Brave... Deux registres traditionnels : le ceol mor, spécialement écrit pour elle, et le ceol beag, inspiré des marches et des danses populaires.

baker [bèïkeur] nom boulanger ▶ baker's *(magasin)* boulangerie
balance [baleunss] nom équilibre
bald [bôld] adjectif chauve
ball [bôl] nom (SPORT) balle ; *(au football, rugby)* ballon ; *(danse)* bal
balloon [beuloun] nom ballon
ballpoint pen [bôlpoïnt pène] nom stylo (à) bille
bank [bannk] nom *(argent)* banque ; *(rivière, lac)* berge

bank holiday [bannk Holidèï] nom jour férié

> **ZOOM**
> **Bank Holiday**
>
> 
>
> *Certains jours fériés britanniques trouvent leur origine dans les jours de fermeture des banques. Tout un symbole ! Jusqu'en 1834, la prestigieuse Banque d'Angleterre célébrait plus de trente jours saints et de fêtes religieuses. Aujourd'hui, ceux-ci ont été considérablement réduits, les sujets de Sa Majesté ayant même moins de jours fériés que leurs voisins européens.*

barber [bârbeu] nom coiffeur (pour hommes) ▸ barber's *(magasin)* salon de coiffure (pour hommes)

barge [bâdj] nom péniche

barley [bârli] nom orge

barracks [bareuks] nom caserne

barrel [bareul] nom *(bière, vin)* tonneau ; *(pétrole)* baril

bartender [bârtènndeur] nom barman, serveur

basement [bèïssmeunt] nom sous-sol

basically [bèïssikli] adverbe en fait ; *(fondamentalement)* au fond

basil [bèïzil] nom basilic

basin [bèïssine] nom lavabo

basket [bâsskitt] nom corbeille ; *(avec une anse)* panier

bath [baTH] nom bain ; baignoire

baths [baTHss] nom *(établissement public)* piscine

bathroom [bâTHroum] nom salle de bains ; toilettes

battery [bateuri] nom *(radio, lampe électrique, etc)* pile ; *(voiture)* batterie

BC [bissi] abr de **before Christ** av. J-C

be [bi] verbe être

beach [bitch] nom plage

bean [bine] nom haricot ; *(café)* grain

beansprouts [binspraotss] nom germes de soja

bear [bèr] nom *(animal)* ours ◆ verbe supporter

beard [birde] nom barbe

beat [bite] nom *(cœur, pouls)* battement ; *(MUSIQUE)* rythme ◆ verbe battre

beautiful [bioutifoul] adjectif beau

beauty [biouti] nom beauté

because [bkz] conjonction parce que

become [bikeum] verbe devenir

bed [bède] nom lit ; *(de la mer)* fond

bed and breakfast [bède ènde brèkfeust], **B and B** [bi ènde bi] nom = chambre d'hôte (avec petit déjeuner)

ZOOM
Bed & Breakfast

Les B&B (prononcer « bee and bee »), chambres d'hôte anglo-saxonnes, proposent un hébergement moins cher et plus chaleureux que l'hôtel. Attention, certains d'entre eux ressemblent quand même à des motels. Le charme du B&B, c'est une architecture croquignolette, l'accueil et, comme son nom l'indique, le petit déjeuner copieux inclus dans le prix... Mais à prendre souvent avant 9 h !

bedclothes [bèdkloTHeuz] nom draps et couvertures

bedroom [bèdroum] nom chambre

bedspread [bèdsprèd] nom dessus-de-lit , couvre-lit

beef [bif] nom bœuf ▸ beef Wellington morceau de bœuf enveloppé de pâte feuilletée et servi en tranches

beer [bir] nom bière

beetroot [bitroute] nom betterave

before [bifôr] adverbe avant

begin [biguine] verbe commencer

beginning [biguininng] nom début

behind [biHaïnnd] adverbe derrière

Belgium [bèldjeum] nom la Belgique

believe [biliv] verbe croire

bell [bèl] nom *(église)* cloche ; *(porte)* sonnette

bellboy [bèlboï] nom chasseur

below [bilôw] préposition au-dessous de

belt [bèlt] nom *(habillement)* ceinture

bench [bènnch] nom banc

beneath [biniTH] adverbe en dessous, en bas ◆ prép sous

berry [bèri] nom baie

berth [beurTH] nom *(bateau, train)* couchette

beside [bissaïde] préposition à côté de

best [bèsst] adjectif meilleur ◆ adverbe le mieux ▸ the best le meilleur

better [bèteu] adjectif meilleur ◆ adverbe mieux

between [bitouine] préposition entre

beyond [biyonnd] adverbe au-delà

bicycle [baïssikeul] nom vélo

big [big] adjectif grand, gros

bike [baïk] nom vélo

ZOOM
Beer

En (très très) gros, les Anglais et les Gallois aiment les bières légères comme la lager (blonde) et la bitter (plus amère), les Écossais, les bières de caractère comme la real ale, et les Irlandais, la stout, noire et profonde. En pratique, il est moins pénible pour le cerveau de goûter à toutes les bières que d'essayer de tout connaître !

bill [bil] nom note ▸ can I have the bill please? l'addition, s'il vous plaît !
bin [bine] nom poubelle
binoculars [binokiouleuz] nom jumelles
bird [beurd] nom oiseau
birth [beurTH] nom naissance
birthday [beurTHdèï] nom anniversaire
bit [bitt] nom *(portion)* morceau, bout ▸ a bit un peu
bite [baïte] nom piqûre, morsure ◆ verbe mordre
bitter [biteur] adjectif amer ◆ nom *(bière)* = bière brune
black [blak] adjectif noir
blackberry [blakbri] nom mûre
blackcurrant [blakkeureunt] nom cassis
Black Forest gâteau [blak forèsst gato] nom forêt-noire
black ice [blak aïss] nom verglas
black pudding [blak peudinng] nom boudin noir
blade [blèïd] nom *(couteau, scie)* lame ; *(hélice, rame)* pale
blanket [blannkitt] nom couverture
bleach [blitch] nom eau de Javel
bleed [blide] verbe saigner
blend [blènnd] nom *(café, whisky)* mélange
blind [blaïnnd] adjectif aveugle ◆ nom *(fenêtre)* store ◆ nom ▸ the blind les aveugles
block [blok] nom *(pierre, bois, glace)* bloc ; *(construction)* immeuble
blood [bleudd] nom sang
blood pressure [bleudd prècheur] nom tension (artérielle)
blouse [blaoz] nom chemisier
blow [blow] verbe souffler
blow-dry [blow draï] nom brushing
BLT [bi èl ti] nom sandwich au bacon, à la laitue et à la tomate
blue [blou] adjectif bleu
blueberry [bloubeuri] nom myrtille
board [bôrde] nom planche ◆ verbe embarquer
boarding card [bôrdinng cârde] nom carte d'embarquement
boat [bowt] nom *(petit)* canot ; *(grand)* bateau
body [bodi] nom corps
bog [bog] nom marécage
boil [boïl] verbe faire bouillir
boiled egg [boïld ègue] nom œuf à la coque
bomb scare [bommb skèr] nom alerte à la bombe
bone [bowne] nom *(personne, animal)* os ; *(poisson)* arête
book [bouk] nom livre ; *(timbres, tickets)* carnet ◆ verbe *(retenir)* réserver
book in [bouk inn] verbe *(hôtel)* prendre une chambre
booking [boukinng] nom réservation
booklet [bouklitt] nom brochure
boot [boute] nom *(chaussures)* botte ; *(voiture)* coffre

booth [bouTH] nom *(téléphone)* cabine

border [bôrdeur] nom *(pays)* frontière

born [bôrn] adjectif ▸ to be born naître

borrow [borow] verbe emprunter

both [bowTH] adjectif les deux

bother [boTHeur] verbe *(souci)* inquiéter ; *(ennui)* déranger

bottle [boteul] nom bouteille ; *(pour les bébés)* biberon

bottle opener [boteul opeuneur] nom ouvre-bouteilles, décapsuleur

bottom [boteum] nom fond, derrière

bowl [bowl] nom *(contenant)* bol ; *(lavabo, toilettes)* cuvette

bowling alley [bowlinng ali] nom bowling

bow tie [bow taï] nom nœud papillon

box [box] nom boîte ; *(théâtre)* loge ◆ verbe boxer

Boxing Day [boxinng dèï] nom le 26 décembre

boy [boï] nom garçon

boyfriend [boïfrènnd] nom copain

bra [bra] nom soutien-gorge

brace [brèïss] nom *(dents)* appareil (dentaire)

braces [brèïssiz] nom bretelles

brain [brèïne] nom cerveau

brake [brèïk] nom frein ◆ verbe freiner

bran [brann] nom *(céréale)* son

branch [branntch] nom branche ; *(société)* filiale ; *(banque)* agence

ZOOM
Boxing Day

Ceux qui rêvent d'assister à un combat de boxe le 26 décembre en seront pour leurs frais. On a beaucoup spéculé sur l'origine du Boxing Day. Une des versions les plus répandues fait référence au Christmas Box, petit pécule offert autrefois aux domestiques et aux commerçants, aujourd'hui étrennes pour les laitiers, les éboueurs et les enfants qui distribuent le journal ce jour-là, férié au Royaume-Uni.

brandy [branndi] nom cognac

bra [bra] nom soutien-gorge

bread [brèd] nom pain

breadcrumbs [brèdkreumz] nom chapelure

break [brèïk] verbe casser

breakdown [brèïkdaone] nom panne

breakfast [brèkfeust] nom petit déjeuner ▸ to have breakfast prendre le petit déjeuner

breast [brèsst] nom sein ; *(poulet)* blanc

breath [brèTH] nom haleine ; *(air inhalé)* inspiration

breathe [briTH] verbe respirer

breeze [briz] nom brise

brewery [broueuri] nom *(usine)* brasserie

bridge [bridj] nom pont ; *(bateau)*

passerelle ; *(jeu de cartes)* bridge

briefs [brifss] nom *(pour les hommes)* slip ; *(pour les femmes)* culotte

briefcase [brifkèïss] nom serviette

bright [braïte] adjectif clair

bring [bringg] verbe apporter ; *(personne)* amener

Britain [briteun] nom la Grande-Bretagne

British [britich] adjectif britannique ◆ nom ▶ the British les Britanniques

British Rail [britich rèïl], **BR** [bi âr] nom = la SNCF

Brittany [briteuni] nom la Bretagne

broad [browd] adjectif large ; *(description)* général

B road [bi rowde] nom = route départementale

broken [brôkeun] adjectif cassé

brother [broTHeur] nom frère

brother-in-law [broTHeur inn lô] nom beau-frère

brown [braone] adjectif brun ; *(peinture, yeux)* marron

brown bread [braone brèd] nom pain complet

brown rice [braone raïss] nom riz complet

brown sauce [braone sowss] nom sauce épicée servant de condiment

bruise [brouz] nom bleu

brush [breuch] nom brosse

Brussels sprouts [breusseuls spraotss] nom choux de Bruxelles

bubble [beubol] nom bulle

Buckingham Palace [bakinngam pallace] nom une des résidences officielles de la reine

ZOOM
Buckingham Palace

Qui n'a pas assisté une fois à la relève de la garde ne connaît pas Londres. Devenu en 1837 la plus prestigieuse résidence officielle de la reine, Buckingham ne laisse voir que ses écuries royales, une vingtaine d'appartements (sur 660 !) et une petite partie de l'une des plus belles collections de tableaux au monde.

bug [beug] nom insecte ; microbe

build [bild] verbe construire

bulb [beulb] nom *(lampe)* ampoule

bull [boule] nom taureau

bumper [beumpeu] nom *(voiture)* pare-chocs

bun [beun] nom petit pain rond

bunch [beuntch] nom bouquet

buoy [boï] nom bouée

Burgundy [beurgueundi] nom la Bourgogne

burn [beurn] verbe brûler

burst [beurst] verbe éclater

bury [bèri] verbe enterrer

bus conductor [beuss keundeukteur] nom receveur

bush [bouche] nom buisson

business class [biznèss clâss] nom classe affaires

bus lane [beuss lèïne] nom couloir de bus

bus pass [beuss pass] nom carte d'abonnement (de bus)

bus shelter [beuss chèlteur] nom Abribus®

bus station [beuss stèïcheun] nom gare routière

bus stop [beuss stop] nom arrêt de bus

busy [bizi] adjectif occupé ; *(journée, planning)* chargé ; *(rue)* animé

but [beutt] conjonction mais

butcher [boutcheur] nom boucher

butter [beuteur] nom beurre ◆ verbe beurrer

butterfly [beuteuflaï] nom papillon

button [beuteun] nom bouton

buy [baï] verbe acheter

buzzer [beuzeur] nom sonnerie

by [baï] préposition par

bye(-bye) [baï(baï)] exclamation *(familier)* salut !

bypass [baïpass] nom rocade

C

cab [kab] nom *(transport)* taxi

cabbage [kabidj] nom chou

cabin crew [kabine crou] nom équipage

cabinet [kabinitt] nom meuble (de rangement) ; cabinet

cable [kèïbeul] nom câble

Caesar salad [sizeu saleud] nom salade de laitue, anchois, olives, croûtons et parmesan

cake [kèïk] nom gâteau

calf [kâlf] nom *(animal)* veau ; *(jambe)* mollet

call [kôl] verbe appeler

call back [kôl bac] verbe rappeler *(téléphoner une nouvelle fois)* rappeler ; *(rendre une nouvelle visite)* repasser

call box [kôl box] nom cabine téléphonique

camel [kameul] nom chameau

camp bed [kammp bèd] nom lit de camp

camping stove [kammpinng stôv] nom Camping-Gaz®

campsite [kammpsaït] nom camping

[1]**can** [kann] nom boîte

[2]**can** verbe *(être capable)* pouvoir ; *(connaître le moyen)* savoir

cannot [kanote] abr de **can not** ne pas pouvoir

can't [kant] abr de **can not** ne pas pouvoir

cancel [kannsseul] verbe annuler

candle [kanndeul] nom bougie

candy [kanndi] nom confiserie, bonbon

canvas [kannveuss] nom *(tente, sac)* toile

cap [kap] nom *(chapeau)* casquette ; *(bouteille)* capsule

cape [kèïp] nom *(de terre)* cap ; *(vêtement)* cape

capers [kèïpeuz] nom câpres

capsule [kapssioul] nom *(médicament)* gélule

car [kâr] nom voiture

caravan site [kareuvann saït] nom camping pour caravanes

card [kârd] nom carte ; *(formulaire, notes)* fiche

cardphone [kârdfône] nom téléphone à carte

car hire [kâr Hayeur] nom location de voitures

car park [kâr pârk] nom parking

carpet [kârpitt] nom moquette ; tapis

carriageway [karidjouèï] nom chaussée

carrot cake [kareut kèïk] nom gâteau à la carotte

carry [kari] verbe porter

carryout [kariaott] nom repas à emporter

cartoon [kârtoun] nom dessin animé

car wash [kâr wôch] nom station de lavage de voitures

cash desk [kache dèssk] nom caisse

cash dispenser [kache disspènnsseur] nom distributeur (automatique) de billets

cashpoint [kachpoïnnt] nom distributeur (automatique) de billets

cash register [kache rèdjisteu] nom caisse enregistreuse

castle [kâsseul] nom château

casual [kajoueul] adjectif *(détendu)* désinvolte ; *(vêtements)* décontracté

casualty [kajoueulti] nom *(victime)* blessé ; *(décédé)* mort ▶ casualty (ward) urgences

cat [katt] nom chat

catch [katch] verbe attraper

Catseyes® [katsaïz] nom catadioptres

cattle [kateul] nom bétail

cauliflower [koliflaweur] nom chou-fleur

causeway [kôzouèï] nom chaussée (aménagée sur l'eau)

cave [kèïv] nom caverne

cave in [kèïv inn] verbe s'effondrer

CD player [sidi plèyeur] nom lecteur laser ou de CD

ceilidh [kèïli] nom bal folklorique écossais ou irlandais

ceiling [silinng] nom plafond

cellar [sèleu] nom cave

cent [sènnt] nom cent

central heating [sènntreul Hitinng] nom chauffage central

century [sènntcheuri] nom siècle

cereal [sirieul] nom céréales

chain store [tchèïnn stôr] nom grand magasin (à succursales multiples)

chair [tchèr] nom chaise ; *(avec accoudoirs)* fauteuil

chair lift [tchèr lift] nom télésiège

chairman [tchèrmeun] nom président

chairwoman [tchèrwoumeun] nom présidente

chalk [tchôk] nom craie

challenge [tchalinndj] nom défi

chambermaid [tchèïmbeumèïd] nom femme de chambre

championship [tchammpieunchip] nom championnat

change [tchèïnndj] verbe changer

changing room [tchèïnndjinng roum] nom cabine d'essayage

channel [tchaneul] nom chaîne ▸ the (English) Channel la Manche

Channel Islands [tchaneul aïleunndz] nom îles Anglo-Normandes

Channel Tunnel [tchaneul teuneul] nom tunnel sous la Manche

chapter [tchapteur] nom chapitre

charge [tchâdj] verbe faire payer, recharger

char-grilled [tchârgrild] adjectif grillé

charter flight [tchârteu flaït] nom vol charter

cheap [tchip] adjectif bon marché

cheat [tchit] nom tricheur ◆ verbe tricher

check [tchèk] verbe vérifier

check in [tchèk inn] verbe *(bagages)* enregistrer *(hôtel)* se présenter à la réception ; *(aéroport)* se présenter à l'enregistrement

check out [tchèk aott] verbe régler sa note ; quitter l'hôtel

check-in desk [tchèkinn dèssk] nom comptoir d'enregistrement

cheek [tchik] nom joue ▸ what a cheek! quel culot !

cheers [tchirz] exclamation *(pour trinquer)* à la tienne/vôtre !

cheese [tchiz] nom fromage

cheeseboard [tchizbôrd] nom plateau de fromages

cheesecake [tchizkèïk] nom gâteau au fromage blanc

chef's special [chèfs spècheul] nom spécialité du chef

chequebook [tchèkbouk] nom chéquier, carnet de chèques

cherry [tchèri] nom cerise

chest [tchèst] nom poitrine ; *(boîte)* coffre

chestnut [tchèssneut] nom châtaigne

chicken [tchikinn] nom poulet

child [tchaïld], **children** [tchildreun] nom enfant

childhood [tchaïldHoude] nom enfance

chilled [tchild] adjectif frais

chimney [tchimni] nom cheminée

chin [tchinn] nom menton

choc-ice [tchokaïss] nom Esquimau®

chocolate [tchokeuleutt] nom chocolat

choose [tchouz] verbe choisir

chop [tchopp] nom *(viande)* côtelette

chopsticks [tchopstiks] nom baguettes

Christian [krichtieun] adjectif chrétien ◆ nom chrétien

Christian name [krichtieun nèïm] nom prénom

Christmas [krissmeuss] nom Noël

church [tcheutch] nom église

cinnamon [sineumeun] nom cannelle

circus [seurkeuss] nom cirque

citizen [sitizeun] nom *(d'un pays)* citoyen ; *(d'une ville)* habitant

city [siti] nom ville ▶ **the City** la City

clam [klamm] nom palourde

clamp [klammp] nom sabot de Denver

claret [klareutt] nom Bordeaux rouge

classified ads [klassifaïd adz] nom petites annonces

clean [klinn] verbe nettoyer ◆ adjectif propre

clear [klir] adjectif clair ; *(facile à entendre)* distinct ; *(route, chemin)* dégagé ◆ verbe *(route, chemin)* dégager ; *(temps, brouillard)* se lever

cliff [klif] nom falaise

climbing [klaïminng] nom *(randonnée)* alpinisme ; *(escalade)* varappe

cloakroom [klowkroum] nom *(pour les manteaux)* vestiaire

clock [klok] nom pendule ; horloge ; compteur ▶ **round the clock** 24 heures sur 24

1 **close** [klowss] adjectif proche ; *(contact, lien)* étroit ◆ adverbe près

2 **close** [klowz] verbe fermer

closet [klozitt] nom placard

closing time [klozinng taïm] nom heure de fermeture

clothes [kloTHeuz] nom vêtements

clotted cream [klotid crim] nom crème fraîche très épaisse, typique du sud-ouest de l'Angleterre

club sandwich [kleub sanndouitch] nom sandwich à deux ou plusieurs étages

clutch [kleutch] nom embrayage

coach [kowtch] nom *(bus)* car, autocar

coast [kowst] nom côte

coastguard [kowstgârd] nom *(personne)* garde-côte

coastline [kowstlaïne] nom littoral

coat [kowt] nom manteau ; *(d'un animal)* pelage

coat hanger [kowt Hanngueu] nom cintre

cobbles [kobeulz] nom pavés

coconut [kowkeuneutt] nom noix de coco

cod [kodd] nom morue

coffee [kofi] nom café

coin [koïn] nom pièce (de monnaie)

coinbox [koïnbox] nom cabine (téléphonique) à pièces

cold [kôld] adjectif froid ◆ nom *(maladie)* rhume

coleslaw [kowlsslô] nom salade de chou et de carottes râpés à la mayonnaise

collar [koleu] nom *(chemise, manteau)* col

collarbone [koleubowne] nom clavicule

collect [keulèkt] verbe *(réunir)* ramasser ; *(prendre)* aller chercher ◆ verbe *(poussière, feuilles, foule)* s'amasser ◆ adverbe ▶ **to call (sb) collect** appeler (qqn) en PCV

college [kolidj] nom *(enseignement)*

école d'enseignement supérieur

colour [koleur] nom couleur ◆ adjectif *(photo, film)* en couleur

comb [keumb] nom peigne

come [komm] verbe *(déplacement)* venir ; arriver

come back [kom bac] verbe revenir

come in [kom inn] verbe entrer

come on [kom onn] verbe progresser ▶ come on! allez !

come out [kom aott] verbe sortir

communicate [keumiounikèït] verbe ▶ to communicate (with) communiquer (avec)

compact disc player [kompact disk plèyeur] nom lecteur CD

company [kompeuni] nom *(affaires)* société ; compagnie

compare [keumpèr] verbe ▶ to compare sthg (with) comparer qqch (à ou avec)

compartment [keumpârtmeunt] nom compartiment

compass [keumpeuss] nom boussole

complain [keumplèïne] verbe ▶ to complain (about) se plaindre (de)

complexion [keumplèkcheun] nom *(de la peau)* teint

complicated [komplikèïtide] adjectif compliqué

complimentary [komplimènteuri] adjectif *(place, ticket)* gratuit

comprehensive [kompréHènsiv] adjectif complet ▶ comprehensive insurance assurance tous risques

compulsory [keumpeulsseuri] adjectif obligatoire

computer [keumpiouteur] nom ordinateur

computing [keumpioutinng] nom informatique

concrete [konnkrite] nom béton

conditioner [keundicheuneu] nom *(pour les vêtements)* assouplissant ; *(pour les cheveux)* après-sham-po(o)ing

condom [konndeum] nom préservatif

conductor [keundeukteur] nom (MUSIQUE) chef d'orchestre ; *(dans le bus)* receveur ; *(dans le train)* chef de train

cone [kowne] nom *(forme)* cône ; *(glace)* cornet (biscuit) ; *(sur la route)* cône de signalisation

confectionery [keunfèkchneuri] nom confiserie

congratulations [keungratchoulèïcheunz] exclamation félicitations !

connecting flight [keunèktinng] nom correspondance

connection [keunèkcheun] nom *(lien)* rapport ; *(train, avion)* correspondance

constable [keunsteubeul] nom agent de police

constipated [konnstipèïtidd] adjectif constipé

consulate [konnssioulèïte] nom consulat

consultant [keunnsseulteunt] nom *(médecin)* spécialiste

contact lens [konntact lènnss] nom lentille, verre de contact

container [keuntèïneur] nom récipient
contents nom *(à l'intérieur)* contenu ; *(au début d'un livre)* table des matières
contest nom [konntèst] *(compétition)* concours ◆ verbe [keunntèst] *(élection, match)* disputer ; *(décision, pouvoir)* contester
continental breakfast [konntinènntôl brèkfeust] nom petit déjeuner à la française
contract nom [konntrakt] contrat ◆ verbe [keunntrakt] *(soutenu) (maladie)* contracter
contrary [konntreuri] nom ▶ on the contrary au contraire
control [konntrôl] nom *(puissance)* contrôle ; *(émotions)* maîtrise de soi ; *(appareil)* bouton de réglage
controls nom *(télévision, vidéo)* télécommande ; *(avion)* commandes
convent [konnveunnt] nom couvent
convertible [keunveurteubôl] nom décapotable
cook [kouk] nom cuisinier ◆ verbe *(repas)* préparer ; *(aliment)* cuire *(personne)* faire la cuisine, cuisiner ; *(aliment)* cuire
cooker [koukeu] nom cuisinière
cookery [koukeuri] nom cuisine
cookie [kouki] nom biscuit
cooking [koukinng] nom cuisine
cool [koul] adjectif *(température)* frais ; calme ; génial
copy [kopi] nom copie ; *(d'un journal, livre)* exemplaire
cork [kôrk] nom *(bouteille)* bouchon
corkscrew [kôrkskrou] nom tire-bouchon
corn [kôrn] nom *(grains)* céréales ; maïs ; *(au pied)* cor
corner [kôrneu] nom coin ; *(route)* virage ▶ it's just around the corner c'est tout près
corner shop [kôrneu chope] nom magasin de quartier
Cornwall [kôrnwôll] nom Cornouailles
cosmetics [kozmètiks] nom produits de beauté
cost [kost] nom coût ◆ verbe coûter
cot [kott] nom *(pour un bébé)* lit d'enfant
cottage cheese [kotidj tchiz] nom fromage frais granuleux
cottage pie [kotidj paï] nom hachis Parmentier
cotton wool [koteun woul] nom coton (hydrophile)
couch [kaotch] nom canapé ; *(chez le médecin)* lit
cough [koff] nom toux ◆ verbe tousser
cough mixture [koff mikstieu] nom sirop pour la toux
count [kaonnt] verbe compter
counter [kaonnteu] nom *(magasin)* comptoir ; *(banque)* guichet
country [keunntri] nom pays ; campagne
countryside [keunntrissaïd] nom campagne
county [kaonnti] nom comté
courier [kourieu] nom *(pour les*

vacanciers) accompagnateur ; *(livraisons)* coursier

course [kôrss] nom *(repas)* plat ; *(à l'école)* cours ; *(golf)* terrain ▸ a course of treatment un traitement ▸ of course bien sûr

court [kôrt] nom (DROIT) *(cour)* tribunal ; *(tennis)* court ; terrain ; salle ; *(royauté)* cour

courtyard [kôrtiârd] nom cour

cover [koveu] nom couvercle ; couverture ◆ verbe couvrir

cow [kaw] nom *(animal)* vache

cradle [krèïdeul] nom berceau

craft [kraft] nom *(talent)* art ; *(métier)* artisanat

cranberry sauce [krannbeuri sowss] nom sauce aux airelles

crash nom *(accident)* accident ▸ to crash one's car avoir un accident de voiture

crayfish [krèfiche] nom écrevisse

crayon [krèyon] nom crayon de couleur

crazy golf [krèzi gôlf] nom golf miniature

cream [krim] nom crème

cream cheese [krim tchiz] nom fromage frais

cream tea [krim ti] nom goûter se composant de thé et de scones servis avec de la crème et de la confiture

creek [krik] nom crique

crew [krou] nom équipage

cricket [krikit] nom *(jeu)* cricket ; *(insecte)* grillon

crisps [krisps] nom chips

crockery [krokeuri] nom vaisselle

cross [kross] nom croix ▸ a cross between *(animaux)* un croisement entre

cross-Channel ferry [kross tchaneul fèri] nom ferry transmanche

crossing [krossinng] nom *(sur la route)* passage clouté ; *(bateau)* traversée

crossroads [krossrowdz] nom croisement, carrefour

crow [krow] nom corbeau

cruise [krouz] nom croisière

crumb [kreumm] nom miette

crumble [kreumbeul] nom dessert composé d'une couche de fruits cuits recouverts de pâte sablée

crumpet [kreumpitt] nom petite crêpe épaisse qui se mange généralement chaude et beurrée

cubicle [kioubikeul] nom cabine

cuckoo [keukou] nom coucou

cucumber [kioukeumbeu] nom concombre

cultivate [keultivèïte] verbe cultiver

cup [keup] nom tasse

cupboard [keupbôrd] nom placard

curd cheese [keurd tchiz] nom fromage blanc battu

cure [kiour] nom remède ◆ verbe *(maladie, personne)* guérir ; sécher

curler [keurleu] nom bigoudi

currant [keureunt] nom raisin sec

currency [keureunssi] nom *(liquide)* monnaie ; *(étranger)* devise

current [keureunt] adjectif actuel

◆ nom courant

curtain [keurteun] nom rideau

cushion [keucheun] nom coussin

custard [keusteud] nom crème anglaise (épaisse)

customer [keusteumeu] nom *(magasin)* client

customs [keusteumz] nom douane

customs duty [keusteumz diouti] nom droit de douane

cut [keut] nom *(sur la peau)* coupure ; de réduction ; *(cheveux, vêtements)* coupe ◆ verbe couper ▶ to cut one's hand se couper à la main ▶ to cut the grass tondre la pelouse

cutlery [keutleuri] nom couverts

cutlet [keutlit] nom *(viande)* côtelette ; *(noix, légumes)* croquette

cycle [saïkeul] nom *(séries)* cycle ◆ verbe aller en vélo

cycle lane [saïkeul lèïne] nom piste cyclable (sur la route)

cycling [saïklinng] nom cyclisme

D

daily [dèïli] adjectif quotidien ◆ adverbe quotidiennement ◆ nom ▶ a daily (newspaper) un quotidien

dairy product [dèri prodeukt] nom produit laitier

dam [damm] nom barrage

dark [dârk] adjectif *(pièce, nuit)* sombre ; *(couleur)* foncé ; *(personne)* brun

dashboard [dachbôrd] nom tableau de bord

data [dèïteu] nom données

daughter [dôteu] nom fille

daughter-in-law [dôteu inn lô] nom belle-fille

dawn [dônn] nom aube

day [dèï] nom *(de la semaine)* jour ; *(jour de travail)* journée

day return [dèï riteurn] nom *(ticket de train)* aller-retour valable pour une journée

day trip [dèï tripp] nom excursion (d'une journée)

dead [dèd] adjectif mort

dead end [dèd ènnd] nom *(rue)* impasse, cul-de-sac

deadline [dèdlaïne] nom date limite

dear [dir] adjectif cher

death [dèTH] nom mort

debit card [dèbitt kârd] nom carte de paiement à débit immédiat

debt [dètt] nom dette

December [dissèmbeu] nom décembre

deck [dèk] nom pont

deckchair [dèktchèr] nom chaise longue

deep [dip] adjectif profond

deep freeze [dip friz] nom congélateur
deep-fried [dip-fraïd] adjectif frit
deer [dir] nom cerf
defect [difèkt] nom défaut
defrost [difrost] verbe *(aliment)* décongeler ; *(frigidaire)* dégivrer
degree [digri] nom *(unité de mesure)* degré ; *(qualification)* = licence
delay [dilèï] nom retard ◆ verbe tarder
delayed [dilèïd] adjectif retardé
delete [dilite] verbe effacer
delicatessen [dèlikeutèsseun] nom épicerie fine
deliver [diliveu] verbe *(marchandises)* livrer ; *(lettres, journaux)* distribuer ; *(bébé)* mettre au monde
demand [dimannd] nom *(requête)* revendication ; *(COMMERCE)* demande ◆ verbe exiger
dentures [dèntcheuz] nom dentier
department store [dipârtmeunnt stôr] nom grand magasin
departure [dipârtcheu] nom départ ▶ 'departures' 'départs'
departure lounge [dipârtcheu laonndj] nom salle d'embarquement
deposit [dipozit] nom dépôt ; acompte ; caution
depot [dipow] nom *(bus, trains)* gare
depth [dèpTH] nom profondeur
deserve [dizeurv] verbe mériter
design [dizaïn] verbe *(construction, robe)* dessiner ; *(machine)* concevoir
desk [dèsk] nom *(à la maison, bureau)* bureau ; *(à l'aéroport)* comptoir
despite [dispaïte] préposition malgré
device [divaïss] nom appareil
devil [dèveul] nom diable
diagnosis [daïeug-nowssiss] nom diagnostic
dial [daïeul] nom cadran ◆ verbe composer
dialling code [daïeulinng cowde] nom indicatif
dialling tone [daïeulinng towne] nom tonalité
diarrhoea [daïeurieu] nom diarrhée
dice [daïss] nom dé
die [daï] verbe mourir
diet [daïeutt] nom *(pour mincir, santé)* régime ; *(nourriture)* alimentation
difficult [difikeult] adjectif difficile
digital [didjitôl] adjectif numérique
dine [daïnn] verbe dîner
dine out [daïnn aott] verbe dîner dehors
diner [daïneu] nom *(restaurant)* = relais routier
dining car [daïninng kâr] nom wagon-restaurant
dining room [daïninng roum] nom salle à manger
dinner [dineu] nom *(le midi)* déjeuner ; *(le soir)* dîner ▶ to have dinner déjeuner ; dîner
dip [dip] nom *(aliment)* mélange crémeux, souvent à base de mayonnaise, dans lequel on trempe des chips ou des légumes crus ◆ verbe *(route, terrain)*

descendre
directory [dirèkteuri] nom *(numéros de téléphone)* annuaire ; *(INFORMATIQUE)* répertoire
directory enquiries [dirèkteuri ènn-kouaïriz] nom renseignements (téléphoniques)
dirt [deurt] nom crasse ; terre
dirty [deurti] adjectif sale
disabled [dissèïbeuld] adjectif handicapé
disagree [disseugri] verbe ne pas être d'accord
disappear [disseupir] verbe disparaître
disaster [dizâsteu] nom désastre
disc [disk] nom disque ; CD
disconnect [diskeunèkt] verbe *(appareil)* débrancher; *(téléphone, électricité)* couper
discount [diskaonnt] nom remise
discover [diskeuveu] verbe découvrir
disease [diziz] nom maladie
disembark [dissimbârk] verbe débarquer
dish [diche] nom plat ; assiette
dishwasher [dichwôcheu] nom *(machine)* lave-vaisselle
dispenser [dispènsseu] nom distributeur
dispensing chemist [dispènsinng kèmist] nom pharmacie
disposable [dispowzeubeul] adjectif jetable
dissolve [dissolv] verbe dissoudre ◆ verbe se dissoudre
district [distrikt] nom région ; *(ville)* quartier
disturb [disteurb] verbe déranger
ditch [ditch] nom fossé
dive [daïve] nom plongeon ◆ verbe plonger
diversion [daïveurcheun] nom *(circulation)* déviation
diving [daïvinng] nom plongeon ; plongée (sous-marine)
do [dou] verbe faire
don't [donnt] abr de **do not** ne pas faire
dog [dog] nom chien
do-it-yourself [dou itt yôrssèlf] nom bricolage
dole [dowl] nom ▶ to be on the dole être au chômage
doll [dol] nom poupée
dolphin [dolfinn] nom dauphin
domestic flight [domèstik flaïte] nom vol intérieur
dominoes [dominowz] nom dominos
done [donn] adjectif *(terminé)* fini ; *(aliment)* cuit
donkey [donnki] nom âne
door [dôr] nom porte ; *(véhicule)* portière
doorbell [dôrbèl] nom sonnette
doorman [dôrmane] nom portier
doorway [dôrwèï] nom embrasure de la porte
dot [dott] nom point
double [deubeul] adverbe deux fois ◆ adjectif double

double bed [deubeul bèd] nom grand lit

doubt [daott] nom doute

doughnut [downeutt] nom beignet

Dover [dowveu] nom Douvres

down [daonn] adverbe vers le bas

Downing Street [daonninng strit] nom

> **ZOOM**
> **Downing Street**
>
> *Le n° 10 de la rue est l'adresse la plus connue de Londres. Mais n'y cherchez pas une chambre, c'est la résidence officielle du Premier ministre anglais depuis 1732. Cela dit, Tony Blair est le premier à s'être installé, oh pas très loin, au n° 11, dans la résidence du ministre des Finances, plus confortable...*

downstairs [daonnstèrz] adjectif *(pièce)* du bas ◆ adverbe en bas

downtown [daonntaonn] adverbe en ville

doze [dowz] verbe sommeiller

dozen [deuzeun], **doz.** nom douzaine ▸ a dozen eggs une douzaine d'œufs

drama [drâmeu] nom *(art)* théâtre ; drame

draught [drôft] nom courant d'air

draw [drôw] verbe *(avec un crayon)* dessiner ; *(ligne)* tracer

drawer [drôweu] nom tiroir

dreadful [drèdfoul] adjectif épouvantable

dream [drim] nom rêve ◆ verbe rêver

dress [drèss] nom robe ; *(vêtements)* tenue ◆ verbe habiller ; *(salade)* assaisonner

dressing [drèssinng] nom *(salade)* assaisonnement ; *(blessure)* pansement

dressing gown [drèssinng gaonn] nom robe de chambre

drink [drinnk] nom boisson ; *(alcool)* verre ◆ verbe boire

drinking water [drinnkinng wôteu] nom eau potable

drip [drip] nom goutte ; *(MÉDECINE)* goutte-à-goutte

drive [draïv] verbe conduire

> **ZOOM**
> **Driving on the left**
>
> *Non, les Anglais ne sont pas des droitiers contrariés. S'ils roulent à gauche, c'est en vertu d'une tradition qui remonte au Moyen Âge. Les cavaliers se tenaient en effet du côté gauche de la chaussée afin de pouvoir se retrouver face à l'adversaire et dégainer de la main droite en cas d'attaque.*

driver [draïveu] nom conducteur

driveway [draïvwèï] nom allée

driving licence [draïvinng laïsseunns]

nom permis de conduire
drop [dropp] nom goutte
drown [draonn] verbe se noyer
drug [dreug] nom (MÉDECINE) médicament ; *(stimulant)* drogue ◆ verbe droguer
drunk [dreunnk] adjectif saoul, soûl ◆ nom ivrogne
dry [draï] adjectif sec
dry cleaner's [draï clineuz] nom pressing
dryer [draïeu] nom *(vêtements)* séchoir ; *(cheveux)* sèche-cheveux
dual carriageway [dioueul karidjwèï] nom route à quatre voies
duck [deuk] nom canard
dumpling [deumplinng] nom boulette de pâte cuite à la vapeur et servie avec les ragoûts
dungeon [deundjeun] nom cachot
during [diourinng] préposition pendant, durant
duty [diouti] nom *(obligation morale)* devoir ; *(impôt)* taxe
duty chemist's [diouti kèmist] nom pharmacie de garde

E

each [itch] pronom chacun
ear [ir] nom oreille
earache [irèïk] nom ▸ to have earache avoir mal à l'oreille OU aux oreilles
early [eurli] adverbe de bonne heure, tôt ◆ adjectif en avance
earn [eurn] verbe *(argent)* gagner ▸ to earn a living gagner sa vie
earplugs [irpleugz] nom boules Quiès®
earrings [irinngz] nom boucles d'oreille
earth [eurTH] nom terre
earthquake [eurTHkouèïk] nom tremblement de terre
east [ist] nom est ▸ the East l'Orient
Easter [isteu] nom Pâques
eastern [isteurn] adjectif oriental, est
easy [izi] adjectif facile ▸ to take it easy ne pas s'en faire
eat [itt] verbe manger
eat out [itt aott] verbe sortir manger *(au restaurant)*
e-business [i-biznèss] nom e-business ; e-commerce, commerce électronique
e-cash [i-cache] nom argent virtuel ou électronique
eco-friendly [èco-frènndli] adjectif qui respecte l'environnement
ecstasy [èksteussi] nom *(grand plaisir)* extase ; *(drogue)* ecstasy
edge [èdj] nom bord ; *(couteau)* tranchant
Edinburgh [èdinnbeur] nom Édimbourg
egg [ègue] nom œuf

eiderdown [aïdeudaonn] nom édredon
eight [èïte] chiffre huit
eighteen [èïtinn] chiffre dix-huit
eighty [èïti] chiffre quatre-vingt(s)
Eire [èreu] nom l'Eire, l'Irlande
elbow [èlbow] nom *(personne)* coude
elderly [èldeuli] adjectif âgé ◆ nom ▶ the elderly les personnes âgées
electric blanket [ilèktrik blannkit] nom couverture chauffante
elevator [èlivèïteu] nom ascenseur
eleven [ilèveun] chiffre onze
else [èlss] adverbe ▶ I don't want anything else je ne veux rien d'autre ▶ anything else? désirez-vous autre chose ?
embark [immbârk] verbe embarquer
embassy [èmbeussi] nom ambassade
emblems [èmbleumz] nom emblèmes

> ## ZOOM
> ## Emblems
>
> *Le Royaume-Uni est un vrai bouquet garni. En effet, l'emblème anglais est une rose rouge (red rose), celui du Pays de Galles un poireau (leek) ou une jonquille (daffodil), l'écossais un chardon (thistle), et celui de l'Irlande du Nord, un trèfle à trois feuilles (shamrock).*

embroidery [immbroïdeuri] nom broderie
emergency [immeudjeunssi] nom urgence ◆ adjectif d'urgence
empty [èmpti] adjectif vide ◆ verbe vider
enable [inèïbeul] verbe ▶ to enable permettre
enclose [innklowz] verbe *(à une lettre)* joindre
end [ènnd] nom fin ◆ verbe finir
engaged [innguèïdjd] adjectif *(avant le mariage)* fiancé ; *(téléphone)* occupé ; *(toilettes)* occupé
engine [èndjinn] nom *(véhicule)* moteur ; *(train)* locomotive
England [inngleund] nom l'Angleterre
English [innglich] adjectif anglais
English breakfast [innglich brèkfeust] nom petit déjeuner anglais traditionnel composé de bacon, d'œufs, de saucisses et de toasts, accompagnés de thé ou de café
English Channel [innglich tchaneul] nom ▶ the English Channel la Manche
Englishman [innglichmann] nom Anglais
Englishwoman [innglich woumann] nom Anglaise
engraving [inngrèïvinng] nom gravure
enjoy [inndjoï] verbe aimer
enough [inoff] adjectif assez de ▶ is that enough? ça suffit ?
en suite bathroom [onnswouit baTHroum] nom salle de bains particulière
entertainment [ènteutèïnmeunt] nom divertissement
entrance [èntreunss] nom entrée
equality [ikwoleuti] nom égalité

eraser [irèïzeu] nom gomme
errand [èreunnd] nom course
escape [iskèïp] nom fuite ◆ verbe s'échapper ▶ to escape from *(de prison)* s'échapper de ; *(d'un danger)* échapper à
especially [ispècheuli] adverbe *(en particulier)* surtout ; *(très)* particulièrement
establish [istablich] verbe établir
estate car [istèïte kâr] nom break
estimate [èstimeutt] nom *(évaluation)* estimation ; *(artisan)* devis
eurocent [yourôssènnt] nom centime (d'euro)
Eurocheque [yourotchèk] nom eurochèque
European Union [youropieun younionne] nom Union européenne
even [iveun] adjectif *(uniforme, plat)* régulier ; égal ◆ adverbe même ; *(dans une comparaison)* encore
evening [ivninng] nom soir ; *(événement)* soirée
event [iveunt] nom événement
eventually [ivènntchouli] adverbe finalement
ever [èveu] adverbe jamais
every [èvri] adjectif chaque
everyone [èvriouane], **everybody** [èvribodi] pronom tout le monde
everything [èvriTHinng] pronom tout
everywhere [èvriouèr] adverbe partout
evidence [èvideunss] nom preuve
evil [iveul] adjectif mauvais ◆ nom mal
examination [igzaminèïcheun] nom examen
except [èksèpt] préposition sauf, à part
excess baggage [èksèss baguidj] nom excédent de bagages
excess fare [èksèss fèr] nom supplément
exchange rate [iks-tchèïnndj rèïte] nom taux de change
excursion [ikskeurcheun] nom excursion
executive [igzèkioutiv] adjectif *(salle)* pour cadres ◆ nom *(personne)* cadre
exhaust [igzôst] nom ▶ exhaust (pipe) pot d'échappement
exhausted [igzôstid] adjectif épuisé
exhibition [èkssibicheun] nom *(art)* exposition
exit [èkssit] nom sortie ◆ verbe sortir
expect [ikspèkt] verbe s'attendre à ; attendre
expense [ikspènnss] nom dépense
expensive [ikspènnsiv] adjectif cher
explain [iksplèïn] verbe expliquer
explode [iksplowd] verbe exploser
express [ikspréss] adjectif *(courrier, livraison)* exprès ◆ nom *(train)* express
extinguisher [ikstinngwicheu] nom extincteur
extra [èxtreu] adjectif supplémentaire ◆ nom option ▶ extra charge supplément
eye [aï] nom œil
eyebrow [aïbrow] nom sourcil

eyelash [aïlache] nom cil
eyelid [aïlidd] nom paupière
eye shadow [aï chadow] nom ombre à paupières

F

fabric [fabrik] nom tissu
face [fèïss] nom visage
facecloth [fèïskloTH] nom = gant de toilette
facilities [feussilitiz] nom équipements
fact [fakt] nom fait ▶ in fact en fait
factory [fakteuri] nom usine
fair [fèr] nom fête foraine ; *(exposition)* foire ◆ adjectif juste ; assez bon
fall [fôl] verbe tomber
false [fôls] adjectif faux
false teeth [fôls tiTH] nom dentier
family [famili] nom famille
fan [fann] nom *(à la main)* éventail ; *(électrique)* ventilateur
far [fâr] adverbe loin ▶ how far is it to Paris? à combien de kilomètres sommes-nous de Paris ?
fare [fèr] nom *(bus, train)* tarif
farm [fârm] nom ferme
fashion [facheun] nom *(tendance, style)* mode
fast [fast] adverbe vite ◆ adjectif rapide
fasten [fasseun] verbe attacher
fat [fatt] adjectif gros, gras
fat-free [fatt-fri] adjectif sans matières grasses
father [faTHeu] nom père
father-in-law [faTHeu inn lô] nom beau-père
February [fèbroueri] nom février
fee [fi] nom *(médecin)* honoraires ; *(inscription)* cotisation
feed [fid] verbe nourrir
feel [fil] verbe se sentir ▶ to feel hot/cold avoir chaud/froid
fetch [fètch] verbe aller chercher
fever [fiveu] nom fièvre
few [fiou] adjectif peu de ◆ pronom peu
field [fild] nom champ
fifty [fifti] chiffre cinquante
fight [faïtt] nom bagarre, dispute
figure [figueu] nom *(nombre, statistique)* chiffre ; *(d'une personne)* silhouette
file [faïle] nom dossier ; *(INFORMATIQUE)* fichier ▶ in single file en file indienne
fill [fil] verbe remplir
filled roll [fild roll] nom petit pain garni

fillet steak [filitt stèk] nom filet de bœuf

filling [filinng] nom *(sandwich)* garniture ; *(dent)* plombage

filling station [filinng stèïcheun] nom station-service

finally [faïneuli] adverbe enfin

find [faïnd] verbe trouver

fine [faïnn] nom amende

finger [finnggueu] nom doigt

fingernail [finnggueunèïl] nom ongle (de la main)

finish [finich] verbe finir

fire [faïeu] nom feu ; incendie

fire alarm [faïeu eulârm] nom alarme d'incendie

fire brigade [faïeu briguèïde] nom pompiers

fire escape [faïeu iskèïp] nom escalier de secours

fire exit [faïeu èkssit] nom issue de secours

fire extinguisher [faïeu ikstinngwicheu] nom extincteur

fireman [faïeumann] nom pompier

fireplace [faïeuplèïss] nom cheminée

fireworks [faïeuweurks] nom feux d'artifice

first [feurst] adjectif premier

first aid [feurst èïd] nom premiers secours

first-aid kit [feurst èïd kitt] nom trousse de premiers secours

first-class [feurst clâss] adjectif *(timbre)* au tarif normal ; *(ticket)* de première classe

fish [fiche] nom poisson ◆ verbe pêcher

fish and chips [fiche ènde tchipss] nom poisson frit et frites

ZOOM
Fish & Chips

Du poisson pané frit, des frites bien épaisses, un peu de sel et du vinaigre, le tout jeté autrefois en plus dans un papier journal ! Et hop, vous obtenez l'un des plats les plus populaires et l'un des moins chers. À manger dans la rue pendant une petite pause au cours de votre shopping, comme tout le monde…

fishcake [fichkèïk] nom croquette de poisson

fish fingers [fiche finnggueurz] nom bâtonnets de poisson pané

fishmonger's [fichmeunggueuz] nom *(magasin)* poissonnerie

fitting room [fitinng roum] nom cabine d'essayage

five [faïv] chiffre cinq

fix [fix] verbe *(attacher)* fixer ; réparer ; arranger

fizzy [fizi] adjectif pétillant

flan [flann] nom tarte

flapjack [flapdjak] nom pavé à l'avoine

flashlight [flachlaït] nom lampe électrique, torche

flask [flâsk] nom Thermos®
flat [flatt] adjectif plat ◆ nom appartement ▶ a flat (tyre) un pneu à plat
flavour [flèïveu] nom goût ; *(d'une glace)* parfum
flea market [fli mârkitt] nom marché aux puces
flight [flaït] nom vol
flight attendant [flaït eutènndeunt] nom hôtesse de l'air ; steward
floor [flôr] nom plancher, sol ; étage
florist's [florists] nom *(magasin)* fleuriste
flower [flaweu] nom fleur
flu [flou] nom grippe
flush [fleuch] verbe ▶ to flush the toilet tirer la chasse d'eau
fly [flaï] nom *(insecte)* mouche ◆ verbe voler ; *(passager)* voyager en avion
fly-drive [flaï draïv] nom formule avion plus voiture
focus [fowkeuss] nom *(appareil photo)* mise au point
fog [fog] nom brouillard
fog lamp [fog lammp] nom feu de brouillard
follow [folow] verbe suivre
food [foud] nom nourriture ; aliment
food poisoning [foud poïzninng] nom intoxication alimentaire
foot [fout] nom pied
footbridge [foutbridj] nom passerelle
footpath [foutpâTH] nom sentier
for [fôr] préposition pour
forbid [feubid] verbe interdire
forecast [fôrkâst] nom prévision
forehead [fôrhèd] nom front
foreign [foreun] adjectif étranger
foreigner [foreuneu] nom étranger
foreign exchange [foreun ikstchèïnndj] nom change
forest [forist] nom forêt
forget [feuguèt] verbe oublier
fork [fôrk] nom fourchette
form [fôrm] nom forme ; *(papier)* formulaire
former [fôrmeu] adjectif précédent ; premier
fortnight [fôrtnaït] nom quinzaine, quinze jours
forty [fôrti] chiffre quarante
forward [fôweud] adverbe en avant ◆ nom avant
fountain [faonnteun] nom fontaine
four [fôr] chiffre quatre
fourteen [fôrtinn] chiffre quatorze
four-wheel drive [fôr-ouil draïv] nom quatre-quatre
fox [fox] nom renard
free [fri] adjectif libre ; *(qui ne coûte rien)* gratuit
free-range [fri-rannj] adjectif *(poulet)* fermier ; *(œufs)* de ferme
freezer [frizeu] nom congélateur
French [frènnch] adjectif français
French bean [frènnch binn] nom haricot vert
French dressing [frènnch drèssinng] nom vinaigrette

French fries [frènnch fraïz] nom frites
Frenchman [frènnchmann] nom Français
Frenchwoman [frènnchwoumann] nom Française
fresh [frèche] adjectif frais
fresh cream [frèche crim] nom crème fraîche
Friday [fraïdè] nom vendredi
fridge [fridj] nom réfrigérateur
fried egg [fraïd ègue] nom œuf sur le plat
friend [frend] nom ami
frog [frog] nom grenouille
from [from] préposition de ; à partir de ▶ open from nine to five ouvert de neuf heures à dix-sept heures
front [fronnt] adjectif de devant, avant ▶ in front of devant
frost [frost] nom givre, gelée
frozen [frowzeun] adjectif gelé ; *(nourriture)* surgelé
fruit cake [froutt kèïk] nom cake
fry [fraï] verbe (faire) frire
frying pan [fraïinng pann] nom poêle (à frire)
fudge [feudj] nom caramel
fuel [fioul] nom *(pétrole)* carburant ; *(charbon, gaz)* combustible
full [foul] adjectif plein ; *(hôtel, train, nom)* complet
full board [foul bôrd] nom pension complète
funfair [feunnfèr] nom fête foraine
fur [feur] nom fourrure
furnished [feurnicht] adjectif meublé
furniture [feurnitcheu] nom meubles

G

gale [guèïl] nom grand vent
game [guèïm] nom jeu
gammon [gameun] nom jambon cuit, salé ou fumé
garden [gârdeun] nom jardin
garlic [gârlik] nom ail
garlic bread [gârlik brèd] nom pain aillé et beurré servi chaud
garlic butter [gârlik beuteu] nom beurre d'ail
garnish [gârnich] nom *(décoration)* garniture ◆ verbe garnir
gas [gass] nom gaz
gate [guèïte] nom porte
gather [gaTHeu] verbe *(objets)* ramasser ; *(informations)* recueillir ◆ verbe se rassembler
gay [guèï] adjectif homosexuel
GB [dji-bi] abr de **Great Britain** G-B
gearbox [guirbox] nom boîte de vitesses
general practitioner [dgènèrôl prakticheuneu] nom (médecin) généraliste

general store [dgènèrôl stôr] nom bazar

gents [djènnts] nom toilettes pour hommes

German [djeurmann] adjectif allemand

Germany [djeurmeuni] nom l'Allemagne

get [guètt] verbe obtenir, acheter

get off [guètt of] verbe descendre

get on [guètt onn] verbe monter

get out [guètt aott] verbe descendre

get up [guètt eup] verbe se lever

gherkin [gueurkinn] nom cornichon

gift [gift] nom cadeau

ginger [djinndjeu] nom gingembre

ginger ale [djinndjeu èïl] nom boisson gazeuse non alcoolisée au gingembre, souvent utilisée en cocktail

gingerbread [djinndjeubrèd] nom pain d'épice

girl [gueurl] nom fille

girlfriend [gueurlfrènnd] nom copine, amie

give [giv] verbe donner

glass [glass] nom verre

glasses [glassiz] nom lunettes

glen [glènn] nom vallée

glove [glov] nom gant

glove compartment [glov keumpârtmeunnt] nom boîte à gants

glue [glou] nom colle

go [gow] verbe aller

go in [go inn] verbe entrer

go out [go aott] verbe sortir

goal [gowl] nom but

God save the Queen

> **ZOOM**
>
> **God save the Queen**
>
> 
>
> *So British mais... d'origine française. L'hymne britannique fut en effet inspiré et détourné d'une chanson composée par Lully en 1685 pour son cher roi Louis XIV, alors malade. « Que Dieu sauve le Roi » fut adapté en God save the Queen de l'autre côté de la Manche. Encore un plagiat !*

gold [gold] nom or ◆ adjectif en or

golf course [golf kôrss] nom terrain de golf

good [goudd] adjectif bon, bien

goods [goudz] nom marchandises

goodbye [goudbaï] exclamation au revoir !

goose [gouss] nom oie

gooseberry [goussbeuri] nom groseille à maquereau

grandchild [granntchaïld] nom petit-fils ; petite-fille

granddaughter [granndôteu] nom petite-fille

grandfather [grannfaTHeu] nom grand-père

grandmother [grannmoTHeu] nom grand-mère

grandparents [grannpèreunts] nom grands-parents

grandson [grannsonn] nom petit-fils

grape [grèïp] nom raisin

grapefruit [grèïpfroutt] nom pamplemousse

grass [grass] nom herbe

gravy [grèïvi] nom jus de viande

great [grèïtt] adjectif grand ; *(très bien)* super

Great Britain [grèïtt briteun] nom la Grande-Bretagne

ZOOM

Great Britain

La Grande-Bretagne est formée de l'Angleterre, de l'Écosse et du pays de Galles. À ne pas confondre avec le Royaume-Uni qui inclut en plus l'Irlande du Nord, ni avec les îles Britanniques, qui englobent également la république d'Irlande, les Orcades, l'île de Man, les Shetlands et les îles Anglo-Normandes.

green [grinn] adjectif vert

green beans [grinn binnz] nom haricots verts

green card [grinn kârd] nom carte de séjour

green channel [grinn tchaneul] nom dans un port ou un aéroport, sortie réservée aux voyageurs n'ayant rien à déclarer

greengrocer's [grinngrowsseuz] nom magasin de fruits et de légumes

greenhouse [grinnHaoss] nom serre

green light [grinn laïte] nom feu vert

grey [grèï] adjectif gris

grocer's [growsseuz] nom épicerie

grocery [growsseuri] nom épicerie

ground [graonnd] nom sol ; terre

ground floor [graonnd flôr] nom rez-de-chaussée

grow [grow] verbe grandir ; *(plante)* pousser

guest [guèst] nom invité ; *(à l'hôtel)* client

guesthouse [guèstHaoss] nom pension de famille

guided tour [guaïdid tôr] nom visite guidée

gums [gueumz] nom gencives

gun [gueun] nom revolver

gust [gueust] nom rafale

guy [gaille] nom *(familier)* *(homme)* type

H

haddock [Hadeuk] nom églefin

haggis [Haguiss] nom plat typique écossais consistant en une panse de brebis farcie, le plus souvent accompagné de pommes de terre et de navets en purée

hair [Hèr] nom cheveux

hairbrush [Hèrbreuch] nom brosse à cheveux

haircut [Hèrkeut] nom coupe (de cheveux)

hairdresser [Hèrdrèsseu] nom coiffeur

hairdryer [Hèrdrayeu] nom sèche-cheveux

hairpin bend [Hèrpinn bènnd] nom virage en épingle à cheveux

hair remover [Hèr rimouveu] nom crème dépilatoire

half [Haf] nom moitié ; *(bière)* = demi ; *(ticket enfant)* demi-tarif

half board [Haf bôrd] nom demi-pension

halibut [Halibout] nom flétan

ham [Hamm] nom jambon

hammer [Hameu] nom marteau

Halloween [Halowinn] nom Halloween

hand [Hannd] nom main

handbag [Hanndbag] nom sac à main

handbrake [Hanndbrèïk] nom frein à main

handkerchief [Hannkeutchif] nom mouchoir

handle [Hanndeul] nom *(porte, fenêtre, valise)* poignée

handlebars [Hanndeulbârz] nom guidon

hand luggage [Hannd leuguidj] nom bagages à main

ZOOM
Halloween

Célébrée le 31 octobre, la veille de la Toussaint, c'est la fête des fantômes et des sorcières. Au milieu des citrouilles aux sourires carnassiers, des enfants menaçants défilent chez leurs voisins pour le **trick or treat** *: on veut de l'argent ou des bonbons, sinon on vous joue un sale tour !*

handmade [Hanndmèïd] adjectif fait à la main

hang [Hanng] verbe suspendre, accrocher

hanger [Hanngueu] nom cintre

happen [Hapeun] verbe arriver

happy [Hapi] adjectif heureux

happy hour [Hapi aweu] nom *(familier)* période, généralement en début de soirée, où les boissons sont moins chères

harbour [Harbeu] nom port

hard [Hârd] adjectif dur

hard-boiled egg [Hârd-boïld ègue] nom œuf dur

hard shoulder [Hârd chôldeu] nom bande d'arrêt d'urgence

hash browns [Hache braonnss] nom croquettes de pommes de terre aux oignons

hat [Hatt] nom chapeau

have [Hav], **I've** [aïve], **hasn't** [Hazeunt], **hadn't** [Hadeunt] verbe avoir

hasn't [Hazeunt] abr de **has not** n'a pas

hazard warning lights [Hazeud wôrninng laïtss] nom feux de détresse

hazelnut [Hèïzeulneutt] nom noisette

he [Hi] pronom il

head [Hèd] nom tête

headache [Hèdèïk] nom mal de tête

headlight [Hèdlaït] nom phare

health [HèlTH] nom santé ▶ your (very) good health! à la vôtre !

health food [HèlTH foud] nom produits diététiques

hear [Hieur] verbe entendre

heart [Hârt] nom cœur

heart attack [Hârt eutak] nom crise cardiaque

heartburn [Hârtbeurn] nom brûlures d'estomac

heat [Hit] nom chaleur

heating [Hitinng] nom chauffage

heat wave [Hit ouèïv] nom canicule

heavy [Hèvi] adjectif lourd

heel [Hil] nom talon

hello [Hèlow] exclamation *(au téléphone)* allô !

help [Hèlp] nom aide ◆ exclamation à l'aide !, au secours !

her [Heur] adjectif son, sa, ses ◆ pronom la ; *(après une préposition)* elle

herbal tea [Heurbeul ti] nom tisane

here [Hir] adverbe ici

hernia [Heurnieu] nom hernie

herring [Hèrinng] nom hareng

hers [Heurz] pronom le sien, la sienne

hi [Haï] exclamation salut !

hide [Haïde] verbe cacher

high [Haï] adjectif haut

Highland Games [Haïleund guèïmz] nom jeux écossais

ZOOM
Highland Games

Chaque année, les superbes Highlands (nord de l'Écosse) accueillent ces jeux très populaires. Sur des airs de cornemuse, les participants en kilt se surpassent dans le lancer de troncs (tossing the caber), le tir à la corde (tug of war) et même le lancer de haggis, la panse de brebis farcie !

high school [Haï skoul] nom établissement d'enseignement secondaire

high-speed train [Haï-spid trèïne] nom (train) rapide

high street [Haï strit] nom rue principale

high tide [Haï taïde] nom marée haute

highway [Haïwouèï] nom route

hiking [Haïkinng] nom ▶ to go hiking faire de la randonnée

hill [Hil] nom colline

hillwalking [Hilwôkinng] nom randonnée

him [Him] pronom le ; *(après une préposition)* lui

hip [Hip] nom hanche

hire [Hayeu] verbe louer ▶ for hire ; *(bateaux)* à louer ; *(taxi)* libre

his [Hiz] adjectif son, sa, ses ◆ pronom le sien, la sienne

hit [Hitt] verbe frapper

hitchhike [Hitchaïk] verbe faire du stop

HIV-positive [Hètch-aï-vi pozitiv] adjectif séropositif

hold [Hôld] verbe tenir ▶ hold the line, please ne quittez pas, je vous prie

holder [Hôldeu] nom *(passeport, autorisation)* titulaire

hole [Howl] nom trou

holiday [Holidèï] nom *(période)* vacances

home [Hôm] nom maison ▶ at home à la maison, chez soi

homemade [Hôm-mèïd] adjectif *(cuisine)* fait maison

honey [Honi] nom miel

honeymoon [Honimoun] nom lune de miel

Hoover® [Houveu] nom aspirateur

hope [Hôp] nom espoir

horn [Hôrn] nom *(véhicule)* Klaxon®

horse [Hôrss] nom cheval

horse racing [Hôrss rèïssinng] nom courses (de chevaux)

horse riding [Hôrss raïdinng] nom équitation

hostel [Hosteul] nom auberge de jeunesse

host family [Hôst famili] nom famille d'accueil

hot [Hott] adjectif chaud ; épicé

hot-cross bun [Hott-kross beun] nom petite brioche aux raisins et aux épices que l'on mange à Pâques

hotpot [Hottpott] nom ragoût de viande garni de pommes de terre en lamelles

hot-water bottle [Hott-wôteu boteul] nom bouillotte

hour [aweu] nom heure

house nom [Haoss] maison

House of Commons nom Chambre des communes

House of Lords [Haoss of lôdz] nom Chambre des lords

housewife [Haosswaïf] nom femme au foyer

house wine [Haoss ouaïne] nom = vin en pichet

how [Hao] adverbe comment ▶ how are you? comment allez-vous ?

huge [Hioudj] adjectif énorme

hundred [Heundreud] chiffre cent

hungry [Heungri] adjectif ▶ to be hungry avoir faim

hunt [Heunnt] verbe chasser

hurricane [Heurikeun] nom ouragan

hurt [Heurt] verbe faire mal à

husband [Heuzbeund] nom mari

I

I [aï] pronom je, j' ; moi
ice [aïss] nom glace ; *(sur la route)* verglas
ice cream [aïss crim] nom crème glacée, glace
ice cube [aïss kioub] nom glaçon
ice-skating [aïss-skèïtinng] nom patinage (sur glace)
icicle [aïssikeul] nom glaçon
ID card [aï-di kârd] nom carte d'identité
if [if] conjonction si ▶ **if not** *(autrement)* sinon
ignition [ig-nicheun] nom *(AUTOMOBILE)* allumage
ill [il] adjectif malade
illness [ilnèss] nom maladie
immersion heater [imeurcheun Hiteu] nom chauffe-eau électrique
in [inn] préposition dans, en, à ▶ **in Paris** à Paris
inch [innch] nom = 2,5 cm ; pouce
included [innkloudid] adjectif *(dans un prix)* compris
income [innkom] nom revenu
index finger [inndex finnggueur] nom index
indicate [inndikèït] verbe *(AUTOMOBILE)* mettre son clignotant
indicator [inndikèïteu] nom *(AUTOMOBILE)* clignotant
indoor [inndôr] adjectif *(piscine)* couvert ; *(sports)* en salle
inedible [innèdibeul] adjectif non comestible
inexpensive [innixpènsiv] adjectif bon marché
infirmary [innfeurmeuri] nom hôpital
inflatable [innflèïteubeul] adjectif gonflable
injury [inndjouri] nom blessure
ink [innk] nom encre
inner [ineu] adjectif intérieur
inoculate [innokioulèït] verbe vacciner
inoculation [innokioulèïcheun] nom vaccination
insane [innssèïn] adjectif fou
insect repellent [innsèkt reupèleunt] nom produit anti-insectes
insert [innsseurt] verbe introduire
inside [innssaïd] préposition à l'intérieur de, dans
inside lane [innssaïd lèïne] nom *(AUTOMOBILE)* voie de gauche
instalment [innstôlmeunt] nom *(paiement)* acompte
instant coffee [innsteunt kofi] nom café instantané ou soluble
instead of [innstèd of] adverbe au lieu de
insurance [innchoureunnss] nom assurance
intensive care [inntènnsiv kèr] nom réanimation
interchange [innteutchèïndj] nom *(sur l'autoroute)* échangeur
Intercity® [innteusiti] nom système de trains rapides reliant les grandes villes en Grande-Bretagne

intercom [innteukom] nom Interphone®
intermission [innteumicheun] nom entracte
internal flight [innteurnôl flaït] nom vol intérieur
Internet Service Provider [innteunètt seurviss provaïdeu] nom fournisseur d'accès
interval [innteurvôl] nom entracte
invoice [innvoïss] nom facture
Ireland [ayeuleund] nom l'Irlande
Irish [aïrich] adjectif irlandais
Irishman [aïrichmann] nom Irlandais
Irishwoman [aïrichwoumann] nom Irlandaise
iron [aïreun] nom fer à repasser ◆ verbe repasser
ironing board [aïreuninng bôrd] nom planche à repasser
island [aïleund] nom île ; *(sur la route)* refuge
isle [aïle] nom île
it [itt] pronom il , ce ▶ it's nice here c'est joli ici
Italian [italieun] adjectif italien
Italy [iteuli] nom l'Italie
itch [itch] verbe ▶ my arm itches mon bras me démange
item [aïteum] nom article, objet
itemized bill [aïteumaïzd bil] nom facture détaillée

J

jack [djak] nom valet
jacket [djakit] nom veste
jacket potato [djakit potèïto] nom pomme de terre en robe des champs
jail [djèïl] nom prison
jam [djam] nom confiture
January [djanioueri] nom janvier
jaw [djow] nom mâchoire
jelly [djèli] nom gelée
jellyfish [djèlifich] nom méduse
jersey [djeurzi] nom pull
jet lag [djètt lag] nom décalage horaire
jetty [djèti] nom jetée
jeweller's [djoueuleuz] nom bijouterie
job [djob] nom emploi, travail
journey [djeuni] nom voyage
jug [djeug] nom *(pour l'eau)* carafe ; *(pour le lait)* pot
juice [djouss] nom jus
July [djoulaï] nom juillet
jump [djeump] verbe sauter
jumper [djeumpeu] nom pull-over
junction [djeunkcheun] nom embranchement
June [djounn] nom juin
junk shop [djeunk chop] nom magasin de brocante

K

keep [kip] verbe garder

kerb [keurb] nom bordure du trottoir

kettle [kèteul] nom bouilloire

key [ki] nom clé

keyboard [kibôrd] nom clavier

kid [kid] nom *(familier)* gamin ◆ verbe blaguer

kidney [kidni] nom *(organe)* rein ; *(aliment)* rognon

kidney bean [kidni binn] nom haricot rouge

kill [kil] verbe tuer

kilt [kilt] nom kilt

kind [kaïnd] adjectif gentil ◆ nom genre

king [kinng] nom roi

kipper [kipeu] nom hareng saur

kiss [kiss] nom baiser ◆ verbe embrasser

kitchen [kitcheun] nom cuisine

kite [kaït] nom cerf-volant

kitten [kiteun] nom chaton

knee [ni] nom genou

knickers [nikeuz] nom *(sous-vêtement)* culotte

knife [naïf] nom couteau

knight [naït] nom chevalier

knock [nok] nom *(à la porte)* coup ◆ verbe *(à la porte)* frapper

knock down [nok daonn] verbe *(piéton)* renverser

know [now] verbe savoir ; *(personne, endroit)* connaître

ZOOM
Kilt

Couverture ou manteau porté à l'origine par les Gaëls, cette grande pièce de tartan fut ensuite rejetée sur l'épaule avant de devenir le kilt. Le kilt fut popularisé par les régiments des Highlands et associé à toute l'Écosse. Ajoutons qu'en principe on ne porte rien en dessous !

L

L abr de **learner** en Grande-Bretagne, lettre apposée à l'arrière d'une voiture et signalant que le conducteur est en conduite accompagnée

label [lèïbeul] nom étiquette

lace [lèïss] nom dentelle ; *(pour les chaussures)* lacet

ladder [ladeu] nom échelle

ladies [lèïdiz] nom toilettes pour dames
lady [lèïdi] nom dame
lager [lâgueu] nom bière blonde
lake [lèïk] nom lac
lamb [lamm] nom agneau
lamb chop [lamm tchop] nom côtelette d'agneau
land [lannd] nom terre ◆ verbe atterrir ; *(passagers)* débarquer
landscape [lanndskèïp] nom paysage
lane [lèïnn] nom chemin ; file , voie
large [lâdj] adjectif grand ; *(personne, problème, somme)* gros
last [lâst] adjectif dernier
late [lèït] adjectif en retard
late-night [lèït-naït] adjectif *(pharmacie, supermarché)* ouvert tard
laugh [lof] verbe rire
laundry [lônndri] nom lessive ; blanchisserie
lavatory [laveutri] nom toilettes
law [lô] nom loi
lawn [lônn] nom pelouse, gazon
lawyer [lôyeu] nom *(au tribunal)* avocat ; notaire
lay-by [lèï-baï] nom aire de stationnement
leaded petrol [lèdid pètrol] nom essence au plomb
lead-free [lèd-fri] adjectif sans plomb
leaflet [liflit] nom dépliant
leak [lik] nom fuite ◆ verbe fuir
learn [leurn] verbe apprendre
least [list] adverbe le moins ◆ pronom
▸ at least au moins
leather [lèTHeu] nom cuir
leave [liv] verbe laisser, partir
leek [lik] nom poireau
left [lèft] adjectif gauche
left-hand [lèft-Hannd] adjectif de gauche
left-luggage locker [lèft-leuguidj lokeu] nom consigne automatique
leg [leg] nom jambe
lemon [lèmeun] nom citron
lemon curd [lèmeun keurd] nom crème au citron
lend [lènnd] verbe prêter
lens [lènnz] nom *(appareil photo)* objectif ; verre ; lentille
less [lèss] adjectif moins de ◆ adverbe moins
let [lèt] verbe *(permettre)* laisser
lettuce [lètis] nom laitue
level crossing [lèveul crossinng] nom passage à niveau
licence [laïsseuns] nom permis , autorisation
lie [laï] verbe mentir
lie down [laï daonn] verbe s'allonger
life [laïf] nom vie
life belt [laïf bèlt] nom bouée de sauvetage
lifeboat [laïfbowt] nom canot de sauvetage
life jacket [laïf djakit] nom gilet de sauvetage
lift [lift] nom ascenseur
light [laït] adjectif léger ; clair ◆ nom lumière ◆ verbe allumer
lights [laïtss] nom feu tricolore
lighter [laïteu] nom briquet

lighthouse [laïtHaoss] nom phare
lightning [laïtninng] nom foudre
like [laïk] verbe aimer ◆ préposition comme
linen [lininn] nom *(tissu)* lin
liner [laïneu] nom paquebot
link [linnk] nom lien ▶ rail link liaison ferroviaire
lip [lip] nom lèvre
listen [lisseun] verbe ▶ to listen (to) écouter
litterbin [liteubinn] nom poubelle
little [liteul] adjectif petit ; peu de ◆ adverbe peu ▶ little by little petit à petit, peu à peu ▶ a little un peu
live [liv] verbe habiter ; vivre
liver [liveu] nom foie
loaf [lowf] nom ▶ a loaf (of bread) un pain
lobby [lobi] nom hall
lobster [lobsteu] nom homard
loch [lok] nom lac
lock [lok] nom serrure
log [log] nom bûche
long [lonng] adjectif long ◆ adverbe longtemps
loo [lou] nom *(familier)* toilettes
look [louk] nom regard ◆ verbe regarder ; *(sembler)* avoir l'air ▶ look out! attention !
look after [louk afteu] verbe s'occuper de
look for [louk fôr] verbe chercher
lorry [lori] nom camion
lose [louz] verbe perdre
lost [lost] adjectif perdu ▶ to get lost se perdre
lost property office [lost propeuti ofiss] nom bureau des objets trouvés
lot [lott] nom beaucoup (de)
loud [laod] adjectif fort
lounge bar [laonndj bâr] nom salon dans un pub, plus confortable et plus cher que le " public bar "
love [lov] nom amour
low [low] adjectif bas
low-fat [low-fatt] adjectif allégé
low tide [low taïd] nom marée basse
lubricate [loubrikèït] verbe lubrifier
luck [leuk] nom chance
luggage [leuguidj] nom bagages
lukewarm [loukwôrm] adjectif tiède
lunch [leunch] nom déjeuner
lung [leung] nom poumon

M

mackerel [makreul] nom maquereau
magnet [mag-nit] nom aimant
magnifying glass [mag-nifaïnng glâss] nom loupe
maiden name [mèïdeun nèïm] nom nom de jeune fille
mail [mèïl] nom courrier
mail order [mèïl ôrdeu] nom vente

par correspondance

main [mèïnn] adjectif principal

main course [mèïnn kôrss] nom plat principal

main road [mèïnn rowd] nom grande route

make [mèïk] verbe faire, fabriquer

make-up [mèïk eup] nom *(cosmétiques)* maquillage

mall [môl] nom centre commercial

man [mann] nom homme

manage [manidj] verbe *(société, affaire)* diriger ; *(tâche)* arriver à faire ◆ verbe y arriver, se débrouiller

man-made [mann-mèïd] adjectif synthétique

many [mèni] adjectif beaucoup de ◆ pronom beaucoup ▶ how many? combien ?

map [map] nom carte

maple syrup [mapeul saïreup] nom sirop d'érable

March [mâtch] nom mars

market [mârkit] nom marché

marmalade [mâmeulèïd] nom marmelade d'oranges

marrow [mârow] nom *(légume)* courge

marry [mari] verbe épouser, se marier

marsh [mârch] nom marais

marzipan [mârzipann] nom pâte d'amandes

mashed potatoes [macht potèïteuz] nom purée (de pommes de terre)

mast [mast] nom mât

match [match] nom allumette ; *(jeu)* match

matchbox [matchbox] nom boîte d'allumettes

matter [mateu] verbe importer ▶ it doesn't matter ça ne fait rien

mattress [matress] nom matelas

May [mèï] nom mai

maybe [mèïbi] adverbe peut-être

me [mi] pronom me, moi

meal [mil] nom repas

mean [mine] verbe signifier, vouloir dire

meaning [mininng] nom sens

meat [mit] nom viande

medicine [mèdssinn] nom médicament ; médecine

medium-dry [midieum-draï] adjectif demi-sec

medium-sized [midieum-saïzd] adjectif de taille moyenne

meeting [mitinng] nom réunion

men's room [mènss roum] nom toilettes (pour hommes)

menu [meuniou] nom carte

merry-go-round [mèri-go-raonnd] nom manège

midday [mid-dèï] nom midi

middle [mideul] nom milieu ◆ adjectif *(central)* du milieu ▶ in the middle of the road au milieu de la route

midnight [midnaït] nom minuit

mild [mild] adjectif doux ◆ nom bière moins riche en houblon et plus foncée que la « bitter »

mile [maïl] nom = 1, 609 km ▶ it's miles away c'est à des kilomètres

mileage [maïlidj] nom = kilométrage

mileometer [maïlomiteu] nom = compteur (kilométrique)

milk [milk] nom lait

mince [minns] nom viande hachée

mincemeat [minnsmit] nom mélange de fruits secs et d'épices utilisé en pâtisserie

mince pie [minns paï] nom tartelette de Noël, fourrée avec un mélange de fruits secs et d'épices

mind [maïnd] verbe faire attention à ▶ I don't mind ça m'est égal

mine [maïnn] pronom le mien

minor road [maïneu rowd] nom route secondaire

mint [minnt] nom menthe

miss [miss] verbe rater ; regretter ▶ I miss him il me manque

Miss [miss] nom mademoiselle

mist [mist] nom brume

mistake [mistèïk] nom erreur

Mister [misteu] nom monsieur

mix [mix] verbe mélanger ◆ nom préparation

mixture [mixtcheur] nom mélange

mobile phone [mobaïl fown] nom téléphone portable

moisture [moïstcheu] nom humidité

moisturizer [moïstcheuraïzeu] nom crème hydratante

Monday [monndèï] nom lundi

money [meuni] nom argent

money order [meuni ôrdeu] nom mandat

monk [monnk] nom moine

monkey [monnki] nom singe

monkfish [monnkfich] nom lotte

month [monnTH] nom mois

moon [moun] nom lune

moor [môr] nom lande

moped [mowpeud] nom Mobylette®

more [môr] adjectif plus de, davantage de / ▶ are there any more cakes? est-ce qu'il y a encore des gâteaux ? ▶ there's no more wine il n'y a plus de vin

morning [môrninng] nom matin, matinée

mosque [mowsk] nom mosquée

mosquito [meuskitow] nom moustique

most [mowst] adjectif la plupart de, le plus de ◆ adverbe le plus ▶ the most expensive hotel in town l'hôtel le plus cher de la ville

mostly [mowstli] adverbe principalement

moth [moTH] nom papillon de nuit ; *(dans les vêtements)* mite

mother [moZeu] nom mère

mother-in-law [moZeu inn lô] nom belle-mère

motorbike [mowteubaïk] nom moto

motorcycle [mowteussaïkeul] nom motocyclette

motorist [mowteurist] nom automobiliste

motorway [mowteuwèï] nom autoroute
mountain [maonnteun] nom montagne
mountain bike [maonnteun baïk] nom VTT
mouse [maoss] nom souris
mouth [maoTH] nom bouche
move [mouv] verbe bouger
movie [mouvi] nom film
Mr [misteu] abr écrite de **Mister** M
Mrs [missiz] Mme
much [meutch] adjectif beaucoup de ▶ how much time is left? combien de temps reste-t-il ? ▶ how much is it? c'est combien ?
muffin [meufinn] nom sorte de grosse madeleine ronde
mug [meug] nom grande tasse
mummy [meumi] nom maman
murder [meurdeu] nom meurtre
museum [miouzieum] nom musée
mushroom [meuchroum] nom champignon
mussels [meusseulz] nom moules
must [meust] verbe devoir
mustard [meusteud] nom moutarde
mustn't [meusseunt notte] verbe abr de **must not** ne pas devoir
my [maï] adjectif mon, ma, mes
myself [maïsèlf] pronom me, moi-même

N

nail [nèïl] nom ongle
nail file [nèïl faïl] nom lime à ongles
nail varnish [nèïl varnich] nom vernis à ongles
nail varnish remover [nèïl varnich rimouveu] nom dissolvant
naked [nèïkid] adjectif nu
name [nèïm] nom nom ▶ what's your name? comment vous appelez-vous ?
nanny [nani] nom nurse
napkin [napkinn] nom serviette (de table)
narrow [narow] adjectif étroit
navy [nèïvi] nom marine ◆ adjectif ▶ navy (blue) (bleu) marine
near [nir] adverbe près ◆ adjectif proche ◆ préposition ▶ near (to) près de
neck [nèk] nom cou
necklace [nèkliss] nom collier
need [nid] verbe avoir besoin de
needle [nideul] nom aiguille
neighbour [nèïbeu] nom voisin
neither [naïZeu] conjonction ▶ neither do I moi non plus ▶ neither ... nor ... ni ... ni ...
nerve [neurv] nom nerf

network [nètweurk] nom réseau

neutral [nioutrôl] nom *(AUTOMOBILE)* ▶ in neutral au point mort

never [nèveu] adverbe jamais

new [niou] adjectif nouveau

news [niouz] nom *(à la télévision, radio)* informations

newspaper [niouzpèïpeu] nom journal

New Year [niou yeur] nom le nouvel an

New Year's Eve [niou yeurz iv] nom la Saint-Sylvestre

New Zealand [niou zileund] nom la Nouvelle-Zélande

next [nèxt] adjectif prochain ◆ adverbe ensuite

nice [naïs] adjectif bon ; joli ; gentil

niece [niss] nom nièce

night [naït] nom nuit ; soir

nine [naïnn] chiffre neuf

nineteen [naïntinn] chiffre dix-neuf

ninety [naïnti] chiffre quatre-vingt-dix

no [no] adverbe non ◆ adjectif pas de, aucun

nobody [nobodi], **no one** [no ouann] pronom personne

noisy [noïzi] adjectif bruyant

none [nown] pronom aucun

nonsmoker [nonnsmowkeu] nom non-fumeur

noodles [noudeulz] nom nouilles

noon [noun] nom midi

nor [nôr] conjonction ni ▶ nor do I moi non plus

north [nôrTH] nom nord ◆ adverbe vers le nord, au nord

Northern Ireland [nôrTHeun aïyeuleund] nom l'Irlande du Nord

North Sea [nôrTH si] nom mer du Nord

nose [nowz] nom nez

nosebleed [nowzblid] nom ▶ to have a nosebleed saigner du nez

nostril [nostreul] nom narine

not [nott] adverbe ne ... pas ▶ not at all pas du tout

note [nowt] nom *(message)* mot ; billet

notebook [nowtbouk] nom calepin, carnet

nothing [noTHinng] pronom rien

notice board [notiss bôrd] nom panneau d'affichage

novel [noveul] nom roman

November [neuvèmbeu] nom novembre

now [nao] adverbe maintenant

nowhere [nowèr] adverbe nulle part

number [neumbeu] nom chiffre ; numéro

numberplate [neumbeuplèït] nom plaque d'immatriculation

nurse [neurss] nom infirmière ◆ verbe soigner ▶ male nurse infirmier

nut [neut] nom fruit sec (noix, noisette)

O

oak [owk] nom chêne

oatcake [owtkèïk] nom galette d'avoine

oatmeal [owtmil] nom flocons d'avoine

obviously [obvieussli] adverbe évidemment ; manifestement

o'clock [e klok] adverbe ▶ three o'clock trois heures

octopus [okteupeuss] nom pieuvre

of [ov] préposition de

office [ofiss] nom bureau

officer [ofisseu] nom officier ; *(police)* agent

off-season [of-sizeun] nom basse saison

often [ofeun OU ofteun] adverbe souvent

oil [oïl] nom huile

old [owld] adjectif vieux ; *(précédent)* ancien ▶ how old are you? quel âge as-tu ?

on [onn] préposition sur, dans

once [ouannss] adverbe une fois ; *(dans le passé)* jadis

one [ouane] chiffre *(numéro 1)* un ◆ adjectif seul ◆ pronom un

one-way [ouane-ouèï] adjectif *(rue)* à sens unique ; *(billet)* aller

only [onnli] adverbe seulement, ne ... que

open [owpeun] adjectif ouvert ◆ verbe ouvrir

operate [opeurèït] verbe *(machine)* faire fonctionner ▶ to operate on a patient opérer un malade

operating theatre [opeurèïtinng THièteu] nom salle d'opération

opposite [opeuzit] adjectif opposé ◆ préposition en face de

optician's [opticheuns] nom *(magasin)* opticien

or [ôr] conjonction ou

orange squash [orènndj skwoch] nom orangeade

orchard [ôrtcheud] nom verger

order form [ôrdeu fôrm] nom bon de commande

other [oZeu] adjectif autre

our [aweu] adjectif notre, nos

ours [aweuz] pronom le nôtre ▶ a friend of ours un ami à nous

out [aott] adjectif *(lumière, cigarette)* éteint ◆ adverbe *(extérieur)* dehors ▶ to go out (of) sortir (de)

outside [aottsaïd] adverbe dehors

outside lane [aottsaïd lèïn] nom *(AUTOMOBILE)* voie de droite

outskirts [aottskeurts] nom *(d'une ville)* périphérie, banlieue

oven [owveun] nom four

oven glove [owveun glov] nom gant de cuisine

over [owveu] préposition au-dessus de, sur ▶ over here ici ▶ over there là bas

overcoat [owveukowt] nom pardessus

overnight bag [owveunaït bag] nom sac de voyage

overseas adverbe [owveussiz] à l'étranger ◆ adjectif [owveussiz] étranger

overtake [owveutèïk] verbe doubler ▶ 'no overtaking' 'dépassement interdit'

own [own] adjectif propre ◆ verbe avoir, posséder

owner [owneu] nom propriétaire

oxtail soup [okstèïl soup] nom soupe de queue de bœuf

Oxbridge [okbridgeoup] abréviation pour Oxford et Cambridge

ZOOM
Oxbridge

L'expression désigne les plus anciennes et les plus célèbres universités de Grande-Bretagne, Oxford et Cambridge, fondées au XIIIe siècle. Cambridge fut créée par des professeurs dissidents d'Oxford. Depuis 1829, les deux élites du pays s'affrontent lors de la **boat race**, *la fameuse course d'aviron.*

oyster [oïsteu] nom huître

P

pack [pak] nom paquet ; sac à dos ◆ verbe faire ses valises

package holiday [pakidj Holidèï] nom voyage organisé

packed lunch [pakt leunch] nom panier-repas

packet [pakit] nom paquet

pad [pad] nom bloc

pain [pèïnn] nom douleur

painful [pèïnfoul] adjectif douloureux

painting [pèïntinng] nom peinture

pakora [peukôreu] nom petits beignets de légumes épicés (spécialité indienne généralement servie en hors-d'œuvre avec une sauce elle-même épicée)

pale ale [pèïl èïl] nom bière blonde légère

palm [pâm] nom paume

pan [pann] nom casserole ; poêle

pancake [pannkèïk] nom crêpe

pants [pannts] nom *(sous-vêtement)* slip ; pantalon

panty hose [pannti Howz] nom collant

papadum [papeudeum] nom galette indienne très fine et croustillante

paper [pèïpeu] nom papier

parcel [pâsseul] nom paquet

parcel post [pâsseul powst] nom ▶ to send by parcel post envoyer par colis postal

pardon [pâdeun] exclamation ▶ pardon? pardon ? ▶ pardon (me)! pardon !, excusez-moi !

park [pâk] nom parc ◆ verbe se garer

parking [pâkinng] nom stationnement ▶ 'no parking' 'stationnement interdit'

parking meter [pâkinng miteu] nom parcmètre

parking ticket [pâkinng tikètt] nom contravention

parsley [pâsli] nom persil

part [pât] nom partie ▶ to take part prendre part

partridge [pâtridj] nom perdrix

party [pâti] nom *(divertissement)* fête ; parti

pass [pass] verbe passer

passageway [passidjouèï] nom passage

passenger [passinndjeu] nom passager

passport control [passpôrt keuntrôl] nom contrôle des passeports

password [passweurd] nom mot de passe

past [past] adjectif passé ◆ adverbe ▶ twenty past four quatre heures vingt

pasta [pasteu] nom pâtes

paste [pèïst] nom *(à étaler)* pâte

pastry [pèïstri] nom pâte ; pâtisserie

path [paTH] nom sentier, allée

patron [pèïtreun] nom *(soutenu)* client ▶ 'patrons only' 'réservé aux clients'

pavement [pèïvmeunt] nom trottoir

pay [pèï] verbe payer

pay back [pèï bak] verbe rembourser

payphone [pèïfown] nom téléphone public

pea [pi] nom petit pois

peach [pitch] nom pêche

peak rate [pik rèït] nom tarif normal

peanut [pineut] nom cacah(o)uète

pear [pèr] nom poire

pecan pie [pikann paï] nom tarte aux noix de pécan

pedestrian [pidèstrieun] nom piéton

pedestrian crossing [pidèstrieun krossinng] nom passage (pour) piétons

pedestrian precinct [pidèstrieun prissinnkt] nom zone piétonnière

pen [pènn] nom stylo

pencil [pènssil] nom crayon

people [pipôl] nom personnes, gens

pepper [pèpeu] nom poivre

peppermint [pèpeuminnt] adjectif à la menthe

perfect [peufikt] adjectif parfait

perfume [peufioum] nom parfum

perhaps [peuHaps] adverbe peut-être

period [piriod] nom période

permit verbe [peumit] permettre, autoriser

petrol [pètreul] nom essence

petrol station [pètreul stèïcheun] nom station-service

petrol tank [pètreul tannk] nom réservoir d'essence

phone [fown] nom téléphone ◆ verbe téléphoner

phone book [fown bouk] nom annuaire (téléphonique)
phone booth [fown bouTH] nom cabine téléphonique
phone box [fown box] nom cabine téléphonique
phonecard [fownkârd] nom Télécarte®
physics [fiziks] nom physique
pickles [pikeul] nom *(aliment)* petits oignons, cornichons etc. macérés dans du vinaigre
picture [piktcheu] nom *(peinture)* tableau ; dessin ; photo
pictures [piktcheuz] nom ▶ the pictures le cinéma
pie [paï] nom tourte ; *(sucré)* tarte
piece [piss] nom morceau ▶ a piece of advice un conseil
pier [pir] nom jetée
pig [pig] nom cochon ; *(viande)* porc
pilau rice [pilaw raïss] nom riz pilaf
pile [païl] nom tas
pill [pil] nom pilule
pillar box [pileu box] nom boîte aux lettres
pillow [pilow] nom oreiller
pillowcase [pilowkèïss] nom taie d'oreiller
pinball [pinnbôl] nom flipper
pine [païnn] nom pin
pineapple [païnapôl] nom ananas
pink [pinnk] adjectif rose
PIN number [pinn neumbeu] nom code confidentiel
pint [païnnt] nom = 0, 568 l ▶ a pint (of beer) un verre de bière de 0, 568 l
place of birth [plèïss ov beurTH] nom lieu de naissance
plaice [plèïss] nom carrelet
plan [plann] nom plan, projet
plane [plèïnn] nom avion
plaster [plasteu] nom *(blessure)* pansement
plastic bag [plastic bag] nom sac (en) plastique
plate [plèït] nom assiette
platform [platfôrm] nom quai
play [plèï] verbe jouer ◆ nom pièce (de théâtre)
please [pliz] adverbe s'il te/vous plaît ▶ 'please shut the door' 'veuillez fermer la porte'
pleased [plizd] adjectif content ▶ to be pleased with être content de ▶ pleased to meet you! enchanté !
pleasure [plèjeu] nom plaisir
plug [pleug] nom prise (de courant)
plug in verbe brancher
plum [pleum] nom prune
plumber [pleumeu] nom plombier
poached egg [powtcht ègue] nom œuf poché
poached salmon [powtcht salmeun] nom saumon poché
PO Box [pi-ow box] nom abr de **Post Office Box** BP
pocket [pokit] nom poche
point [poïnt] nom point ◆ verbe ▶ to point to montrer du doigt
poisonous [poïzneuss] adjectif

(serpent) venimeux ; *(produit)* toxique
policeman [peulismeun] nom policier
police officer [peuliss ofisseu] nom policier
police station [peuliss stèïcheun] nom poste de police, commissariat
polish [polich] nom cirage
pond [ponnd] nom mare
pony [powni] nom poney
pool [poul] nom piscine ; flaque ; mare
poor [pôr] adjectif pauvre
pork [pôrk] nom porc
pork chop [pôrk tchop] nom côte de porc
post [powst] nom *(système)* poste ; *(lettres et colis)* courrier
postage [powstidj] nom affranchissement ▶ postage and packing frais de port et d'emballage ▶ postage paid port payé
postbox [powstbox] nom boîte aux ou à lettres
postcard [powstkârd] nom carte postale
postcode [powstkowd] nom code postal
postmark [powstmârk] nom cachet de la poste
post office [powst ofiss] nom *(immeuble)* bureau de poste ▶ the Post Office la Poste
pot [pot] nom marmite ▶ a pot of tea du thé
potato [peutèïtow] nom pomme de terre
pothole [potHôl] nom *(sur la route)* nid-de-poule
poultry [powltri] nom *(viande, animal)* volaille
pound [paonnd] nom *(monnaie)* livre ; *(unité de poids)* = livre ; 453, 6 grammes
powder [paodeu] nom poudre
power [paweu] nom pouvoir ; *(électricité)* courant
power failure [paweu fèïleu] nom panne de courant
power point [paweu poïnt] nom prise de courant
practical [praktikôl] adjectif pratique
pram [pram] nom landau
prawn [praonn] nom crevette (rose)
prawn cocktail [praonnioktèïl] nom hors-d'œuvre froid à base de crevettes et de mayonnaise au ketchup
pregnant [prèg-neunt] adjectif enceinte
prepaid [pripèïd] adjectif *(enveloppe)* pré-timbré
prescription [priskripcheun] nom *(papier)* ordonnance ; *(médecine)* médicaments
preservative [prizeuveutiv] nom conservateur
preserve [prizeuv] nom confiture
pressure [prècheu] nom pression
prevent [privènt] verbe empêcher
previous [privieuss] adjectif antérieur ; précédent
price [praïss] nom prix ◆ verbe ▶ to be priced at coûter

printer [printeu] nom imprimante

private [praïvit] adjectif privé ; particulier

probably [probeubli] adverbe probablement

processed cheese [prowssèst tchiz] nom fromage à tartiner ; fromage en tranches

prohibit [preuHibit] verbe interdire ▸ 'smoking strictly prohibited' 'défense absolue de fumer'

promise [promiss] verbe promettre

proof [prouf] nom preuve

protect [preutèkt] verbe protéger

proud [praod] adjectif fier

prove [prouv] verbe prouver

provide [preuvaïd] verbe fournir

prune [proun] nom pruneau

pub [peub] nom pub

> **ZOOM**
> **Pub**
>
> *Perdu au fin fond de la campagne ou vrai décor de musée en ville, le pub (de public house) transcende toutes les barrières sociales. Commandez au comptoir sinon le temps vous paraîtra long. Choisissez votre format de bière, pint (demi-litre) ou half pint. Et pratiquez votre anglais jusqu'à plus soif...*

public bar [peublik bâr] nom bar (salle moins confortable et moins chère que le « lounge bar » ou le « saloon bar »)

public convenience [peublik keunvinieunss] nom toilettes publiques

public holiday [peublik Holidèï] nom jour férié

public school [peublik skoul] nom école privée

pudding [poudinng] nom pudding ; *(général)* dessert

puff pastry [peuf pastri] nom pâte à choux

pull [poul] verbe tirer ▸ 'pull' *(sur une porte)* 'tirez'

pulse [peuls] nom *(MÉDECINE)* pouls

pump [peump] nom pompe

pumpkin [peumpkinn] nom potiron

puncture [peunktcheu] nom crevaison ◆ verbe crever

puppet [peupèt] nom marionnette

purple [peurpôl] adjectif violet

purpose [peurpeuss] nom *(raison)* motif ; *(utilisation)* usage

purse [peurss] nom porte-monnaie

push [pouch] verbe pousser

pushchair [pouch-tchèr] nom poussette

put [pout] verbe *(emplacement)* poser, mettre

put out [pout aott] verbe éteindre

put up [pout eup] verbe *(héberger)* loger

put up with [pout eup ouiTH] verbe supporter

Q

quail [kouèïl] nom caille
quarter [kwôteu] nom quart ▶ (a) quarter to five cinq heures moins le quart ▶ (a) quarter of an hour un quart d'heure
quay [ki] nom quai
queen [kouine] nom reine
quick [kouik] adjectif rapide
quiet [kouaïeutt] adjectif silencieux, tranquille ▶ keep quiet! taisez-vous !
quilt [kouilt] nom couette ; édredon
quite [kouaït] adverbe assez ; *(complètement)* tout à fait ▶ quite a lot (of) pas mal (de)
Q-Tip [kiou-tip] nom Coton-Tige ®

R

rabbit [rabit] nom lapin
rabies [rèïbiz] nom rage
race [rèïss] nom *(compétition)* course
racing [rèïssinng] nom ▶ (horse) racing courses (de chevaux)
radish [radich] nom radis
rail [rèïl] adjectif ferroviaire ▶ by rail en train
railcard [rèïlkârd] nom carte de réduction des chemins de fer pour jeunes et retraités
rain [rèïnn] nom pluie ◆ verbe pleuvoir
rainbow [rèïnbow] nom arc-en-ciel
raincoat [rèïnkowt] nom imperméable
raisin [rèïzeun] nom raisin sec
ramp [rammp] nom *(sur la route)* ralentisseur ; *(autoroute)* bretelle d'accès ▶ 'ramp' panneau annonçant une dénivellation due à des travaux
random [ranndeum] nom ▶ at random au hasard
rape [rèïp] nom viol
rash [rach] nom éruption cutanée
raspberry [razbeuri] nom framboise
rate [rèït] nom *(niveau)* taux ; *(prix)* tarif
rather [raZeu] adverbe plutôt
raw [row] adjectif cru
razor [rèïzeu] nom rasoir
razor blade [rèïzeu blèïd] nom lame de rasoir
reach [ritch] verbe atteindre, parvenir à
read [rid] verbe lire
ready [rèdi] adjectif prêt
really [rili] adverbe vraiment
rearview mirror [rirviou mireu] nom rétroviseur
receipt [rissit] nom reçu

receiver [rissiveu] nom *(téléphone)* combiné
recipe [rèssipi] nom recette
reclaim [riklèïm] verbe *(bagages)* récupérer
reclining seat [riklaïninng sit] nom siège inclinable
record nom [rèkôrd] disque ◆ verbe [rikôrd] enregistrer
recovery vehicle [rikoveuri viekôl] nom dépanneuse
red [rèd] adjectif rouge ; *(chevelure)* roux
red cabbage [rèd kabidj] nom chou rouge
redcurrant [rèdkeureunt] nom groseille
reduce [ridiouss] verbe réduire ; *(brader)* solder
reef [rif] nom écueil
refinery [rifaïneuri] nom raffinerie
reflect [riflèkt] verbe *(lumière) réfléchir*
refreshing [rifrèchninng] adjectif rafraîchissant ; *(changement)* agréable
refreshments [rifrèchmeunts] nom rafraîchissements
refund nom [rifeund] remboursement ◆ verbe [rifeund] rembourser
refuse [rifiouz] verbe refuser
refuse [rèfiouss] nom *(soutenu)* ordures
register [rèdjisteu] verbe *(à l'hôtel)* se présenter à la réception ; s'inscrire
registered [rèdjisteud] adjectif *(lettre, colis)* recommandé
reindeer [rèïndir] nom renne
reins [rèïnz] nom *(pour les chevaux)* rênes
relief road [rilif rowd] nom itinéraire de délestage
relish [rèlich] nom *(sauce)* condiment
remain [rimèïnn] verbe rester
remains [rimèïnz] nom restes
remember [rimèmbeu] verbe se rappeler, se souvenir de
remind [rimaïnd] verbe ▶ to remind sb of sthg rappeler qqch à qqn
remote control [rimowt keuntrôl] nom télécommande
remove [rimouv] verbe enlever
rent [rènnt] nom loyer ◆ verbe louer
rental [rènntôl] nom location
repair [ripèr] verbe réparer ◆ nom ▶ in good repair en bon état
repeat [ripit] verbe répéter
replace [riplèïss] verbe remplacer
reply [riplaï] nom réponse ◆ verbe répondre
request [rikouèst] nom demande
rescue [rèskiou] verbe secourir
resolve [rizolv] verbe résoudre
rest [rèst] nom repos ◆ verbe se reposer
retail price [ritèïl praïss] nom prix de détail
return [riteurn] nom retour ; *(ticket)* aller-retour
return flight [riteurn flaït] nom vol retour
return ticket [riteurn tikètt] nom billet aller-retour

reverse [riveurss] nom (AUTOMOBILE) marche arrière ◆ verbe *(voiture, conducteur)* faire marche arrière ▶ in reverse order en ordre inverse ▶ to reverse the charges téléphoner en PCV

reverse-charge call [riveurss-tchâdj kôl] nom appel en PCV

reward [riwôrd] nom récompense

rewind [riwaïnd] verbe rembobiner

rib [rib] nom côte

rice [raïss] nom riz

rice pudding [raïss poudinng] nom riz au lait

ride [raïd] verbe aller en ou à vélo ; aller à cheval ; aller en bus

riding [raïdinng] nom équitation

right [raït] adjectif *(sur la droite)* droit ◆ nom *(autorisation)* droit ▶ to have the right to do sthg avoir le droit de faire qqch

right-hand [raït-Hannd] adjectif *(côté)* droit ; *(voie)* de droite

right of way [raït ov wèï] nom (AUTOMOBILE) priorité

ring [rinng] nom *(bijou)* bague ; *(son)* sonnerie ◆ verbe *(téléphone)* appeler ; *(sonnerie, téléphone)* sonner

ring road [rinng rowd] nom boulevard périphérique

rink [rinnk] nom patinoire

ripe [raïp] adjectif mûr ; *(fromage)* à point

river [riveu] nom rivière ; fleuve

road [rowd] nom route ; *(en ville)* rue

road map [rowd map] nom carte routière

road sign [rowd saïnn] nom panneau routier

road works [rowd weurks] nom travaux

roast [rowst] nom rôti ◆ adjectif rôti

rock [rok] nom rocher ; pierre ▶ on the rocks *(boisson)* avec des glaçons

rock climbing [rok klaïmbinng] nom varappe

roll [rol] nom petit pain ; *(papier)* rouleau ; *(film)* pellicule ◆ verbe rouler

roller coaster [roleu kowsteu] nom montagnes russes

roller skate [roleuskèït] nom patin à roulettes

roof [rouf] nom toit

roof rack [rouf rak] nom galerie

room [roum] nom *(dans un immeuble)* pièce ; *(dans un hôtel)* chambre

rosemary [rowzmeuri] nom romarin

1 **round** [raonnd] adjectif rond

2 **round** [raonnd] nom *(boissons, policier, facteur)* tournée ; *(sandwichs)* ensemble de sandwiches au pain de mie ; *(toast)* tranche ◆ préposition *(approximativement)* environ

round off [raonnd of] verbe *(repas, journée)* terminer

roundabout [raonndeubaott] nom rond-point

round trip [raonnd trip] nom aller-retour

RRP abr de **recommended retail price** prix conseillé

rubber [reubeu] adjectif en caoutchouc ◆ nom *(matière)* caoutchouc ; gomme

rubber band [reubeu bannd] nom élastique

rubber gloves [reubeu glovz] nom gants en caoutchouc

rubbish [reubich] nom ordures

rucksack [reuksak] nom sac à dos

rug [reug] nom carpette ; couverture

rugby [reugbi] nom rugby

rule [roul] nom règle

rump steak [reump stèk] nom rumsteck

run [reun] verbe *(à pied)* courir

run out of [reun aott of] verbe manquer de

run over [reun oveu] verbe *(renverser)* écraser

ZOOM
Rugby

Pendant une partie de balle au pied à Rugby, en 1823, un futur pasteur s'empara du ballon avec les mains. Depuis, les pays du Royaume-Uni, l'Eire, la France et, depuis peu, l'Italie, s'affrontent chaque année dans le fameux Tournoi des six nations. Et les Anglais sont devenus champions du monde en 2003.

runaway [reuneuwèï] nom fugitif

running water [reuninng wôteu] nom eau courante

rye bread [raï brèd] nom pain de seigle

S

sad [sad] adjectif triste

s.a.e. nom abr de **stamped addressed envelope** enveloppe timbrée avec adresse pour la réponse

safe [sèïf] adjectif *(activité, sport)* sans danger ; *(véhicule, structure)* sûr ▸ (have a) safe journey! bon voyage !

safety belt [sèïfti bèlt] nom ceinture de sécurité

safety pin [sèïfti pinn] nom épingle de nourrice

sail [sèïl] verbe naviguer

sailing [sèïlinng] nom voile

sailing boat [sèïlinng bowt] nom voilier

Saint Patrick's Day [sèïnt patriks dèï] nom la Saint-Patrick

salad bar [saleud bâr] nom dans un restaurant, buffet de salades en self-service ; restaurant spécialisé dans les salades

salad cream [saleud crim] nom mayonnaise liquide utilisée en assaisonnement pour salades

ZOOM

Saint Patrick's Day

Le 17 mars, c'est la fête nationale des Irlandais dans le monde entier. Des défilés ont lieu à Dublin et à New York. Et, dans les pubs, tout le monde est habillé en vert ou arbore le trèfle, symbole du pays natal.

salad dressing [saleud drèssinng] nom vinaigrette

sale [sèïl] nom vente ; *(à prix réduits)* soldes ▸ 'for sale' 'à vendre'

sales [sèïlz] nom *(COMMERCE)* ventes ▸ the sales les soldes

salesman [sèïlzmeun] nom *(dans un magasin)* vendeur ; *(VRP)* représentant

saloon [seuloun] nom *(voiture)* berline ▸ saloon (bar) salon (salle de pub, généralement plus confortable et plus chère que le « public bar »)

salt [sôlt] nom sel

salted peanuts [sôltid pineutss] nom cacahuètes salées

salty [sôlti] adjectif salé

same [sèïm] adjectif même ◆ pronom ▸ the same *(inchangé)* le même / *(comparaison)* la même chose, pareil

samosa [seumowsseu] nom sorte de beignet triangulaire garni de légumes et/ou de viande épicés

sanitary towel [sanitri taweul] nom serviette hygiénique

satellite dish [sateulaït dich] nom antenne parabolique

Saturday [sateudè] nom samedi

saucepan [sowspeun] nom casserole

saucer [sowsseu] nom soucoupe

sausage [sowssidj] nom saucisse

sausage roll [sowssidj rol] nom friand à la saucisse

save [sèïv] verbe *(secours)* sauver ; *(argent)* économiser ; *(INFORMATIQUE)* sauvegarder

savoury [sèïveuri] adjectif *(aliment)* salé

saw [sow] nom *(outil)* scie ◆ verbe scier

say [sèï] verbe dire

scallion [skalieun] nom oignon blanc

scallop [skoleup] nom coquille Saint-Jacques

scarf [skârf] nom écharpe

scenery [sineuri] nom paysage

schedule [chèdioul] nom horaire ▸ behind schedule en retard ▸ on schedule à l'heure (prévue)

scheduled flight [chèdiould flaït] nom vol régulier

school [skoul] nom école

scone [skonn] nom petit gâteau rond, souvent aux raisins secs, que l'on mange avec du beurre et de la confiture

Scot [skot] nom écossais

Scotch broth [skotch broTH] nom potage à base de mouton, de légumes et d'orge

Scotland [skotleund] nom l'Écosse

Scotsman [skotsmeun] nom Écossais

Scotswoman [skotswoumeun] nom Écossaise

Scottish [skotich] adjectif écossais

scout [skâout] nom scout

ZOOM
Scouts

La Scouting Association fut créée par lord Baden-Powell en 1908. Ringards pour les uns, épanouis pour les autres, les « éclaireurs » sont encore là un siècle après. De 11 à 16 ans, ils apprennent à s'organiser et à maîtriser les techniques de secours et de survie. Pour les filles, les groupes s'appellent Girl Guides ou Brownies.

scrambled eggs [skrambeuld ègz] nom œufs brouillés

screen [skrinn] nom écran

screwdriver [skroudraïveu] nom tournevis

scuba diving [skoubeu daïvinng] nom plongée (sous-marine)

sea [si] nom mer

seafood [sifoud] nom poissons et crustacés

seagull [sigueul] nom mouette

seal [sil] nom *(animal)* phoque

seashore [sichôr] nom rivage

seasick [sissik] adjectif ▶ to be seasick avoir le mal de mer

seaside [sissaïd] nom ▶ the seaside le bord de mer

seaside resort [sissaïd rizôrt] nom station balnéaire

season [sizeun] nom saison

seasoning [sizninng] nom assaisonnement

seat [sit] nom siège ; *(ticket, place)* place ▶ 'please wait to be seated' 'veuillez patienter et attendre que l'on vous installe'

seat belt [sit bèlt] nom ceinture de sécurité

seaweed [siwid] nom algues

second-hand [sèkeund-Hannd] adjectif d'occasion

see [si] verbe voir

seem [sim] verbe sembler

seldom [sèldeum] adverbe rarement

self-catering [sèlf-kèïteurinng] adjectif *(appartement)* indépendant (avec cuisine) ▶ a self-catering holiday des vacances en location

sell [sèl] verbe vendre

sell-by date [sèl-baï dèït] nom date limite de vente

Sellotape® [sèleutèïp] nom = Scotch®

send [sènnd] verbe envoyer

sentence [sènteunss] nom phrase

separate adjectif [sèpreut] séparé ; *(différent)* distinct ◆ verbe [sèpeurèït] séparer ; se séparer

serve [seurv] verbe servir ▶ 'serves two' *(sur un emballage, menu)* 'pour deux personnes'

service station [seurviss stèïcheun] nom station-service

set [sètt] adjectif *(prix, heure)* fixe ◆ verbe poser ▶ to set the table mettre la table ou le couvert ; *(horloge, sonnerie)* régler

set meal [sètt mil] nom menu

seven [sèveun] chiffre sept

seventeen [sèveuntinn] chiffre dix-sept

seventy [sèveunti] chiffre soixante-dix

several [sèvreul] adjectif plusieurs

sew [sow] verbe coudre

shadow [chadow] nom ombre

shake [chèïk] verbe secouer ; trembler

shallot [cheulott] nom échalote

shandy [channdi] nom panaché

shape [chèïp] nom forme ▶ to be in good shape être en forme

shark [chârk] nom requin

sharp [chârp] adjectif *(couteau, rasoir)* aiguisé ; pointu

shave [chèïv] verbe se raser

shaver [chèïveu] nom rasoir électrique

shaving foam [chèïvinng fowm] nom mousse à raser

shawl [chôl] nom châle

she [chi] pronom elle

sheep [chip] nom mouton

sheet [chit] nom drap ; *(papier)* feuille

shell [chèl] nom *(œuf, noix)* coquille ; *(à la plage)* coquillage

shellfish [chèlfich] nom fruits de mer

shepherd's pie [chèpeudz paï] nom = hachis Parmentier

sherry [chèri] nom xérès

shield [child] nom bouclier

shin [chinn] nom tibia

ship [chip] nom bateau ; navire

shirt [cheurt] nom chemise

shock [chok] nom choc ◆ verbe choquer ▶ to be in shock (MÉDECINE) être en état de choc

shoe [chou] nom chaussure

shoelace [choulèïss] nom lacet

shoe polish [chou polich] nom cirage

shop [chop] nom magasin ; boutique

shop assistant [chop eussisteunt] nom vendeur

short [chôrt] adjectif court ▶ to be short of sthg *(temps, argent)* manquer de qqch

shorts [chôrtss] nom short

shortbread [chôrtbrèd] nom = sablé au beurre

short cut [chôrt keut] nom raccourci

short-sleeved [chôrt slivd] adjectif à manches courtes

should [choudd] verbe *(pour recommander)* ▶ we should leave now nous devrions partir maintenant ; *(pour demander conseil)* ▶ should I go too? est-ce que je dois y aller aussi ?

shoulder [chowldeu] nom épaule ; *(route)* bande d'arrêt d'urgence

shout [chaott] nom cri ◆ verbe crier

show [chow] nom *(à la télévision, radio)* émission ; *(au théâtre)* spectacle ◆ verbe montrer

show up [chow eup] verbe *(survenir)* arriver

shower [chaweu] nom douche ◆ verbe prendre une douche

shrimp [chrimmp] nom crevette

shut [cheutt] adjectif fermé ◆ verbe fermer

shutter [cheuteu] nom *(de fenêtre)* volet ; *(d'appareil photo)* obturateur

shuttle [cheuteul] nom navette

sick [sik] adjectif malade ▶ to be sick vomir ▶ to feel sick avoir mal au cœur

sick bag [sik bag] nom sachet mis à la disposition des passagers malades dans les avions et les bateaux

side [saïd] nom côté

side dish [saïd dich] nom garniture

side street [saïd strit] nom petite rue

sightseeing [saïtsi-inng] nom ▶ to go sightseeing faire du tourisme

signpost [saïnpowst] nom poteau indicateur

silk [silk] nom soie

since [sinns] préposition depuis ◆ conjonction *(temps)* depuis que, puisque

sing [sinng] verbe chanter

single [sinngueul] adjectif seul ; célibataire ◆ nom *(ticket)* aller simple

singles [sinngueulss] nom *(SPORT)* simple ◆ adjectif *(bar, club)* pour célibataires

single bed [sinngueul bèd] nom petit lit, lit à une place

single room [sinngueul roum] nom chambre simple

sink [sinnk] nom évier ; lavabo

sir [seur] nom monsieur

sirloin steak [seurloïnn stèk] nom bifteck d'aloyau

sister [sisteu] nom sœur

sister-in-law [sisteu inn lô] nom belle-sœur

sit [sit] verbe s'asseoir

sit down [sit daonn] verbe s'asseoir

six [sikss] chiffre six

sixteen [sikstinn] chiffre seize

sixty [siksti] chiffre soixante

size [saïz] nom taille ; *(chaussures)* pointure

skate [skèït] nom patin ; *(poisson)* raie ◆ verbe patiner

skimmed milk [skimd milk] nom lait écrémé

skin [skinn] nom peau

skirt [skeurt] nom jupe

sky [skaï] nom ciel

skyscraper [skaïskrèïpeu] nom gratte-ciel

slacks [slaks] nom pantalon

sleep [slip] nom sommeil ◆ verbe dormir

sleeper [slipeu] nom train-couchettes ; wagon-lit

sleeping bag [slipinng bag] nom sac de couchage

sleeping car [slipinng kâr] nom wagon-lit

sleeping pill [slipinng pil] nom somnifère

sleeve [sliv] nom manche

sleeveless [slivliss] adjectif sans manches

slice [slaïs] nom *(pain, viande)* tranche ; *(gâteau, pizza)* part ◆ verbe *(pain, viande)* couper en tranches

sliced bread [slaïst brèd] nom pain en tranches

slipper [slipeu] nom chausson

slowly [slowli] adverbe lentement

small [smôl] adjectif petit

small change [smôl tchèïnndj] nom petite monnaie

smell [smèl] nom odeur ◆ verbe sentir

smile [smaïl] nom sourire ◆ verbe sourire

smoke [smowk] nom fumée ◆ verbe fumer

smoking area [smowkinng èri-eu] nom zone fumeurs

snooker [snoukeu] nom sorte de billard joué avec 22 boules

snorkel [snôrkeul] nom tuba

snow [snow] nom neige ◆ verbe neiger

so [so] adverbe *(pour accentuer)* si, tellement ◆ conjonction donc, alors

soap [sowp] nom savon

sock [sok] nom chaussette

socket [sokit] nom *(électricité)* prise ; *(ampoule)* douille

soda water [sowdeu wôteu] nom eau de Seltz

soft [soft] adjectif *(lit, aliment)* mou ; *(peau, voix)* doux

soft cheese [soft tchiz] nom fromage à pâte molle

soft drink [soft drinnk] nom boisson non alcoolisée

soldier [sowldieu] nom soldat

sold out [sold aott] adjectif *(produit)* épuisé ; *(concert, pièce)* complet

some [som] adjectif *(certaine quantité)* ▶ some meat de la viande ; *(pas tous)* certains ▶ some jobs are better paid than others certains emplois sont mieux payés que d'autres

someone [somouann], **somebody** [sombodi] pronom quelqu'un

something [somTHinng] pronom quelque chose

sometimes [somtaïmz] adverbe quelquefois, parfois

somewhere [somouèr] adverbe quelque part

son [seun] nom fils

song [sonng] nom chanson

son-in-law [sonn inn lô] nom gendre

soon [soun] adverbe bientôt

sorry [sori] adjectif désolé ▶ I'm sorry! désolé ! ▶ sorry? *(pour faire répéter)* pardon ?

sound [saonnd] nom bruit ; *(volume)* son

sour cream [saweu crim] nom crème aigre

south [saoTH] nom sud

soya bean [soïyeu binn] nom graine de soja

soy sauce [soï sowss] nom sauce au soja
spa [spa] nom station thermale
space [spèïss] nom *(espace vide)* place ; *(intervalle, astrononomie)* espace ◆ verbe espacer
Spain [spèïnn] nom l'Espagne
Spanish [spanich] adjectif espagnol
spare [spèr] nom pièce de rechange ▶ spare wheel roue de secours
spare part [spèr pârt] nom pièce de rechange
spare ribs [spèr ribz] nom travers de porc
sparkling [spârklinng] adj pétillant
speak [spik] verbe parler ▶ who's speaking? *(au téléphone)* qui est à l'appareil ?
spectacles [spèkteukôlz] nom lunettes
speed [spid] nom vitesse
speed bump [spid beump] nom dos-d'âne
spell [spèl] verbe *(mot, nom)* orthographier ; épeler
spend [spènd] verbe *(argent)* dépenser ; *(temps)* passer
spice [spaïss] nom épice
spicy [spaïssi] adjectif épicé
spider [spaïdeu] nom araignée
spinach [spinitch] nom épinards
spine [spaïnn] nom colonne vertébrale
spoil [spoïl] verbe gâcher
sponge [speunndj] nom éponge
sponge cake [speunndj kèïk] nom génoise
spoon [spoun] nom cuillère
sport [spôrtt] nom sport

ZOOM
Sport

Il y a toujours eu du sport entre les Rosbeef et les Froggies, même sur l'origine du mot ! Des deux côtés, on s'est longtemps entraîné à maîtriser épées, arbalètes, hallebardes et autres jets de pierres. Mais à partir du XVIIe siècle, face à tant de violence et pour contrer l'influence française, les Anglais imposèrent des règles aux futurs gentlemen. Le sport était né.

spring [sprinng] nom printemps
spring onion [sprinng onionne] nom oignon blanc
square [skouèr] nom place
squid [skouid] nom calamar
squirrel [skouireul] nom écureuil
stable [stèïbeul] adjectif stable ◆ nom écurie
stadium [stèïdieum] nom stade
stain [stèïnn] nom tache
stained glass [stèïnnd glâss] nom vitrail
staircase [stèrkèïss] nom escalier
stairs [stèrz] nom escaliers, escalier
stamp [stammp] nom timbre
standby [stanndbaï] adjectif *(ticket)* stand-by
star [stâr] nom étoile

start [stârt] verbe commencer

state [stèït] nom état ▶ the States les États-Unis

statement [stèïtmeunt] nom déclaration

stationer's [stèïchneuz] nom *(magasin)* papeterie

stay [stèï] nom *(temps passé)* séjour ◆ verbe rester ; *(à l'hôtel)* séjourner

STD code [èss-ti-di kowd] nom indicatif

steak and kidney pie [stèk ènde kidni paï] nom tourte à la viande de bœuf et aux rognons

steal [stil] verbe *(de l'argent)* voler

steering wheel [stirinng ouil] nom volant

step [stèp] nom marche ▶ 'mind the step' 'attention à la marche'

steps [stèpss] nom escalier

stepfather [stèpfâZeu] nom beau-père

stepmother [stèpmoZeu] nom belle-mère

stew [stiou] nom ragoût

stewardess [stiouediss] nom hôtesse de l'air

still [stil] adverbe toujours, encore

stir-fry [stir-fraï] nom sauté

stock cube [stok kioub] nom bouillon cube

stocking [stokinng] nom bas

stomach [stomeuk] nom *(organe)* estomac ; ventre

stomachache [stomeukèïk] nom mal au ventre

stone [stown] nom pierre

stool [stoul] nom tabouret

stop [stop] nom arrêt ◆ verbe s'arrêter ▶ 'stopping at ...' *(train, bus)* 'dessert les gares de ...'

store [stôr] nom magasin

storm [stôrm] nom orage

story [stôri] nom histoire

stout [staott] nom *(boisson)* stout (bière brune)

ZOOM
Stout

*Après l'incendie de Londres en 1666, Charles II eut l'idée d'utiliser l'orge calciné pour en faire une bière noire. Mais c'est Arthur Guinness qui popularisa en Irlande et dans le monde entier cette soupe d'orge fermentée. Laissez d'abord décanter et passez votre doigt dans la mousse. Une vraie **stout** en conserve la trace jusqu'au bout !*

straight [strèït] adjectif droit ▶ straight ahead tout droit

straw [strô] nom paille

strawberry [strôbeuri] nom fraise

street [strit] nom rue

street plan [strit plann] nom plan de ville

strong [stronng] adjectif fort

stuffed [steuft] adjectif *(nourriture)* farci

stuffing [steufinng] nom *(nourriture)* farce

subtitles [seubtaïteulz] nom sous-titres

suburb [seubeurb] nom banlieue

subway [seubouèï] nom métro

such [seutch] adjectif tel

suddenly [seudeunli] adverbe soudain, tout à coup

sugar [chougeu] nom sucre

suit [sout] nom *(vêtement d'homme)* costume ; *(vêtement de femme)* tailleur ◆ verbe *(vêtements, couleurs, chaussures)* aller bien à

suitcase [soutkèïss] nom valise

sultana [seultâneu] nom raisin de Smyrne

summer [seumeu] nom été

sun [seun] nom soleil

sunbathe [seunbèïZ] verbe prendre un bain de soleil

sun block [seun blok] nom écran total

sunburn [seunbeurn] nom coup de soleil

sunburnt [seunbeurnt] adjectif brûlé par le soleil

Sunday [seundè] nom dimanche

sunglasses [seunglâssiz] nom lunettes de soleil

sunny [seuni] adjectif ensoleillé

sunscreen [seunskrinn] nom écran ou filtre solaire

sunset [seunssèt] nom coucher de soleil

sunstroke [seunstrowk] nom insolation

suntan [seuntann] nom bronzage

supermarket [soupeumârkit] nom supermarché

supper [seupeu] nom dîner ; souper

surface mail [seurfiss mèïl] nom courrier par voie de terre

surfboard [seurfbôrd] nom planche de surf

surfing [seurfinng] nom surf

surgeon [seurdjeun] nom chirurgien

surgery [seurdjeuri] nom chirurgie

surname [seurnèïm] nom nom (de famille)

surroundings [seuraondinngs] nom environs

swallow [soualow] nom hirondelle ◆ verbe avaler

swamp [souammp] nom marécage

swan [souann] nom cygne

sweat [souèt] verbe transpirer, suer

sweater [souèteu] nom pull

sweet [souit] adjectif *(nourriture, boisson)* sucré ; *(personne, nature)* gentil

sweet-and-sour [souit ènde saweu] adjectif aigre-doux

sweet corn [souit kôrn] nom maïs doux

sweetener [souitneu] nom *(dans les boissons)* édulcorant

sweet potato [souit peutèïtow] nom patate douce

sweet shop [souit chop] nom confiserie

swim [souim] verbe nager

swimming pool [souiminng poul] nom piscine
swimsuit [souimsout] nom maillot de bain
Swiss [souiss] adjectif suisse
swiss roll [souiss rol] nom gâteau roulé
switch [souitch] nom *(lumière)* interrupteur ; *(télévision, radio)* bouton
switch off [souitch off] verbe *(lumière, radio)* éteindre ; *(moteur)* couper
switch on [souitch onn] verbe *(lumière, radio)* allumer ; *(moteur)* mettre en marche
Switzerland [souitsseuleund] nom la Suisse
swollen [swoleun] adjectif enflé
sympathetic [simmpeuTHètik] adjectif compréhensif
syrup [sireup] nom sirop

T

tablecloth [tèïbeulkloTH] nom nappe
tablespoon [tèïbeulspoun] nom cuillère à soupe
tablet [tablit] nom *(pilule)* cachet
Tabloid [tabloït] nom tabloïd(e)

> **ZOOM**
> **Tabloid**
>
> *Tout le monde a en tête les parfums de scandales typiquement britanniques à la une des tabloids, ces journaux populaires aux formats (et au contenu ?) réduits. Les plus célèbres sont The Daily Express, The Daily Mail, The Daily Mirror, The Star, The Sun et The Daily Sport.*

tail [tèïl] nom queue
take [tèïk] verbe prendre ; emmener
take off [tèïk off] verbe décoller
takeaway [tèïkeuwèï] nom magasin qui vend des plats à emporter ; plat à emporter
takeoff [tèïkof] nom *(avion)* décollage
talcum powder [talkeum paodeu] nom talc
talk [tôk] verbe parler
tall [tôl] adjectif grand
tan [tann] nom bronzage ◆ verbe bronzer
tank [tannk] nom réservoir
tanned [tannd] adjectif bronzé
tap [tap] nom *(pour l'eau)* robinet
tape [tèïp] nom *(musique, vidéo)* cassette ; ruban adhésif
taste [tèïst] nom goût ◆ verbe goûter
tax disc [tax disk] nom vignette automobile
taxi rank [taxi rannk], **taxi stand** [taxi

stannd] nom station de taxis

T-bone steak [ti-bown stèk] nom steak dans l'aloyau

tea [ti] nom thé ; *(sans théine)* tisane ; *(repas du soir)* dîner

tea bag [ti bag] nom sachet de thé

> **ZOOM**
> **Tea**
>
> *Le cliché de l'Angleterre arrêtant toutes les affaires en cours pour prendre le thé à 17 heures pile, c'est fini. On en boit toute la journée. Cependant, certains sacrifient encore à l'afternoon tea avec force crumpets, buns et autres scones. Pensez à verser le lait avant le thé et n'y trempez pas vos tartines, bande de Frenchies ! Dans certaines régions, le high tea remplace le dîner.*

teacake [tikèïk] nom petit pain brioché aux raisins secs

teach [titch] verbe enseigner

teacup [tikeup] nom tasse à thé

team [tim] nom équipe

teapot [tipott] nom théière

tearoom [tiroum] nom salon de thé

teaspoon [tispoun] nom cuillère à café

teenager [tinnèïdjeu] nom adolescent

telephone booth [tèleufown bouTH], **telephone-box** [tèleufown box] nom cabine téléphonique

telephone directory [tèleufown dirèkteuri] nom annuaire (téléphonique)

tell [tèl] verbe *(informer)* dire à ; *(histoire, blague)* raconter

ten [tènn] chiffre dix

tenant [tèneunt] nom locataire

tenpin bowling [tènnpinn bawlinng] nom bowling

terraced house [tèreust Haoss] nom maison attenante aux maisons voisines

Thames [tèmz] nom ▸ the Thames la Tamise

thank [THannk] verbe ▸ to thank sb remercier qqn

thanks [THannks] nom remerciements ◆ exclamation merci !

Thanksgiving [THanngsgivinng] nom fête nationale américaine, le 4e jeudi de novembre

thank you [THannk you] exclamation merci ! ▸ thank you very much! merci beaucoup !

that [Zat] adjectif *(personne/objet déjà mentionné)* ce, cet, cette, ces ; *(objet/personne qui suit)* ce ...-là , cet ...-là, cette ...-là, ces ...-là ◆ pronom *(pour un objet mentionné)* ce, cela, ça ▸ that's interesting c'est intéressant

thatched [THatcht] adjectif *(toit)* de chaume

that's [Zats], **that is** [Zat iz] adv c'est-à-dire

their [Zèr] adjectif leur, leurs

theirs [Zèrz] pronom le leur, la leur, les leurs

them [Zèm] pronom *(direct)* les ; *(indirect)* leur ; *(après une préposition)* eux

theme park [THimm pârk] nom parc à thème

then [Zènn] adverbe alors ; à ce moment-là ; puis, ensuite

there [Zèr] adverbe là, là-bas ◆ pronom ▶ there is il y a ▶ there are il y a ▶ there you are *(en donnant)* voilà

therefore [Zèrfôr] adverbe donc, par conséquent

these [THiz] pronom ces

they [THè] pronom ils, elles

thigh [THaï] nom cuisse

thin [THinn] adjectif *(en taille)* fin ; *(personne)* mince

thing [THinng] nom chose

things [THinngs] nom *(vêtements, biens)* affaires ▶ how are things? *(familier)* comment ça va ?

think [THinnk] verbe penser, réfléchir

third party insurance [THeurd pârti innchoureuns] nom assurance au tiers

thirsty [THeursti] adjectif ▶ to be thirsty avoir soif

thirteen [THeurtinn] chiffre treize

thirty [THeurti] chiffre trente

this [Ziss] adjectif *(pour une personne/objet déjà mentionné)* ce, cet, cette ◆ pronom *(pour un objet déjà mentionné)* ce, ceci ▶ this is David Gregory je vous présente David Gregory

those [Zowz] pronom ceux-là

thousand [THaozeund] chiffre mille

three [THri] chiffre trois

throat [THrowt] nom gorge

through [THrou] préposition à travers ; par

throw [THrow] verbe jeter, lancer

throw out [THrow aott] verbe *(se débarrasser)* jeter

thumb [THeumm] nom pouce

thunder [THeundeu] nom tonnerre

thunderstorm [THeundeustôrm] nom orage

Thursday [THeurzdè] nom jeudi

ticket [tikètt] nom billet ; *(bus, métro)* ticket

tide [taïd] nom marée

tie [taï] nom cravate ◆ verbe attacher

time [taïm] nom temps ; heure ; *(occasion)* fois ▶ on time à l'heure

time difference [taïm difreunss] nom décalage horaire

timetable [taïmtèïbeul] nom horaire

tin opener [tinn owpneu] nom ouvre-boîtes

tip [tip] nom pourboire ◆ verbe donner un pourboire à

tired [taïeud] adjectif fatigué

tissue [tichou] nom mouchoir en papier

T-junction [ti-djeunkcheun] nom intersection en T

to [tou] préposition à, jusqu'à, pour

toasted sandwich [towstid sann-

douitch] nom sandwich grillé
tobacco [teubakow] nom tabac
tobacconist's [teubakeunists] nom bureau de tabac
today [toudèï] adverbe aujourd'hui
toe [tow] nom doigt de pied, orteil
toffee [tofi] nom caramel
together [touguèZeu] adverbe ensemble
toilet [toïlètt] nom toilettes

ZOOM
Public Toilets

Les toilettes publiques sont une vénérable institution issue de l'époque victorienne. On en trouve dans tous les lieux publics. Il existe même une association qui milite pour leur développement, ainsi qu'un concours annuel des plus belles toilettes du pays. Ne riez pas car vous serez bien content d'en trouver une entre deux virées dans les pubs !

toilet bag [toïlètt bag] nom trousse de toilette
toiletries [toïlitriz] nom articles de toilette
toilet roll [toïlètt rol] nom rouleau de papier toilette
toll [towl] nom péage
tomorrow [toumorow] adverbe demain
tongue [teunng] nom langue
tonight [tounaït] adverbe ce soir ; *(plus tard)* cette nuit
too [tou] adverbe trop ; *(également)* aussi
tool [toul] nom outil
tooth [touTH] nom dent
toothache [touTHèïk] nom rage de dents
toothbrush [touTHbreuch] nom brosse à dents
toothpaste [touTHpèïst] nom dentifrice
top [top] nom haut ▶ at the top en haut
top floor [top flôr] nom dernier étage
topping [topinng] nom garniture
tournament [tôrneumeunt] nom tournoi
towards [teuwôrdz] préposition vers
towel [taweul] nom serviette (de toilette)
tower [taweu] nom tour
Tower of London [taweu ov lonndonn] nom la Tour de Londres
town [tawn] nom ville
town hall [tawn Hol] nom mairie
toy [toï] nom jouet
traffic [trafik] nom circulation
traffic jam [trafik djam] nom embouteillage
traffic lights [trafik laïtss] nom feux (de signalisation)
translate [trannslèït] verbe traduire
translation [trannslèïcheun] nom traduction
travel [traveul] nom voyages ◆ verbe voyager
travel insurance [traveul innchou-

reunss] nom assurance-voyage

traveller [traveuleu] nom voyageur

tree [tri] nom arbre

trek [trèk] nom randonnée

trifle [traïfôl] nom *(dessert)* = diplomate

trip [trip] nom voyage ; excursion

trolley [troli] nom *(au supermarché, dans un aéroport)* chariot

trouble [treubôl] nom problèmes, ennuis

trousers [traozeuz] nom pantalon

trout [traot] nom truite

truck [treuk] nom camion

true [trou] adjectif vrai

trunk road [treunk rowd] nom route nationale

trunks [treunks] nom slip de bain

try [traï] verbe essayer

try on [traï onn] verbe *(vêtements)* essayer

tube [tioub] nom *(familier)* métro

tube station [tioub stèïcheun] nom *(familier)* station de métro

Tuesday [tiouzdè] nom mardi

turkey [teurki] nom dinde

turn [teurn] nom tournant ◆ verbe tourner

turn off [teurn off] verbe *(lumière, télévision)* éteindre ; *(moteur)* couper

turn on [teurn onn] verbe *(lumière, télévision)* allumer ; *(moteur)* mettre en marche

turn out [teurn aott] verbe *(lumière, incendie)* éteindre

turning [teurninng] nom *(route)* embranchement

turnip [teurnip] nom navet

twelve [twelv] chiffre douze

twenty [touènnti] chiffre vingt

twice [touaïss] adverbe deux fois

twin beds [touinn bèdz] nom lits jumeaux

two [tou] chiffre deux

typical [tipikôl] adjectif typique

tyre [taïyeu] nom pneu

U

umbrella [eumbrèleu] nom parapluie

uncle [eunkl] nom oncle

under [eundeu] préposition sous

underage [eundeurèïdj] adjectif mineur

underground [eundeugraonnd] nom métro

ZOOM
Underground

Le métro londonien est le plus vieux (1863) et le plus cher du monde. Modernisé, le Tube dessert 270 stations avec 12 lignes de couleurs différentes et autant de noms, tels que Central Line. Pour se déplacer, on se dirige northbound (vers le nord), southbound (vers le sud), etc. Le meilleur plan est d'acheter une travelcard.

underneath [eundeuniTH] préposition au-dessous de

underpants [eundeupannts] nom slip

understand [eundeustannd] verbe comprendre

underwater [eundeuwôteu] adverbe sous l'eau

underwear [eundeuouèr] nom sous-vêtements

unexpected [eunikspèktid] adjectif inattendu

unfasten [eunfâsseun] verbe *(ceinture de sécurité)* détacher ; *(nœud, lacets)* défaire

United Kingdom [younaïtid kinng-deum] nom ▶ the United Kingdom le Royaume-Uni

unknown [eun-nown] adjectif inconnu

unleaded [eunlèdid] nom essence sans plomb

unlock [eunlok] verbe déverrouiller

unoccupied [eunokioupaïd] adjectif *(place, siège)* libre

unpack [eunpak] verbe défaire ses valises

unplug [eunpleug] verbe débrancher

unsweetened [eunsouiteund] adjectif sans sucre

until [euntil] préposition jusqu'à ▶ it won't be ready until Thursday ce ne sera pas prêt avant jeudi

up [eup] adverbe vers le haut ▶ to go up monter

update [eupdèït] verbe mettre à jour

upmarket [eup-mârkit] adjectif haut de gamme

upstairs [eupstèrz] adverbe en haut, à l'étage ▶ to go upstairs monter

urinal [youraïnôl] nom urinoir

us [euss] pronom nous

use [youz] verbe utiliser, se servir de ▶ 'use before ...' *(nourriture, boisson)* 'à consommer avant ...'

used [youst] verbe ▶ I used to live near here j'habitais près d'ici avant ▶ to be used to avoir l'habitude de

useful [yousfoul] adjectif utile

usual [youjeul] adjectif habituel

U-turn [you-teurn] nom *(véhicule)* demi-tour

V

vacancy [vèïkeunssi] nom offre d'emploi ▶ 'vacancies' 'chambres à louer' ▶ 'no vacancies' 'complet'

vacuum cleaner [vakioueum clineu] nom aspirateur

valley [vali] nom vallée

valuables [valioueubôl] nom objets de valeur

van [vann] nom camionnette

VAT [vat, vi-èï-ti] nom abr de **value added tax** TVA

VCR [vi-ssi-âr] nom abr de **video cassette recorder** magnétoscope

veal [vil] nom veau

vegetable [vèdjteubôl] nom légume

velvet [vèlvit] nom velours

vending machine [vènndinng meuchinn] nom distributeur (automatique)

venison [vènizeun] nom chevreuil

versus [veurseus] préposition contre

very [vèri] adverbe très

vet [vètt] nom vétérinaire

view [viou] nom vue

vine [vaïnn] nom vigne

vinegar [vinnigueu] nom vinaigre

vintage [vinntidj] adjectif *(vin)* de grand cru ◆ nom *(année)* millésime

voice [voïss] nom voix

W X

waffle [ouafôl] nom *(pàtisserie)* gaufre

waist [ouèïst] nom taille

wait [ouèït] verbe attendre

waiter [ouèïteu] nom serveur, garçon

waiting room [ouèïtinng roum] nom salle d'attente

waitress [ouèïtriss] nom serveuse

wake up [ouèïk eup] verbe réveiller, se réveiller

Wales [ouèïlz] nom le pays de Galles

walk [wôk] nom *(randonnée)* marche ; promenade ◆ verbe marcher ; se promener

walking boots [wôkinng boutss] nom chaussures de marche

wallet [wôlit] nom portefeuille

walnut [wôlneut] nom noix

want [wannt] verbe vouloir

wardrobe [wôrdrowb] nom penderie

warm [wôrm] adjectif chaud

warning [wôrninng] nom *(danger)* avertissement

wash [wôch] verbe laver

washing [wôchinng] nom lessive

wasp [wôsp] nom guêpe

waste [wèïst] nom déchets ◆ verbe gaspiller

wastebin [wèïstbinn] nom poubelle

watch [wotch] nom montre ◆ verbe regarder ; faire attention à

watch out [wotch aott] verbe faire attention

water [wôteu] nom eau

watercress [wôteukrèss] nom cresson

waterfall [wôteufôl] nom chutes d'eau, cascade

watermelon [wôteumèleun] nom pastèque

waterproof [wôteuprouf] adjectif *(vêtements)* imperméable ; *(montre)* étanche

water skiing [wôteu skiinng] nom ski nautique

wave [ouèïv] nom vague

way [ouèï] nom façon ; moyen ; route, chemin ▸ which way is the station? dans quelle direction est la gare ? ▸ 'way in' 'entrée' ▸ 'way out' 'sortie'

we [oui] pronom nous

wear [ouèr] verbe porter ◆ nom vêtements

weather [ouèZeu] nom temps

weather forecast [ouèZeu fôrkâst] nom prévisions météo

Wednesday [ouènnzdè] nom mercredi

week [ouik] nom semaine

weekly [ouikli] adjectif hebdomadaire

weight [ouèït] nom poids

welcome [ouèlkeum] verbe accueillir ◆ exclamation bienvenue ! ▸ you're welcome! il n'y a pas de quoi !

well [ouèl] adjectif *(en bonne santé)* en forme ◆ adverbe bien

well-done [ouèl-donn] adjectif *(viande)* bien cuit

Welsh [ouèlch] adjectif gallois

Welshman [ouèlchmeun] nom Gallois

Welshwoman [ouèlchwoumeun] nom Galloise

west [ouèst] nom ouest ◆ adjectif occidental

West Country [ouèst kaonntri] nom ▸ the West Country le sud-ouest de l'Angleterre, comprenant les comtés de Cornouailles, Devon et Somerset

wet [ouète] adjectif mouillé ▸ 'wet paint' 'peinture fraîche'

whale [ouèïl] nom baleine

what [ouate] adjectif *(dans une question)* quel ▸ what colour is it? c'est de quelle couleur ? ◆ pronom *(dans une question directe)* qu'est-ce qui ▸ what is going on? qu'est-ce qui se passe ? ; *(dans une question indirecte)* ce qui, ce que ◆ exclamation quoi !

wheel [ouil] nom roue ; volant

wheelchair [ouiltchèr] nom fauteuil roulant

wheelclamp [ouilklammp] nom sabot de Denver

when [ouènn] adverbe quand

where [ouèr] conjonction où

Westminster [ouèminsteur]

which [ouitch] adjectif *(dans des questions)* quel ◆ pronom *(questions directes, indirectes)* lequel

> **ZOOM**
> **Westminster**
>
> *Le quartier de Westminster abrite l'abbaye du même nom, où est consacrée la monarchie, et le Parlement britannique avec sa fameuse Tour de l'Horloge, qui abrite Big Ben. Reconstruit après l'incendie de 1834, le Parlement se divise entre la Chambre des communes, composée de députés élus, et celle des lords, formée de notables.*

while [ouaïl] conjonction pendant que

whipped cream [ouipt krim] nom crème fouettée

whisky [ouiski] nom whisky

white [ouaït] adjectif blanc ; *(café, thé)* au lait

white sauce [ouaït sowss] nom sauce béchamel

> **ZOOM**
> **Whisk(e)y**
>
> *D'origine irlandaise, le whiskey (du gaélique uisce beatha, « eau-de-vie ») porte un « e » supplémentaire pour se démarquer du whisky écossais. On en trouve de trois types : de malt (orge), de grain (plusieurs céréales) et le blended qui mélange les deux. L'irlandais est distillé trois fois, tandis que le scotch écossais ne l'est que deux fois.*

whiting [ouaïtinng] nom merlan

who [Hou] pronom qui

whole [Hôl] adjectif entier

wholemeal bread [Hôlmil brèd] nom pain complet

whose [Houz] adjectif ▶ the woman whose daughter I know la femme dont je connais la fille

why [ouaï] conjonction pourquoi

wife [ouaïf] nom *(épouse)* femme

wild [ouaïld] adjectif sauvage

will [ouil] verbe *(pour exprimer le futur)* ▶ I will go next week j'irai la semaine prochaine ; *(pour exprimer une volonté)* ▶ I won't do it je refuse de le faire

win [ouinn] verbe gagner

wind [ouinnd] nom vent

windmill [ouinndmil] nom moulin à vent

window [ouinndow] nom fenêtre ; *(d'une voiture)* vitre ; *(d'un magasin)* vitrine

windscreen [ouinndskrinn] nom pare-brise

windscreen wipers [ouinndskrinn ouaïpeuz] nom essuie-glaces

windshield [ouinnchild] nom pare-brise

windsurfing [ouinndseurfinng] nom planche à voile

wine [ouaïnn] nom vin

wing [ouinng] nom aile

winter [ouinnteu] nom hiver

wish [ouich] nom souhait ◆ verbe souhaiter

with [ouiZ] préposition avec

withdraw [ouiZdrô] verbe retirer

without [ouiZaott] préposition sans

wolf [wolf] nom loup

woman [woumeun] nom femme

wonderful [weundeufoul] adjectif merveilleux

wood [woud] nom bois

wool [woul] nom laine

word [weurd] nom mot

work [weurk] nom travail

work of art [weurk ov ârt] nom œuvre d'art

workshop [weurkchop] nom *(de réparations)* atelier

world [weurld] nom monde

worse [weurss] adjectif pire ▶ to get worse empirer

worst [weurst] nom ▶ the worst le pire

worth [weurTH] préposition ▶ it's worth £50 ça vaut 50 livres ▶ it's worth seeing ça vaut la peine d'être vu

would [woudd] verbe *(discours indirect)* ▶ she said she would come elle a dit qu'elle viendrait ; *(question polie)* ▶ would you like a drink? voulez-vous boire quelque chose ?

wound [wound] nom blessure ◆ verbe blesser

wrapping paper [rapinng pèïpeu] nom papier d'emballage

wrist [rist] nom poignet

wristwatch [ristwotch] nom montre-bracelet

write [raït] verbe écrire

wrong [ronng] adjectif mauvais ▶ what's wrong? qu'est-ce qui ne va pas ? ▶ 'wrong way' panneau indiquant un sens unique

wrong number [ronng neumbeu] nom faux numéro

X-ray [èx-rèï] nom radio(graphie)

Y

yard [yârd] nom *(unité de mesure)* = 91, 44 cm ; yard

year [yeur] nom an, année

yearly [yeurli] adjectif annuel

yellow [yèlow] adjectif jaune

yes [yèss] adverbe oui

yesterday [yèsteudè] adverbe hier

yet [yètt] adverbe encore ◆ conjonction pourtant

you [you] pronom tu, vous ; te

young [yeunng] adjectif jeune

your [yôr] adjectif ton, ta, tes ; votre, vos

yours [yôrz] pronom le tien, la tienne ; le vôtre

youth [youTH] nom jeunesse ; *(jeune homme)* jeune

youth hostel [youTH Hosteul] nom auberge de jeunesse

Z

zebra crossing [zèbreu krossinng] nom passage pour piétons

zip [zip] nom fermeture Éclair® ◆ verbe fermer

Le routard à table

STARTERS - Hors-d'œuvre

- **Soup of the day**

[s**ou**p ov Ze dèï]

Soupe du jour.

- **Asparagus, roquette, fried quail eggs and shaved parmesan soup**

[euspa**r**eugueuss, rok**è**tt, fraïd kouèïl ègz ènde chèïvd pârmi**zan** s**ou**p]

Soupe aux asperges, à la roquette et aux œufs de caille frits, avec un soupçon de parmesan.

- **Brown Windsor Soup with Welsh Rarebit**

[br**a**onn **ouin**dze s**ou**p ouiZ ouèlch r**a**bit]

Potage à base de bœuf, de mouton, de carottes nouvelles et d'oignons accompagné d'une tranche de pain grillé surmontée de cheddar fondu dans de la bière.

- **Freshly baked bread with dip**

[fr**è**chli b**èï**kt brèd ouiZ dip]

Pain frais accompagné de petites sauces.

- **Mediterranean platter**

[mèditer**rèï**nieun **pla**tteu]

Assiette méditerranéenne : houmous, tzatziki, caviar de betterave et d'oignon rouge servi avec du pain pitta.

- **Caesar salad**

[s**i**zeu s**a**leud]

Salade avec croûtons, parmesan, œuf mollet et jus de citron.

MAINS - Plat principal

- **Bangers and Mash**

[**bân**gueuz ènde mâche]

Saucisses (de porc ou de bœuf) et purée de pommes de terre.

- **Roast Veal Chop with Mushroom Cream Sauce & Jacket potatoes**

[rowst v**i**l tchopp ouiZ m**eu**chroum kr**i**m sows ènde dj**a**kit pet**èï**towz]

Côtelette de veau rôti servie avec de la sauce aux champignons et une pomme de terre rôtie au four.

- **Shepherd's pie, peas and tomatoes**

[ch**è**peudz paï, p**i**z ènde teum**a**towz]

Hachis parmentier anglais servi avec des petits pois et des tomates.

- **Steak and kidney pie**

[stèk ènde k**i**dni paï]

Tourte à la viande de bœuf et aux rognons.

Ventre affamé doit avoir une montre

Si tout cela vous semble appétissant, n'oubliez pas qu'au fin fond de la campagne anglaise les pubs ferment tôt. Petite conséquence : on pourra vous dire que le service est terminé si vous arrivez aux alentours de… 20 h 30 ! Pas d'inquiétude en revanche si vous traînez vos guêtres dans la capitale ! Ouf, vous voilà rassuré !

- **Fish Pie (Salmon, Smoked Haddock & Crayfish)**
[fiche paï (s**a**meun, H**a**deuk ènde **krèï**fiche]
Tourte au poisson (saumon, haddock et écrevisses).

- **Cornish pasties**
[**kôr**niche **pâs**tiz]
Chaussons fourrés à la viande et aux légumes.

- **Different varieties of Indian curries**
[**di**fereunt veu**raï**eutiz ov **inn**dieun **keu**riz]
Variétés de currys.

- **Ploughman's lunch**
[**plao**meuns leuntch]
Repas du laboureur : pain, pickles, salade et fromage, avec parfois du jambon ou du pâté.

- **Sunday roast**
[**seu**ndèï rowst]
Viande rôtie (généralement du bœuf) servie avec des pommes de terres sautées et d'autres légumes.

- **Grilled Sirloin Steak served with chips, field mushrooms, grilled beef tomato and onion rings**
[grild s**eu**rloïnn stèk s**eur**vd ouiZ tchipss, f**i**chroum ld m**eu**chroum grild b**i**f teum**a**tow ènde **o**nionne rinngz]
Steak dans l'aloyau servi avec des frites, des champignons, des tomates grillées et des oignons frits.

- **Mint & Rosemary Lamb Steak**
[mint ènde r**ow**zmeuri lamm stèk]
Agneau à la menthe et au romarin.

- **Fish and Chips**
[fiche ènde tchipss]
Poisson frit accompagné de frites.

- **Scampis & cheese in a basket**
[**skâm**piz ènde tch**i**z inn e b**â**sskitt]
Langoustines et bâtonnets de fromage frits présentés dans un petit panier en osier.

- **Battered Cod and Chips – With garden peas and tartare sauce**
[**bâ**teud kodd ènde tchipss – ouiZ g**â**rdeun p**i**z ènde târ**târ** sows]
Cabillaud pané et frites – plat servi avec des petits pois et de la sauce tartare.

- **Spinach & Mushroom Lasagne**
[sp**i**nitch ènde m**eu**chroum leu**zân**nieu]
Lasagnes aux épinards et aux champignons.

- **Veggie Burger with its side salad**
[**vè**dji **beur**gueu ouiZ itss saïd s**a**leud]
Burger végétarien accompagné d'une salade verte.

- **Warm cheese and pasta bake**
[worm tch**i**z ènde p**a**steu bèïk]
Gratin de pâtes.

- **BLT Sandwich**
[bi-èl-**ti** s**a**nndouitch]
Sandwich au Bacon avec Laitue et Tomate

- **Club Sandwich**
[kleub s**a**nndouitch]
Sandwich au Poulet avec Laitue, Tomate et Œuf.

- **Chiken tikka wrap**
[tch**i**keun **ti**kkeu rap]
Préparation à base de poulet, de légumes et de curry servie dans un rouleau de pain pitta.

DESSERTS - Desserts

- **A Plate of English Cheeses**
[e plèït ov **inn**glich tch**i**ziz]
Plateau de fromages anglais.

- **Apple pie à la mode**
[**a**peul paï a le m**ow**d]
Tarte aux pommes à l'anglaise servie avec une boule de glace.

- **Apple & Blackberry Crumble with Custard**
[**a**peul ènde bl**a**kberi kr**eum**beul ouiZ k**eu**steud]
Crumble à la pomme et à la mûre accompagné de crème anglaise.

- **Rice Pudding served with Clotted Cream and Strawberry Jam**
[raïs p**ou**dinng s**eur**vd ouiZ **klo**ttid kr**i**m ènde str**ô**beuri djam]
Gâteau de riz servi avec de la crème fraîche épaisse et de la confiture de fraise.

- **Trifle**
[traïfeul]
Dessert à base de fruits, de génoise, de crème anglaise et d'une crème fouettée.

- **Cheesecake with strawberry coulis**
[tch**i**zkèïk ouiZ str**ô**beuri **kou**li]
Gâteau au fromage blanc avec un coulis à la fraise.

- **Chocolate fudge cake**
[tch**o**keuleutt feudj kèïk]
Gâteau au chocolat et au caramel.

- **Carrot cake**
[k**a**reut kèïk]
Gâteau à la carotte et aux épices (cannelle, gingembre...).

- **Chocolate Brownie with Vanilla Ice Cream**
[tch**o**keuleutt **brao**ni ouiZ ve**ni**le aïss kr**i**m]
Brownie au chocolat avec glace à la vanille.

- **Banoffee pie**
[bano**fi** paï]
Tarte à la banane, au caramel et à la crème.

DRINKS - Boissons

- **Mineral water**
[**mi**nereul w**ô**teu]
Eau minérale.

- **Sparkling water**
[**spâ**klinng w**ô**teu]
Eau gazeuse.

- **Fruit juice**
[fr**ou**tt dj**ou**ss]
Jus de fruits.

- **Coke**
[kowk]
Coca.

• **Diet Coke**
[daïeut kowk]
Coca light.

• **Ginger beer / ginger ale**
[dj**inn**djeu b**i**r / dj**inn**djeu èïl]
Équivalent du Canada Dry.

• **Tonic water**
[**to**nik w**ô**teu]
Équivalent du Schweppes.

• **Coffee**
[k**o**fi]
Café.

• **Cappuccino**
[kâpou**tchi**now]
Cappuccino.

• **Latté**
[**la**ttéï]
Café au lait.

• **Irish Coffee**
[**aï**rich k**o**fi]
Café avec un soupçon de crème et de whisky.

• **Earl Grey**
[**eu**rl grèï]
Thé à la bergamote.

• **Herbal tea**
[**Heu**rbeul t**i**]
Infusion.

• **Hot cocoa / Hot chocolate**
[Hott **kow**kow / Hott tch**o**keuleutt]
Chocolat chaud.

• **Draught beer** [drâft b**i**r]
Bière pression.

• **Ale** [èïl]
Bière blonde légère.

• **Lager** [l**â**gueu]
Bière blonde.

• **Stout**
[st**a**ott]
Bière brune.

Pubs et sport national britannique

Le ***pub crawling*** *consiste à aller de pub en pub, principalement le week-end, et évidement d'y consommer de l'alcool jusqu'à... plus soif (****binge drinking****) ! – ce qui à force d'écumer les bars amènera quelques désagréments.*
Afin de lutter contre ce fléau, les pubs ont été autorisés en 2005 à reculer l'heure actuelle de fermeture (23 h auparavant) dans l'espoir que les clients étaleraient leurs consommations dans le temps. Malheureusement, les résultats semblent peu probants pour l'instant.